Arbeitsgruppe Ethik (Hrsg.)
Glück
Texte für den Ethikunterricht

Texte für den ETHIKUNTERRICHT

Arbeitsgruppe Ethik (Hrsg.)

Glück

Herausgegeben von einer Arbeitsgruppe
(Peter Heydenreuter, Eberhard von Lochner, Bernd Lohse, Hans Recknagel, Alfred Rölz, Volker Schwamberger, Dieter Sikor)

Verlag Ludwig Auer Donauwörth

Vom Bayerischen Staatsministerium für Unterricht und Kultus
zum lernmittelfreien Gebrauch zugelassen.
Zulassungs-Nr. 12/180/85-G.

Gedruckt auf umweltbewußt gefertigtem, chlorfrei gebleichtem
und alterungsbeständigem Papier.

1. Auflage. 1986   1 4 3 2   95 94 93
Unveränderter Nachdruck
© by Ludwig Auer GmbH, Donauwörth. 1986
Alle Rechte vorbehalten
Gesamtherstellung: Ludwig Auer GmbH, Donauwörth
ISBN 3-403-01772-9

Inhalt

Vorwort 9

1. **Vielfalt menschlicher Glücksvorstellungen** 11
1.1 Volker Spierling: Glücksmomente – Notizen aus einer Arbeitsgruppe 11
1.2 Sprichwörter – Aphorismen – Sentenzen – Zitate 12
1.3 Collage 14
1.4 Glücksdefinitionen im Lexikon 15
1.5 Martin Walser: Ein Glück, das keinen Namen hat 17
1.6 Reiseglück 18
1.6.1 Jacob Burckhardt: Glück in Rom 18
1.6.2 Charles Darwin: Glück in der unberührten Fremde ... 19
1.6.3 Reinhold Messner: Glück des Bergsteigens – Gipfelglück ... 20
1.7 Fortuna und das Glücksrad in Kunst und Dichtung 21
1.8 Herodot: Solon belehrt Kroisos über das wahre Glück ... 23
1.9 Glücksvorstellungen der Väter und Söhne 25
1.10 Annoncen 28
1.10.1 Anzeige eines Instituts für Partnerschaftsvermittlung ... 28
1.10.2 Heirats- und Bekanntschaftsanzeigen aus deutschen Zeitungen 29
1.10.3 Werbeanzeigen für eine Bausparkasse und eine Lotterie ... 32
1.11 Günter Beaugrand: Jetzt strahlt die Familie 33
1.12 Glücksforschung 35
1.13 Glück in Gedicht und Lied 38
1.13.1 Nikolaus Lenau: Frage 38
1.13.2 Gottfried Benn: Einsamer nie – 38
1.13.3 Rainhard Fendrich: Zweierbeziehung 39

2. **Psychologische Aspekte** 40
2.1 Die Bedürfnisse des Menschen und das Glück 40
2.1.1 Alfred Schöpf: Bedürfnis 40
2.2 Bedürfnis und Glückserfahrung 41
2.2.1 Walter Schulz: Der Zusammenhang zwischen der Befriedigung von menschlichen Grundbedürfnissen und Glückserfahrung 41
2.2.2 Stephan Lermer: Abraham Maslows Theorie der Selbstverwirklichung 42
2.2.3 Bedürfnis-Pyramide nach Maslow 44

2.2.4	Bedürfniskatalog nach Scherke	44
2.3	Bedürfnislosigkeit als Grundlage zum Glücklichsein	46
2.3.1	Diogenes von Sinope	46
2.3.2	Hans im Glück	46
2.3.2.1	Brüder Grimm: Das Märchen von Hans im Glück	46
2.3.2.2	Iring Fetscher: Paul im Geschäft	50
2.4	Bedürfnisbefriedigung in der Industriegesellschaft und Glück – Lebensstandard und Lebensqualität	52
2.4.1	Helmut Swoboda: Lebensstandard	52
2.4.2	Wolf Schneider: Die steigenden Ansprüche	54
2.4.3	Arthur Schopenhauer: Glück als „relative" Größe	55
2.4.4	Wilhelm Busch: Wunschlos glücklich?	57
2.4.5	Zeitungsanzeige	57
2.4.6	Wolf Schneider: Das neue Ziel: die Lebensqualität	57
2.5	Bedürfnissteuerung in der Konsumgesellschaft	62
2.5.1	Gerolf Steiner: Mechanismen kommerzieller Werbung	62
2.5.2	Winfried Schneider: Konsumzwang	65
2.5.3	Friedrich Fürstenberg: Glücksgütermarkt	66
2.5.4	Jürgen von Hollander: Glück mit dem Herrenhemd	68
2.5.5	Hans Magnus Enzensberger: bildzeitung	70
2.5.6	Arno Plack: Die Verkümmerung der Genußfähigkeit in der Konkurrenzgesellschaft	71
2.5.7	Hendrik Bussiek: Glückliche Jugend?	73
2.6	Selbstverwirklichung und Sinnfindung Probleme der Sinnfindung	75
2.6.1	Viktor E. Frankl: Glück und Lebenssinn	75
2.6.2	Nikolai Hartmann: Glücksstreben und Glücksfähigkeit	78
2.6.3	Stephan Lermer: Was zum Glücklichsein gehört	80
2.7	Seelische Grundbedürfnisse und Folgen bei ihrer Nichterfüllung	81
2.7.1	Lotte Schenk-Danzinger: Die seelischen Grundbedürfnisse des Kindes	81
2.7.2	Reimar Lenz: Sucht	84
2.7.3	Jean Liedloff: Resignation?	85
3.	**Philosophische und religiöse Glücksvorstellungen**	**88**
3.1	Aristipp: Grundsätze des Hedonismus	88
3.2	Platon: Kritik am Hedonismus	88
3.3	Epikur: Brief an Menoikeus	90
3.4	Aristoteles: Eudaimonia	94
3.5	Zenon, Chrysipp, Epiktet, Seneca: Das Glück der Stoiker. Fragmente	97
3.6	Jeremy Bentham: Über das Prinzip der Nützlichkeit	100

3.7	John Stuart Mill: Was heißt Utilitarismus?	102
3.8	Herbert Marcuse: Hedonismus und Ideologie	107
3.9	Ernst Bloch: Das Dunkel des gelebten Augenblicks	107
3.10	Günther Patzig: Utilitarismus Pro und Contra	108
3.11	Ludwig Wittgenstein: Reflexionen über das glückliche Leben	111
3.12	Bergpredigt: Seligpreisungen	112
3.13	Jesaja und Johannes: Ein neuer Himmel und eine neue Erde: vom Ende der Geschichte und vom endgültigen Heil	114
3.14	Das Glück des Christen	116
3.14.1	Kann man glücklich sein ohne Glauben?	116
3.14.2	Glücklich nur in der Gemeinschaft mit Gott?	116
3.14.3	Blaise Pascal: Das ganze Unglück – nicht ruhig in einem Zimmer bleiben zu können	117
3.15	Das Paradies – wie es der Koran sieht	118
3.16	Das Glück des Buddhisten	118
3.16.1	Buddha: Das reine, glückliche Land	118
3.16.2	Hans-Joachim Schoeps: Das Erlöschen des Durstes – Nirwana	119
3.17	Nichthandeln als wahres Glück – Taoismus	122
4.	**Utopien**	123
4.1	Utopische Entwürfe und Versuche	123
4.1.1	Ovid: Das goldene Zeitalter	124
4.1.2	Thomas Morus: Utopia	124
4.1.3	Tommaso Campanella: Sonnenstaat	128
4.1.4	Jonathan Swift: Gullivers Reise in das Land der Hauyhnhnms	130
4.1.5	Georg Büchner: Der Traum der Blumenkinder	134
4.1.6	Robert Owen: New Harmony	136
4.1.7	Karl Marx: Die kommunistische Gesellschaft	137
4.1.8	Fedor Michaijlovič Dostojewski: Traum eines lächerlichen Menschen	138
4.1.9	Programmentwurf der KPdSU verkündet die wahren Menschenrechte	146
4.1.10	Baldur von Schirach: Unsre Fahne	148
4.2	Kritik des utopischen Denkens	149
4.2.1	Hans Freyer: Die Gesetze des utopischen Denkens	149
4.2.2	Karl R. Popper: Der Himmel auf Erden	153
4.2.3	Max Horkheimer: Utopie – eine zeitbedingte Fantasie	154
4.2.4	Edith Eucken-Erdsiek: Prinzip ohne Hoffnung	155

Hinweise, Arbeitsanweisungen und Fragen zu den Texten 157

Autorenverzeichnis 165

Vorwort

Das vorliegende Textheft bietet Unterrichtsmaterialien zum Thema „Glück" für den Unterricht im Fach Ethik der Oberstufe des Gymnasiums. Die Herausgeber haben Wert darauf gelegt, auch ungewöhnliche und überraschende Aspekte des Themas „Glück" anhand von nicht immer leicht greifbaren Texten aufzuzeigen. Damit glauben wir, dem populären Thema „Glück" in seiner ganzen Breite gerecht zu werden. Natürlich sind auch wesentliche Aussagen der Philosophie zur begrifflichen Durchdringung des Problembereiches notwendig.
Die mit Sternchen versehenen Überschriften weisen darauf hin, daß die Herausgeber eigene Formulierungen gewählt haben.
Kurzbiographien und Arbeitsaufgaben, die als *Angebot* verstanden werden und den Umgang mit den Texten erleichtern sollen, finden sich im Anhang.

Die Herausgeber

1. Vielfalt menschlicher Glücksvorstellungen

1.1

VOLKER SPIERLING

Glücksmomente – Notizen aus einer Arbeitsgruppe

Glück? „Vorhergehendes Jahr hatten wir bei uns in der Grünau eine wahre Invasion von Marienkäferchen. In meiner kleinen Küche bei den Blumentöpfen am Fenster waren 10 bis 15 bei mir zu Gast. Es kam der Herbst. Zu meiner Freude blieben 2 bis 3 am Fensterrahmen zurück. Im Winter rührte ich Himbeersaft unter ein bißchen Wasser, um sie zu füttern. Balancierte dann ein Käferchen an den Rand des Gemischs – ob es angenommen wurde, konnte ich ja nicht sehen –, dann war mein Gewissen beruhigt, weil ich versucht hatte, sie über den Winter zu bringen. Das gelang mir auch tatsächlich! Meine Freude steigerte sich derart, daß mein erster Gang, wenn ich morgens aufstand, zu meinen Marienkäferchen führte." *(Luise, 70 Jahre)*

Gestalten

„Vor kurzer Zeit rührte ich mir Ton an und knetete ihn, um eine Keramik zu schaffen. Schon allein der Vorgang des Knetens und Formens bereitete mir ein schönes und glückliches Gefühl. Durch meine Tätigkeit nahm der Ton die Gestalt einer Schüssel an. Nachdem ich ihr eine Farbe gegeben hatte, glasierte und brannte ich sie im Ofen. Ich freute mich enorm. Ich war glücklich, selbst etwas gestaltet zu haben, das ich zudem noch gebrauchen konnte. Ein ähnliches, noch intensiveres Glücksgefühl empfindet vielleicht eine Frau, wenn sie ein Kind zur Welt bringt." *(Monika, 18 Jahre)*

Nordsee

„Ich fühle mich in die Natur völlig aufgenommen. Meine Ohren hören den Sturm, das Brausen der Wellen, die Schreie der Vögel. Meine Augen sehen die weißen Kämme der Wogen, das undurchdringliche Grau-Grün des Wassers, den vom Wind aufgewirbelten Sand, die unendlich vielen verschiedenen Farben des Himmels, den schier niemals endenwollenden Strand, die weißen Vögel. Meine Nase riecht die salzige kräftige Luft, den Geruch von verwesenden Fischen, Quallen. Mit der Zunge lecke ich das Salz von den Lippen. Meine Haut spürt den feinen Sand der Dünen, das kalte Wasser, oft gefährlich aufgewühlt, den Sturm, der darüber braust, mich manchmal fast umwirft. Ich möchte mich der Welt in die Arme werfen. Ich fühle mich selbst sehr deutlich, bin mir sehr nahe, fühle mich sehr leicht und ausgeglichen." *(Carola, 23 Jahre)*

Kindergeschrei

„Ich kaufe mir in einem Kaufhaus einen Rasierpinsel. Um die Ecke schreit ein Kind, vielleicht dreijährig, zornig, schrill, ausdauernd. Ich möchte augenblicklich vor diesem Schreien fliehen. Still verwünsche ich das Kind. Plötzlich löst sich meine Spannung. Es gelingen mir Gedanken: Ein Kind fühlt sich unwohl, schreit rücksichtslos. Vater und Mutter, die Umwelt, sind dem Kind gleichgültig. Auch ich habe das Recht, mich beizeiten unwohl zu fühlen. Ich werde lernen, daß ich mein Unwohlsein akzeptiere. Meinen Mitmenschen soll das bitte egal sein, sie können mir in solchen Momenten nicht helfen. Ich bin über diese Beobachtung mehr als froh, beruhigt – ich bin glücklich. Ich freue mich schon auf mein nächstes Unwohlsein." *(Wolfgang, 32 Jahre)*

Angst

„Um ein Fortschreiten meiner chronischen Augenerkrankung aufzuhalten, ist regelmäßige ärztliche Behandlung notwendig. Für mich sehr häufig ein ‚Gang nach Canossa'. So auch wieder vor einigen Tagen. Erneut beschleicht mich ein Bangen, eine Erwartungsangst, die mich in den Zustand völliger Auflösung versetzt. Erst als der Arzt mit sachlicher, unbeteiligter Stimme murmelt: ‚20/21: das sind Grenzwerte' weicht langsam die Spannung von mir. Erleichtert erhebe ich mich und eile hinaus ins Freie. Jetzt könnte ich jubeln, am liebsten irgend jemanden umarmen, um meine Freude auszudrücken. Dankbar freue ich mich über alles, was mir aus dem erlebten Glücksgefühl nun wieder gelingen kann. Schopenhauers Worte fallen mir ein: ‚Gesundheit ist nicht alles, aber ohne Gesundheit ist alles nichts'." *(Herta, 55 Jahre)*

„Süddeutsche Zeitung" vom 2. Juni 1979, Text gekürzt

1.2 Sprichwörter – Aphorismen – Sentenzen – Zitate

(1) Sie küßten sich innig, und das Glück trug sie in einem goldenen Mantel über Zeit und Ewigkeit fort. *(Courths-Mahler)*

(2) Glücklich ist ein Mensch, der seiner eigenen Natur entsprechend lebt. *(Seneca)*

(3) Nicht zu reden von den Bösen, die glücklich sind: eine Spezies, welche von den Moralisten verschwiegen wird. *(Nietzsche)*

(4) Glück ist Gegenwart ohne Denken. *(Spengler)*

(5) Glück heißt dem ganzen Elend der Reflexion entrinnen. *(Alain)*

(6) Mehr Glück als Verstand haben.

(7) Glücklich ist, wer vergißt, was doch nicht zu ändern ist.

(8) Dem Glücklichen schlägt keine Stunde.
*(Carl Haffner und Richard Genée,
Librettisten der Operette „Die Fledermaus")*

(9) Er hat Glück gehabt.

(10) Das Glück liegt auf der Straße.

(11) Wenn ich glücklich bin, bin ich stets gut, aber wenn ich gut bin, bin ich selten glücklich *(Oscar Wilde)*

(12) Corriger la fortune. *(französische Redewendung)*

(13) Fortes fortuna adiuvat. *(lateinisches Sprichwort)*

(14) Er hat eine glückliche Hand.

(15) Wer nur auf sein Glück vertraut, tut zu wenig.
(Werbespruch einer Versicherung)

(16) Mancher macht sein Glück, aber macht ihn das glücklich? *(Börne)*

(17) Die Absicht, daß der Mensch „glücklich" sei, ist im Plane der „Schöpfung" nicht vorgesehen. *(Freud)*

(18) Das Glück ist kein guter Stoff für Dichter. Es ist zu selbstgenügsam. Es braucht keinen Kommentar. Es kann in sich zusammengerollt schlafen wie ein Igel. *(Robert Walser)*

(19) Das Glück ist eine leichte Dirne und weilt nicht gern am selben Ort.
(Heine)

(20) Glück und Glas – wie bald bricht das!

(21) Die Weltgeschichte ist nicht der Boden des Glücks. Die Perioden des Glücks sind leere Blätter in ihr. *(Hegel)*

(22) Allein in einem Zimmer zu sein, ist vielleicht die Voraussetzung des Lebens, allein in einer Wohnung zu sein – um genau zu sein: zeitweilig – eine Voraussetzung des Glücks. *(Kafka)*

(23) Das Geheimnis um die größte Fruchtbarkeit und den größten Genuß vom Dasein einzuernten, heißt: gefährlich leben! Baut eure Städte an den Vesuv! *(Nietzsche)*

(24) Dicht neben dem Wehe der Welt und oft auf seinem vulkanischen Boden hat der Mensch seine kleinen Gärten des Glücks angelegt. *(Nietzsche)*

(25) Das Glück wählen wir stets um seiner selbst willen und nicht zu einem darüber hinaus liegenden Zweck. *(Aristoteles)*

1.3 Collage

1.4 Glücksdefinitionen im Lexikon

Glück [glyk]. das; -(e)s, -e (Pl. selten) [mhd. gelücke = Geschick. Schicksal(smacht); Zufall; günstiger Ausgang; [guter] Lebensunterhalt < mniederd. (ge)lucke < mniederl. (ghe)lucke. H. u.]: **1.** <o. Pl> *besonders günstiger Zufall. Zusammentreffen günstiger Umstände; günstige Fügung des Schicksals* (Ggs.: Pech): großes, unverdientes. (ugs.:) unverschämtes G.; [es ist] ein G. *(es ist nur gut, günstig für dich),* daß du noch gekommen bist; er hat G. gehabt *(es war ein besonders günstiger Zufall),* daß ihm nichts passiert ist; bei dem Unfall hatten wir noch einmal G. im Unglück *(sind wir trotz unglücklicher Umstände noch gut davongekommen);* er hat viel G. *(Erfolg)* bei Frauen; mit diesen Plänen wirst du bei ihm kein G. haben *(keinen Erfolg haben, nichts erreichen):* mit Zimmerpflanzen habe ich kein, wenig G. *(sie gedeihen bei mir nicht);* dieses Amulett soll dir G. bringen; ich wünsche dir für die Prüfung, zu dem Unternehmen viel G.; R G. muß der Mensch haben! (wird gesagt, wenn etw. geglückt, gelungen ist, sich wunschgemäß entwickelt hat, ohne daß man selbst Einfluß darauf nehmen konnte); mehr G. als Verstand haben (wird gesagt, wenn etw. wunschgemäß gelungen ist, obgleich die Voraussetzungen dafür gar nicht gegeben waren od. wenn etw. wider Erwarten glimpflich abgelaufen ist); noch nichts von seinem G. wissen (iron.: *noch nicht wissen, was einem an Unerfreulichem bevorsteht).* **sein G. versuchen probieren** *(etw. mit der Hoffnung auf Erfolg tun, unternehmen):* er versucht sein G. beim Spiel, als Schauspieler; **sein G. machen** *(erfolgreich sein, es zu etw. bringen);* mit einer Idee sein G. machen; er hat in Amerika sein G. gemacht; **auf gut G.** *(ohne die Gewißheit eines Erfolges, aufs Geratewohl):* wir werden es auf gut G. versuchen müssen; **von G. sagen, reden können** *(etw. einem glücklichen Umstand verdanken):* du kannst von G. sagen, daß du eine Arbeit gefunden hast; **zum G.; zu jmds. Glück** *(zu jmds. Vorteil, glücklicherweise):* zum G. sah ich den Lastwagen noch zeitig genug (Frisch. Homo 182); zu meinem G. hat mich niemand gesehen; **G. ab!** (Fliegergruß; dem Bergmannsgruß „Glück auf!" nachgebildet); **G. auf!** (Bergmannsgruß; im 16. Jh. von den Bergleuten im Erzgebirge als bergmännischer Gruß zur Unterscheidung von dem allgemeinen Gruß „Glück zu!" gebildet); **G. zu!** (veraltet; Zuruf, Grußformel. **2.** (o. Pl.) *das personifiziert gedachte Glück* (1). *Fortuna:* das G. ist blind, launisch, wechselhaft; (geh.:) das Glück ist mit jmdm., gegen jmdn., begünstigt jmdn.; ihm lächelt, lacht, winkt das G.: das G. ist ihm gewogen. (geh.:) hold; er ist ein Kind, ein Liebling des -s *(er hat immer Glück, ihm fällt alles zu);* er ist ein Stiefkind des -s *(er hat kein Glück).* **3. a)** <o. Pl.> *angenehme und freudige Gemütsverfassung, in der man sich befindet, wenn man in den Besitz od. Genuß von etw. kommt, was man sich gewünscht hat: Zustand der frohen Zufriedenheit, der inneren Befriedigung u. Hochstimmung;* das wahre, höchste, irdische, häusliche G.; ein zartes, kurzes, ungetrübtes, stilles G.: das G. des jungen Paares, der ersten Ehejahre; das Kind ist ihr ganzes G.; sein G. verscherzen, mit Füßen treten; ich will deinem G. nicht im Wege stehen; wir wollen in G. und Unglück zusammenstehen; manche Leute muß man zu ihrem G. zwingen; R du hast/das hat mir gerade noch zum meinem G. gefehlt (iron.: *du kommst/das kommt mir jetzt sehr ungelegen);* Spr G. und Glas, wie leicht bricht das *(das Glück kann überraschend, plötzlich durch etw. zerstört werden);* jeder ist seines -es Schmied *(man hat sein Schicksal, Wohlergehen selbst in der Hand),* **b)** *einzelne glückliche Situation; glückliches Ereignis.* Erlebnis: „Nicht für die kleinen -e, von denen Sie einmal sprachen" (Remarque. Triomphe 192)

Aus: Deutsches Wörterbuch. Herausgegeben und bearbeitet vom Wissenschaftlichen Rat und den Mitarbeitern der Dudenredaktion unter Leitung von Günther Drosdowski. Meyers Enzyklopädisches Lexikon. Band 31. Mannheim, Wien, Zürich: Bibliographisches Institut 1980

Glück *das,* **1) günstige Wendung oder Fügung des Schicksals;** im griech. Altertum als *Tyche,* im röm. als *Fortuna* versinnbildlicht oder vergöttlicht. Die Erfahrung, daß Glücksfälle sich häufen können, dabei aber immer den Charakter des Nicht-selbst-Bewirkten und Unverdienten behalten, führt oft zu der Vorstellung, daß ›Glück haben‹ die charismatische Eigenschaft bestimmter Menschen sei (›Glückspilz‹, ›Sonntagskind‹, ›eine glückliche Hand haben‹), andrerseits zu der Mahnung, daß man sich auf diese Eigenschaft nicht verlassen, z. B. sich ihrer nicht rühmen dürfe. So folgte – nach Meinung der Antike – übergroßem G. der ›Neid der Götter‹, denn dieses überschreite das dem Menschen gesetzte Maß.

In der Kunst hat die Fortuna als Göttin des Glücks als Attribute das Füllhorn, das Steuerruder oder die Zügel, auch erscheint sie beflügelt oder auf einer Kugel stehend. Das MA. stellte sie bisweilen zweiköpfig dar, am häufigsten im Zusammenhang mit dem → Glücksrad. Die Renaissance vermehrte die Attribute. Eine der eindrucksvollsten Gestalten der Fortuna ist Dürers Stich ›Das Große Glück‹.

2) ein seelisch gehobener Zustand, in welchem der Mensch mit seiner Lage und seinem Schicksal einig und sich dieser Einhelligkeit gefühlsmäßig bewußt ist: sei es, daß er die Wünsche, die ihm für sich selbst wesentlich scheinen, erfüllt glaubt, sei es, daß er wesentliche Wünsche, die über das Gegebene hinausdrängen, nicht hat (›wunschlos glücklich‹). Das G. kann alle Stufen vom Sinnlichen bis zum Sublim-Geistigen durchlaufen. Hohes G. kann schenkende Liebe und schöpferisches Tun gewähren. Religiös vertieft wird es oft Glückseligkeit genannt.

Aus: Brockhaus Enzyklopädie. Band 7. Wiesbaden: Brockhaus 1969

1.5

MARTIN WALSER

Ein Glück, das keinen Namen hat

Als ich den Teil des Gartens, der Nutzen, nämlich Kräuter, Salat und Gemüse, bringen soll, fast schon für die nächste Bestellung vorbereitet hatte und nur noch in der letzten Ecke, in die ich alles gerecht hatte, mit dem Herauslesen von Blättern, winzigen Astteilchen und kleinsten Steinchen beschäftigt war, merkte ich plötzlich, daß ich mich überhaupt nicht beeilte mit dem Herauslesen dieser zahllosen Fragmente aus dem schön bereiteten Boden. Ich ließ mir nicht Zeit, ich hatte sie. Ich wußte aber, daß ich dem nächsten Anrufer, der mich einladen würde, in Duisburg eine Rede aus wichtigem Anlaß und in Kufstein eine freundlich erwünschte Lesung zu halten, antworten würde, daß ich auf Monate hin kein bißchen Zeit erübrigen könne, so sei ich mit meiner Schreibtischarbeit im Verzug. Und das ist die reine Wahrheit. Andererseits kann mich ein Quadratmeter Boden in einer Weise beschäftigen, daß das Wort Zeit und alles, was damit zu tun hat, überhaupt nicht mehr auftauchen kann in meinem Bewußtsein. Ich bin jetzt vollkommen konzentriert auf den jedes Jahr feiner werdenden Boden. Daß der ganz gut werde, darum geht es mir, und um sonst gar nichts.

Als ich den Stückchen und Steinchen lesenden Händen zuschaute, hatte ich eine Art Glücksgefühl. Da ich so was nicht so häufig habe, wurde ich von mir sofort gefragt, woher das komme. Das heißt, das Glücksgefühl war noch kaum empfunden, da empfand ich auch schon seine Bedingung: Was ich tat, mußte sich nicht rentieren. Ich fühlte mich frei wie schon lange nicht mehr. Was ich tat, mußte sich nicht nur nicht rentieren, es war überhaupt keinem Leistungsprinzip unterworfen. Keiner würde kommen und prüfen, ob ich meine Arbeit gut oder schlecht getan hatte.

Das dachte ich, als ich bemerkte, wie genau ich es nahm mit Stückchen und Steinchen. Genauer konnte man es nicht nehmen. Ich hatte den Ehrgeiz, einen fabelhaften Boden zu bereiten für die neue Bestellung. Die Zeit mit ihrem Drum und Dran war so sehr außer Kraft gesetzt, daß ich auf meinem Fleckchen Erde kniete, als gebe es überhaupt nichts anderes und schon gar nichts Wichtigeres. Ich war den Bedingungen entkommen, denen ich sonst Tag und Nacht, bis in die Träume hinein, unterworfen bin. Ich war frei. Kaum war ich von dem Fleckchen Boden ins Haus zurückgekehrt, war ich wieder eingespannt. Sofort kam ein Anruf, eine Umfrage, ich verweigerte die Antwort: keine Zeit! Ich wollte noch ein bißchen nachdenken über die Freiheit, die ich draußen gehabt hatte beim Herauslesen dessen, was den Boden stören könnte.

Es gibt ein Wort, mit dem man das, was man als freier Mensch tut, bezeichnet: Hobby. Ich habe mich immer geekelt vor diesem Wort. Ich mag es nicht. Ich habe es nie in den Mund nehmen mögen. Es ist mir immer lächerlich vorgekommen. Das mag für einen Angelsachsen anders sein.

Für mich riecht es wie eine Kaufhausabteilung mit Plastikartikeln. Leider hat die deutsche Sprache den historischen Zeitpunkt verschlafen, in dem sie hätte bereit sein müssen, für Freizeitbeschäftigung ein Wort anzubieten. Freizeitbeschäftigung, das ist eine Amtsstubenausgeburt. Liebhaberei ist mir zu windig. Der Angelsachse weiß, wenn er in zehntausend ungemessenen Stunden ein Schlachtschiff aus Streichhölzern zusammenklebt und das sein Hobby nennt, daß Hobby von Hobbyhorse kommt, daß er also dabei ist, sein Steckenpferd zu reiten. To ride a hobby: Der Angelsachse scheut sich nicht, sich an das Kindliche zu erinnern. Der „Webster" beschreibt das mit: to be excessively devoted. Genau das ist es. Bloß, genau das spüre ich nicht in dem Importwort. Der Angelsachse ist durch das Hobbyhorse, das Steckenpferd, verbunden mit seiner Kindheit. Das ist die Zeit der Zeitlosigkeit. Die deutsche Sprache hat ihr Steckenpferd einmotten müssen für immer. Hobby hat es ohne Horse aus dem Feld geschlagen. Deshalb haben wir jetzt ein weiteres für uns vollkommen künstliches, rein instrumentales Wort in der Sprache, bei dem man, wenn man es in den Mund nimmt, nichts als den Import, den Kunststoff schmeckt. Ein Wort ohne Wurzel. Womit ich wieder bei meiner Frühjahrsbodenbereitung bin.
Ich habe kein Wort dafür. Hobby lehne ich für mich ab. Wenn man einer besiegten Sprache angehört, bleibt manchmal nur Trotz und Unvernunft. Nicht einmal das cheval de bataille war dem Hobby-Siegeszug gewachsen. Meine freieste Stunde bleibt wortlos. Viel bedenklicher als das kommt mir vor, daß ich mich nirgends frei fühle als da, wo es auf nichts ankommt. Da lebt man nun in der freiesten aller Welten, dann schrumpft der sogenannte Freiheitsraum zusammen auf das Fleckchen Erde.
Andererseits: Was für ein Glück, eine Stelle zu haben, an der man sich unangreifbar vorkommt. Früher wurde einer namens Siegfried zur Mythe, weil er, der total Hürnene, noch eine einzige verletzbare Stelle hatte. Jetzt ist man glücklich zu preisen, wenn man wenigstens noch eine einzige unverletzbare Stelle hat. Das ist schon der Inbegriff der Freiheit. Wenn es dafür auch kein Wort gibt, so spricht das doch Bände.

1.6 Reiseglück

1.6.1

JACOB BURCKHARDT

Glück in Rom

Ich weiß jetzt, daß ich außerhalb Roms nie mehr recht glücklich sein werde und daß mein ganzes Streben sich törichterweise in dem Gedanken konzentrieren wird, wieder hinzuzukommen, und wäre es auch als Lakai eines Engländers. Ich könnte Dir in Rom verschiedene Stellen zeigen, auf der Straße, in Gärten usw., wo mich ohne besonderen Anlaß das Gefühl überraschte, daß ich jetzt vollkommen glücklich sei; es war eine plötzliche, vom Genuß nicht abhängige innere Freude. Eine dieser Stellen ist auf der Treppe des Palazzo Farnese beim ersten Absatz, also nicht einmal eine sonderliche Lokalität. Eine andere Stelle, wo ich in den ersten Tagen des Mai einmal dasselbe Gefühl hatte, ist rechts von der Fontana di Trevi. Ich fühlte mich zu Rom in einer Harmonie aller Kräfte, wie ich sie nie gekostet... Denn verliebte Zeiten, wo man zwar bisweilen glückselig, aber dabei außer allem Gleichgewicht ist, rechne ich nicht in dieses Kapitel, weil es da gar keine Kunst ist, sich glücklich zu fühlen.

Brief an G. und J. Kinkel vom 12. September 1846

Aus: Burckhardt, Jacob: Briefe. Leipzig: Dieterichsche Verlagsbuchhandlung, 3. Aufl. 1938

1.6.2

CHARLES DARWIN

Glück in der unberührten Fremde

Das glühende Gefühl von Glück...

Nachdem denn nun unsere Reise zu ihrem Abschluß gekommen ist, will ich einen kurzen Überblick über die Vorteile und Nachteile, über die Leiden und Freuden unserer Weltumsegelung zusammenstellen. ...Ohne Zweifel gewährt es große Befriedigung, verschiedene Länder und viele Menschenrassen zu sehen, aber das während dieser Zeit genossene Vergnügen wiegt die Übelstände nicht auf. ...Viele Entbehrungen, denen man sich aussetzt, liegen auf der Hand; ...diese sind der Mangel an Raum, an Ruhe, das ermattende Gefühl beständiger Eile, die Entbehrung kleiner Gegenstände des Komforts, der Mangel an häuslicher Geselligkeit und selbst an Musik. ...Die kurze Zeit von nur sechzig Jahren hat einen erstaunlichen Unterschied in der Leichtigkeit der Schiffahrt in entfernte Gegenden hervorgebracht... Jetzt kann eine Jacht, mit allem Luxus des bequemen Lebens ausgestattet, die Erde umsegeln. ...Man soll aber im Auge behalten, ein wie großer Teil der Zeit während einer langen Seereise auf dem Wasser zugebracht wird im Vergleich mit den Tagen in den Hafenorten. Und welches sind die gerühmten Herrlichkeiten des grenzenlosen Ozeans? Eine langweilige Wüste, eine Wüste von Wasser...
Dennoch zweifle ich nicht daran, daß jeder Reisende sich an das glühende Gefühl des Glücks erinnern muß, welches er empfand, als er zum ersten Mal in einem fremden Klima atmete, wo der zivilisierte Mensch nur selten oder niemals hingekommen war.
...Ich habe die Reise mit zutief empfundener Freude gemacht, als daß ich nicht jedem Naturforscher empfehlen könnte, ...unter allen Umständen die

Gelegenheit zu ergreifen und aufzubrechen, womöglich zu Landreisen, und ist es nicht anders möglich, zu einer langen Seefahrt! ... Vom moralischen Gesichtspunkt sollte die Wirkung die sein, daß eine Reise ihn eine gutmütige Geduld, Freiheit von Selbstsucht, die Gewohnheit, für sich selbst zu handeln und aus jedem Vorkommen das Beste zu machen, lehrt. ... Das Reisen müßte ihn auch Mißtrauen lehren; gleichzeitig wird er aber entdecken, wie viele wahrhaft gutherzige Leute es gibt, mit welchen er niemals vorher irgendeine Verbindung gehabt hat, und mit denen er niemals wieder irgendeine Verbindung haben wird, und welche doch bereit sind, ihm auf die uneigennützigste Weise Beistand zu leisten.

Aus: Darwin, Charles: Reise eines Naturforschers um die Welt. Stuttgart: Steingrüben 1962

1.6.3

REINHOLD MESSNER

Glück des Bergsteigens – Gipfelglück

Glückbringende Dinge..., Dinge, zu denen wir eine besondere Beziehung haben, und Beschäftigungen, für die wir eine besondere Berufung fühlen, sind es. Die Berge sind es für mich und das Bergsteigen. Ich ahne darin eine Möglichkeit, glücklich zu sein...
Im Bergsteigen liegt das Glück des Immer-wieder-neu-Eroberns, des Ausgefülltseins. Es vermittelt uns – unbewußt – vielleicht die Vorstellung von schöpferischer Arbeit, Bewährung und vollbrachter Leistung. (1)
Wenn man da oben hängt, in einer Grenzsituation vielleicht, seine Kraft spürt und seine Möglichkeiten, und sich dann haarscharf zwischen Selbstmord und Verzicht entscheidet, auch das macht glücklich... (2)
Wir saßen am Gipfel, 8068 m hoch – mit einem unbeschreiblichen Gefühl der heiteren Glückseligkeit erwachte ich aus diesem Zustand der Harmonie, aus einer Art Nirwana... (3)

Aus: Messner, Reinhold: Zurück in die Berge. Bozen: Athesia 1970 (1)
ders.: Die großen Wände. München: BLV 1977 (2)
ders.: Die Herausforderung. München: BLV 1977 (3)

1.7 Fortuna und das Glücksrad in Kunst und Dichtung

Fortunas Glücksrad

Die Abbildung stammt aus dem Buch „Hortus deliciarum" („Garten der Freuden"), das Herrad von Landsberg, Äbtissin des Klosters Hohenburg, in den Jahren 1175 bis 1191 schuf. Fortuna (links) dreht das Glücksrad. Auf der Achse des Rades steht: „Wie das Rad sich dreht, so ändert sich die Welt in ihrem unbeständigen Lauf." An der Gestalt des Königs werden dem Betrachter die Wechselfälle des Schicksals vor Augen geführt: Links sehen wir seinen Aufstieg, oben thront er auf dem Gipfel seiner Macht, rechts sehen wir seinen Absturz.

FORTUNA IMPERATRIX MUNDI

O Fortuna,
velut luna
statu variabilis,
semper crescis
aut decrescis,
vita detestabilis
nunc obdurat
et tunc curat
ludo mentis aciem,
egestatem,
potestatem
dissolvit ut glaciem.

Sors immanis
et inanis,
rota tu volubilis,
status malus,
vana salus
semper dissolubilis,
obumbrata
et velata
michi quoque niteris;
nunc per ludum
dorsum nudum
fero tui sceleris.

Sors salutis
et virtutis
michi nunc contraria,
est affectus
et defectus
semper in angaria.
Hac in hora
sine mora
corde pulsum tangite;
quod per sortem
sternit fortem,
mecum omnes plangite!

FORTUNA, HERRSCHERIN DER WELT

O Fortuna!
Wie der Mond
So veränderlich,
Wächst du immer
Oder schwindest! –
Schmählich Leben!
Erst mißhandelt,
Dann verwöhnt es
Spielerisch den wachen Sinn.
Dürftigkeit,
Großmächtigkeit,
Sie zergehn vor ihm wie Eis.

Schicksal,
Ungeschlacht und eitel!
Rad, du rollendes!
Schlimm dein Wesen,
Dein Glück nichtig,
Immer im Zergehn!
Überschattet
Und verschleiert
Kommst du nun auch über mich.
Um des Spieles
Deiner Bosheit
Trag ich jetzt den Buckel bloß.

Los des Heiles
Und der Tugend
Sind jetzt gegen mich.
Willenskraft
Und Schwachheit liegen
Immer in der Fron.
Drum zur Stunde
Ohne Säumen
Rührt die Saiten! –
Wie den Wackeren
Das Schicksal
Hinstreckt: alle klagt mit mir!

Übersetzung: W. Schadewaldt

Aus: Carmina Burana. Lieder der Benediktbeurer Handschrift in der Auswahl von Carl Orff. Mainz: Schott's Söhne Musikverlag 1954

1.8

HERODOT

Solon belehrt Kroisos über das wahre Glück

Gerade der Gesetze wegen und um die Welt zu sehen, war Solon außer Landes gegangen und zu Amasis nach Ägypten gekommen, und er gelangte auch nach Sardes zu Kroisos. Nach seiner Ankunft ließ ihn Kroisos im Palast gastlich aufnehmen. Am dritten oder vierten Tage mußten ihn Diener auf Kroisos' Geheiß in die Schatzkammer führen und alle die großen und reichen Schätze des Königs zeigen. Als er alles gesehen und nach Wunsch betrachtet hatte, fragte ihn Kroisos: „Gastfreund aus Athen, verschiedene Kunde über dich ist zu uns gedrungen, über deine Weisheit und deine Reisen. Man hat uns erzählt, du habest als Freund der Weisheit, und um die Welt kennenzulernen, viele Länder der Erde besucht. Nun möchte ich dich doch gern fragen, ob du schon einen Menschen gefunden hast, der am glücklichsten auf Erden ist." Er erkundigte sich danach, weil er meinte, selbst der glücklichste Mensch auf Erden zu sein. Solon jedoch wollte ihm nicht schmeicheln, sondern die ganze Wahrheit sagen. Er sprach daher: „Ja, König, Tellos aus Athen!" Kroisos staunte über das Wort und fragte gespannt: „In welcher Hinsicht, meinst du, sei Tellos der glücklichste?" Solon antwortete: „Tellos lebte in einer blühenden Stadt, hatte treffliche, wackere Söhne und sah, wie ihnen allen Kinder geboren wurden und wie diese alle am Leben blieben. Er war nach unseren heimischen Begriffen glücklich, und ein herrlicher Tod krönte sein Leben. In einer Schlacht zwischen Athenern und ihren Nachbarn in Eleusis brachte er durch sein Eingreifen die Feinde zum Weichen und starb den Heldentod. Die Athener begruben ihn auf Staatskosten an der Stelle, wo er gefallen war, und ehrten ihn sehr."
Als Solon den Kroisos durch die Geschichte von Tellos, indem er so viel Gutes über ihn sagte, noch wißbegieriger gemacht hatte, fragte der König weiter, wen er denn für den Zweitglücklichsten halte. Er hoffte doch, wenigstens die zweite Stelle in der Glückseligkeit zu erhalten. Aber Solon sagte: „Kleobis und Biton. Diese beiden Brüder – sie stammten aus Argos – hatten ein gutes Auskommen und waren körperlich sehr stark. Beide wurden gleichzeitig Sieger in Wettkämpfen. Man erzählt folgende Geschichte von ihnen: Auf einem Herafest in Argos mußte ihre Mutter auf jeden Fall in einem Fahrzeug in den Tempel gefahren werden. Die Stiere aber waren nicht rechtzeitig vom Felde zur Stelle. Die Zeit drängte. Da traten die jungen Männer selbst unter das Joch und zogen den Wagen, in dem ihre Mutter saß. Sie liefen 45 Stadien weit und kamen zum Tempel. Nach dieser Tat, die das ganze versammelte Volk gesehen hatte, wurde ihnen der schönste Tod zuteil. An ihnen offenbarte Gott, daß der Tod für den Menschen besser sei als das Leben. Die umstehende Menge der Argeier lobte die Kraft der jungen Männer. Die Frauen aus Argos aber priesen ihre Mutter, daß sie solche Kinder geboren habe. Hocherfreut über die Tat und den Ruhm ihrer Söhne, trat die Mutter vor das Götterbild und betete, die

Göttin möge ihren Kindern Kleobis und Biton, die ihre Mutter so hoch geehrt hätten, das Schönste verleihen, was ein Mensch erlangen kann. Als sie nach diesem Gebet geopfert und am Mahl teilgenommen hatten, schliefen die Jünglinge unmittelbar im Tempelbezirk ein und wachten nicht mehr auf. Sie fanden dieses Ende. Die Argeier ließen Standbilder von ihnen machen und stellten sie in Delphi auf als Bilder edler und wackerer Männer."

Ihnen also gab Solon die zweite Stelle in der Glückseligkeit. Kroisos aber rief aufgeregt: „Gastfreund aus Athen, und mein Glück erachtest du so tief, daß du mich gar unter diese einfachen Bürger stellst?" Solon erwiderte: „Lieber Kroisos, wo ich doch weiß, daß das ganze göttliche Walten neidisch und unbeständig ist, fragst du mich nach menschlichen Dingen. In der langen Zeit seines Lebens muß der Mensch vieles sehen und erleiden, was er nicht gern will.

Auf siebzig Jahre setze ich die Dauer des Menschenlebens. Das sind 25 200 Tage ohne die Schaltmonate. Will man jedem zweiten Jahre noch einen Schaltmonat hinzufügen, damit die Jahreszeiten an die gehörige Stelle rücken, dann betragen die Schaltmonate im Verlauf der 70 Jahre 35, und die Tage dieser Monate ergeben 1050. Von allen Tagen dieser 70 Jahre – es sind 26 250 – bringt keiner etwas, was dem anderen ganz gleicht. Darum, Kroisos, ist das Menschenleben ein Spiel des Zufalls. Mir erscheinst du gewiß sehr reich und ein König über viele Menschen. Aber das, wonach du mich fragst, kann ich dir nicht eher beantworten, als bis ich erfahren, daß du dein Leben auch glücklich beendet hast. Denn der Reiche ist nicht glücklicher als einer, der gerade nur für einen Tag genug zum Leben hat, wenn er seinen ganzen Reichtum nicht bis an sein glückliches Lebensende genießen darf. Viele sehr reiche Menschen sind unglücklich; viele, die nur mäßig viel zum Leben besitzen, sind glücklich. Der unglückliche Reiche hat nur in zwei Stücken etwas dem Glücklichen voraus, dieser aber vieles vor dem Reichen und Unglücklichen. Der Reiche kann seine Gelüste leichter befriedigen und schwere Schicksalsschläge einfacher tragen. Der andere aber hat folgendes mehr als jener: zwar wird er, eben weil er nicht reich ist, mit seinen Wünschen und Schicksalsschlägen nicht in gleicher Weise fertig wie jener. Aber sein guter Stern hält sie von ihm fern. Er ist unversehrt, gesund, ohne Leid, glücklich mit seinen Kindern und wohlgestaltet. Wenn er dann auch noch einen schönen Tod hat, dann ist er eben der, nach dem du suchst, ein Mensch, der wahrhaft glücklich zu nennen ist. Vor dem Tode aber muß man sich im Urteil zurückhalten und darf niemanden glücklich nennen, sondern nur vom Schicksal begünstigt. Daß aber alles das, was zur Glückseligkeit gehört, bei einem Menschen zusammentrifft, ist unmöglich. Auch ein Land besitzt nicht alles, was es braucht; vielmehr hat es das eine und entbehrt das andere. Das beste Land ist das, das am meisten besitzt. So erfüllt auch der Mensch als Einzelwesen sich nicht selbst. Das eine hat er, etwas anderes entbehrt er. Der Mensch aber, der das meiste seines Bedarfes besitzt und in diesem Besitze lebt und glücklich sein Leben beendet, der, König, verdient nach meiner Meinung den Namen eines Glücklichen. Überall muß man auf das

Ende und den Ausgang sehen. Vielen schon winkte die Gottheit mit Glück und stürzte sie dann ins tiefste Elend."
So sprach er und schmeichelte Kroisos nicht. Dieser ließ ihn, ohne ihn eines weiteren Wortes zu würdigen, von sich gehen. Kroisos hielt ihn sogar für einen großen Toren, weil er das Glück der Gegenwart nicht gelten ließ und immer nur auf das Ende hinwies.

Aus: Herodot: Historien. Hrsg. v. H. W. Haussig. Übersetzt v. A. Horneffer. Stuttgart: Kröner, 2. Aufl. 1959

1.9 Glücksvorstellungen der Väter und Söhne

Worin unterscheiden sich die Wunschziele und Glücksvorstellungen der Jüngeren von denen ihrer Väter? Die amerikanische Bestseller-Autorin Gail Sheehy untersucht die Generation der 18- bis 30jährigen.
Als Material dienen unter anderem die Ergebnisse einer Umfrage, die Gail Sheehy (unterstützt von Fachpsychologen) in dem US-Herrenmagazin „Esquire" placierte. Gefragt wurde nach den Erwartungen, Wertvorstellungen, Freuden und Ängsten der jüngeren Generation, nach den angestrebten Lebensmustern und den Prioritäten, die junge Leute setzen.
Wie vereinbaren die Jungen, hoffte die Autorin zu erfahren, ihren Drang nach Selbstverwirklichung und Selbstfindung mit den Belangen der Gesellschaft? Worin finden sie Bestätigung, und inwiefern unterscheiden sich ihre Wunschziele und Glücksvorstellungen von denen ihrer Väter?
688 „Esquire"-Leser der angepeilten Altersgruppe schickten den Fragebogen ausgefüllt zurück.
Die meisten stammten aus Aufsteiger-Familien von Mittelklasse-Zuschnitt: 72 Prozent mit College-Diplom, 35 Prozent mit zwei Hochschulexamen. Fast die Hälfte der befragten jungen Männer hat es in sogenannten Prestige-Berufen bereits zu etwas gebracht: 23,5 Prozent arbeiten als Manager, 19 Prozent als Ärzte, Anwälte oder in anderen Berufen, die ein Hochschulstudium voraussetzen; fünf Prozent studieren noch.
Eine zweite, größere Gruppe (13 Prozent) bestand aus „Rollkragen-Typen" (Gail Sheehy): Schriftstellern etwa, Künstlern, Designern und Kunsthandwerkern – alles in allem also eine Parade-Auswahl amerikanischer Musterknaben, die nach überkommenen Standards alle Aussicht hätten, beim großen Monopoly um Macht und Geld unter den Gewinnern zu sein.
Doch diesmal ist bei den Newcomern, die sich gerade anschicken, Karriere zu machen, alles anders: Sie scheinen sich erstmals nicht mehr an die alten Spielregeln halten zu wollen. Bei der Auswertung der Fragebögen und bei ergänzenden Interviews mit 30 jungen Managern, Intellektuellen und Künstlern stellte die Autorin „eine bestürzende Verschiebung von Wertvorstellungen" fest.

Ganz oben auf die Liste von 16 persönlichen Eigenschaften, die sie für wichtig erachten, setzten die befragten jungen Männer „Zärtlichkeit". Eigenschaften wie „Ehrgeiz" oder die „Fähigkeit, andere zu führen", ehemals amerikanische Kardinal-Tugenden, rückten sie hingegen ans Ende der Skala.
Während die Väter-Generation noch an den Wert der Arbeit an sich glaubte, an die bürgerlichen Lebensmuster von Ehe und Familie sowie an Rente und Ruhestand als Kompensation für fünfzig Jahre Plackerei im Dienst der Allgemeinheit, erwarten diese neuen Elite-Amerikaner etwas anderes vom Leben:
- Sie wollen nicht hart arbeiten.
- Sie wollen mehr Zeit für „Selbstverwirklichung" und „persönliche Entfaltung".
- Sie wollen sich nicht binden oder, anders gesagt, „keine Zugeständnisse an das Leben machen".

Sie haben einen Horror davor, in dieselbe Streß-Mühle zu geraten wie ihre Väter, um dann Mitte Fünfzig erkennen zu müssen, daß ihnen zwischen dem ersten und dem letzten Herzinfarkt nur noch ein paar Jahre bleiben, in denen sie das Leben genießen können. „Wenn ich mir vorstelle, daß das nun vierzig Jahre so weitergehen soll", so das Geständnis eines Profi-Managers unter dreißig, stellvertretend für seine Altersgruppe, „dann könnte ich mir gleich eine Kugel durch den Kopf jagen."
Während die ältere Generation früh Verantwortung übernahm und den Lohn der Leistung später erwartete, streben die Jungen die umgekehrte Reihenfolge an: eine Art vorweggenommenen Ruhestands-Bonus.
Sie träumen von einem windgeschützten Eckchen fern aller Babbitts[1], am liebsten in Kalifornien, wo sie sich „erst mal zurücklehnen können, um sich zu entspannen" (Sheehy). Soziale Bindungen, eine eigene Familie etwa, verschieben sie auf später. Vor allem weigern sie sich, Kinder in die Welt zu setzen, weil das sie „wirtschaftlich einengen" würde.
Anders als die Blumenkinder der sechziger Jahre sieht sich diese „Generation der Bequemlichen" („lean back generation"), wie Gail Sheehy sie nennt, nicht als Außenseiter des amerikanischen Lebens.
Auf Wohlstand wollen sie nicht verzichten. Freiheit um den Preis eines bequemen Lebens zu erkaufen, kommt ihnen nicht in den Sinn. Deshalb, so fand die Autorin, träumen sie nicht nur von unbegrenzten persönlichen Freiräumen, von lockeren, aber zärtlichen Beziehungen, sondern vor allem auch „von jemandem, der die Rechnungen für sie bezahlt".
Diese Söhne von besonders karriereorientierten, erfolgsbestimmten Vätern, denn gerade die haben die „Esquire"-Fragebögen ausgefüllt, seien von zwei Hauptängsten befallen: der Angst, nicht genug Geld zu haben, und der Angst, sie könnten gezwungen sein, Geld zu verdienen.

---

[1] Babbitts: Geschäftsleute, die sich streng an die überlieferten bürgerlichen Verhaltensnormen halten

In dieser Grundhaltung sieht Gail Sheehy ein Symptom dafür, daß den Söhnen die Erfolgs-Ethik der Väter noch in den Knochen steckt. Aber: „Sie wollen", so das Fazit der Gesellschaftsanalytikerin Sheehy, „ein bequemes Leben haben, anstatt hinter einem bequemen Leben her sein zu müssen."
Glücklich ist diese Generation von zaudernden, bindungsscheuen „Stadtneurotikern" allerdings nicht. Am unglücklichsten, gemessen an einer allgemeinen Zufriedenheits-Skala, die der ganzen Untersuchung zugrunde liegt, sind diejenigen, die planen, alleinstehend und kinderlos zu bleiben.
Wie ein Leitmotiv, so stellte Gail Sheehy fest, ziehen sich durch die Lebensläufe der am wenigsten Glücklichen deren Selbstbezogenheit und Monomanie. Die Tatsache, daß sie keine Verantwortung übernehmen wollen, übersetzt Gail Sheehy als „Mangel an Motivation, kein emotionales Feedback, keine Erben". Und als „Einsamkeit, Einsamkeit, Einsamkeit". Keiner unter den zehn Unglücklichsten war zum Zeitpunkt der Umfrage verliebt.

Aus: Der Spiegel, Nr. 9/1980

1.10 Annoncen

1.10.1 Anzeige eines Instituts für Partnerschaftsvermittlung

Ihr Weg zur Partnerschaft

Sommer, Urlaub, Glücklichsein. Miteinander lachen und tanzen vor Freude, Herzklopfen haben, ganz weiche Knie, vor Glück, weil es IHN gibt, weil SIE da ist. Weil sie beide auch morgen, übermorgen, auch im Alltag zusammen sein möchten.

Wir suchen es nicht, wir finden Ihr Glück!

Wenn Ihr großer Traum von Liebe und Glück nicht „per Zufall" in Erfüllung gehen, dann füllen Sie nebenstehenden Coupon ganz ehrlich und ohne Zugeständnisse aus. Wir ermitteln dann kostenlos + unverbindlich Ihre Chancen und teilen Ihnen genaue Angaben über die Partnerin oder den Partner mit, den Sie in kürzester Zeit kennen lernen können.
Warten Sie nicht länger! Nehmen Sie Ihr Glück selbst in die Hand! Schicken Sie den ausgefüllten Coupon ganz schnell an uns

Wie soll Ihr Wunschpartner sein?
Alter von ___ bis ___
Größe von ___ bis ___
Haarfarbe ___
Figur
☐ zierlich-schlank
☐ sportlich-schlank
☐ mollig
☐ vollschlank
Hobbys – Interessen:
☐ Sport
        (welchen)
☐ Musik
☐ Reisen

☐ Kunst
☐ Literatur
☐ Ausgehen
☐ Technik
Eigenschaften:
☐ temperamentvoll
☐ anpassungsfähig
☐ ehrgeizig
☐ natürlich
☐ häuslich
☐ großzügig
☐ gesellig
☐ kinderlieb

Ihre Angaben zur Person:
Name/Vorname ___
Straße ___
PLZ/Wohnort ___
Telefon ___ Geb.-Tag ___
Familienstand ☐ ledig ☐ verwitwet
                ☐ getr. leb. ☐ geschieden
Beruf ___
Körpergröße ___ cm Haarfarbe ___
Staatsang. ___
Unterschrift ___

1.10.2 Heirats- und Bekanntschaftsanzeigen aus deutschen Zeitungen

(1) **Türke,** 53 Jahre, wohne allein in München, suche Frau. Ang. unter Z 11 36 47 an SZ

(2) **Studienrat** (29/188) ledig, wünscht sich natürliches, feinfühliges Mädchen, mit Interesse für Musik und Theater, zum Reden und Verstehen, vielleicht auch zum Heiraten. Bildzuschriften bitte unter A 11 41 29 an SZ.

Ich bin 26 Jahre alt (schlank, hübsch) und habe noch zu keinem Mann mit ganzem Herzen sagen können, „Ich liebe Dich". Das ist schlimm und deshalb möchte ich jetzt

dem Glück auf die Sprünge helfen!

Ich suche ein Mannsbild von Format, einen Mann, der voller Lebenskraft steckt, der dynamisch ist und stabil, warmherzig und witzig, der Horizont hat und unabhängig ist in seinem Denken und Handeln; mit Achtung vor sich selbst ebenso wie vor anderen. Starke Arme soll er haben, in denen ich Halt und Trost finden kann, wenn ich es brauche, die mich aber nicht abschirmen sollen gegen die Widrigkeiten der Welt. Schreiben Sie mir (bitte mit Bild) und Sie erfahren, was auf Sie zukommt! ZL 5904 DIE ZEIT, Postfach 10 68 20, 2000 Hamburg 1

Sind Sie eine wirklich glückliche Frau?

Sind Sie in Ihren Gefühlen, Gedanken, Erfolgen und Wünschen, in Ihrer Klugheit und Bildung eine außergewöhnliche, nicht alltägliche Frau? Leben Sie lebendig und phantasievoll? Gehören schöpferische Kraft, Eigenständigkeit, Verantwortung, Dialoge, Offenheit und menschliches Format zu jenen Begriffen, ohne die Ihr Leben ärmer wäre? Haben Sie den Mut, ein klares Wort dem schmerzhaften Kompromiß vorzuziehen und das Selbstvertrauen, Schwächen nicht auszunutzen? Sind ihre Ansprüche an sich selbst und andere hoch und erfüllbar? Sind Sie mit dem, wovon und womit Sie leben, erfüllt und zufrieden? Beginnt für Sie die Nähe zum Partner bei der Freiheit, die er gibt und braucht? Sind Herzlichkeit, Heiterkeit, Gelassenheit, Humor, Natürlichkeit und Zuneigung Begriffe, die Ihnen auch einen schlechten Tag lebenswert machen? Sind Sie ganz Frau, und genießen Sie es, Frau zu sein? Wissen Sie, daß man allein vieles nie erreicht? Dann sollten Sie einem attraktiven, jugendlichen und jungenhaften Mann, Mitte 30/1,88, dunkel, Akad., mit Witz und Wissen, Weltoffenheit und Toleranz, der das o. g. auch für sich gelten läßt und evtl. in vielem Ihr Pendant ist, etwas über sich mitteilen. Für Ihn heißt Leben Freude am gegenseitigen Bereichern und Liebe, täglich neues Wunder und Abenteuer aus Leidenschaft, Lachen, Sinnlichkeit und fairem Streit. Wenn Ihre Atmosphäre und Attraktivität von jener Art sind, die Sie für Ihre Umgebung unverwechselbar und begehrenswert machen, dann freue ich mich auf Ihren Brief aus Raum 6 + 2 Std. mit Bild unter ZN 5822 DIE ZEIT, Postfach 10 68 20, 2000 Hamburg 1

Du fehlst mir noch zu meinem Glück

Ich weiß ja, Du bist schlank und hübsch, warmherzig, zärtlich, lustig und sportlich, hast an Deiner Umwelt Interesse, entdeckst gern fremde Länder, schätzt ein gemütliches Zuhause und nette Freunde und träumst auch manchmal von einer quicklebendigen, glücklichen Familie und einem lieben, jungenhaften Mann (30, 1,82, 70; Arzt) dem Du vertrauen kannst. Also, wo hast Du Dich versteckt? Nun hab doch ein wenig Mut und schreib mir vielleicht mit Bild an ZF 4723 DIE ZEIT, Postfach 10 68 20, 2000 Hamburg 1

Ich suche meinen Traum, mein Glück

einen klugen, phantasievollen Mann und Partner, um mit ihm gemeinsam das Leben, unser Leben, zu gestalten und zu erleben.
Ich bin Anfang 40/165, schlank, etwas sportlich, dunkler Typ und schön anzusehen. Ich habe einen freien, kreativen Beruf und lebe mit meinen beiden Kindern in schöner Umgebung. Ich mag die Sonne und Wärme, meinen Garten, die Berge und Natur, alte und neue Bücher, interessiere mich für Kunst und Kultur, entdecke gerne fremde Länder und verbringe die Ferien oft auf meinem kleinen Bauernhof im Gebirge. Es wäre schön, wenn wir uns begegnen würden, geben Sie mir ein Zeichen – ich freue mich auf Ihren Brief (mit Bild) und antworte bestimmt u. ZS5166726 an SZ

Auf der Suche nach dem Glück

Dr., 45 J., 168/53, attraktiv, apart, zierlich, feminine Mädchen-Frau, ungebunden, mehrsprachig, weltgereist, gesellschaftlich und hausfraulich versiert, gut situiert, mit Schwung, Humor und Lebensfreude. Es wäre schön, den Partner mit hohem Lebensstil zu finden, der mein **Niveau ergänzen** würde, und mit ihm die Welt zu erleben und gemeinsam alt zu werden. Zuschrift erbeten unter ZS5184721 an SZ

Irdische Güter wurden mir in die Wiege gelegt. Das Glück suche ich mir selber.

Großindustrieller, Millionär – trotzdem menschlich, feinfühlig und musisch, im westlichen Ausland lebend – sucht eine Lebenspartnerin. Sie kann arm wie eine Kirchenmaus, aber sie sollte gebildet und anziehend sein, voll erotischer, sinnlicher Ausstrahlung, reisefreudig, eventuell mehrsprachig, parkett- und sportfähig, bis etwa 30 Jahre, bereit sein, außerhalb Deutschlands auf einem herrlichen Besitz zu leben. Die Annehmlichkeiten einer Weltstadt braucht sie nicht zu vermissen. Sollte Sie diese Anzeige interessieren, schreiben Sie mir bitte sehr ausführlich mit einem oder mehreren aussagefähigen Bildern und Telefonangabe. Als Gentleman beantworte ich jeden Brief und schicke die Bilder bestimmt zurück. Bitte vertrauen Sie mir! Zuschriften unter ZI 4873 DIE ZEIT, Postfach 10 68 20, 2000 Hamburg 1

Glück ist, was wir zusammen daraus machen

Ich bin 33/1,72, eheerfahren und lebe in Dortmund. ZM 2251 DIE ZEIT, Postfach 10 68 20, 2000 Hamburg 1

Glück

d. h. für mich: „Den Sommer so erleben, daß er noch den Winter wärmt."
Allein will es mir nicht gelingen!
mir: einer Frau (32/1,63/58) m. äußerl. und innerl. weibl. Qualitäten, Akad.
Sollte Dich „meine" Definition von Glück ansprechen, so laß' es mich doch einfach wissen. Raum Hamburg/Schleswig-Holstein. ZW 5242 DIE ZEIT, Postfach 10 68 20, 2000 Hamburg 1

Himmel auf Erden

Welcher niveauvolle und erfolgreiche Herr mit grauen Schläfen befriedigt meinen offensichtlichen Vaterkomplex und kann dafür einen blonden Engel gewinnen. Mit ihm werden Sie sich bestimmt nicht langweilen, aber sich auch nicht überfordert fühlen. Schreiben Sie mir bitte, wie Sie sich das mit uns beiden vorstellen unter ZS 7533621 an SZ.

Das Glück, mit der Natur zu leben, möchte ich teilen (nicht alternativ), mit naturverb., warmherz. Partner um 40/1,75. Außer ihm gäbe es noch: Tochter, Pferd, Schule, Freude am Leben, und an Gemütlichkeit, u. g. d. mich. FL-HH. Bildzuschr. bitte an ZK 5420 DIE ZEIT, Postfach 10 68 20, 2000 Hamburg 1

1.10.3 Werbeanzeigen für eine Bausparkasse und eine Lotterie

Jetzt macht Hans sein Glück.

Helfen Sie auch Ihrem Glück auf die Sprünge. Schließen Sie noch vor dem 30. September bei Wüstenrot Ihren Bausparvertrag ab, und bauen oder kaufen oder renovieren Sie dann um ein halbes Jahr früher.
Das Bausparen ist die einzige Sparform, die der Staat prämiert. *Und kein Kredit ist so zinsgünstig wie ein Bauspardarlehen.*
Also schnell, schnell zu Wüstenrot.
Sprechen Sie mit Ihrem Wüstenrot-Berater. Er weiß Bescheid.

Das Glück braucht ein Zuhause – bauen wir's auf.

Pflück das Glück jetzt, weil es Früchte trägt

Hier ist das Glück zum Greifen nahe, das Glück auf das Große Los. Jetzt können Sie spielend ein Vermögen gewinnen.
121 mal heißt es bei dieser Staatslotterie: Gezogen mit einem Hauptgewinn von
50 000,–, 100 000,–, 200 000,–, 500 000,–, 1 Million DM.
Die Chance auf die Millionengewinne wurde verdoppelt. Jetzt sind über 50 Millionen Mark im Spiel – davon sogar bis zu 12mal 1 Million DM als Höchstgewinn. Ja, die volle Million ist immer dabei, bar und einkommensteuerfrei.
Gewinnen Sie das Große Los der Nordwestdeutschen Klassenlotterie, der Lotterie mit dem klaren System und dem festen Gewinnplan. Schon am ersten Ziehungstag – 2. April 1976 – geht es um die erste Million. Vielleicht sogar um Ihre Million. Und so geht es weiter: Hauptgewinn für Hauptgewinn – 121 an der Zahl – und Million auf Million. Über 50 Millionen Mark insgesamt.
Spielen Sie mit. Von Anfang an. Bis zum glücklichen Erfolg. Gewinner spielen Klassenlotterie. Immer ein Gewinn für Sie.

1.11

GÜNTER BEAUGRAND

Jetzt strahlt die Familie

[...] Tag für Tag liefern Werbespots und Inserate ihren Anschauungsunterricht über den wahren Weg zum Glück in zahllose Familien, die mit gekonnter Psychologie in immer höhere Glückserwartungen hineingejagt werden und die „heile Welt" stets fröhlicher, ausgeglichener, eleganter Hausväter und Hausmütter kennenlernen, ewig jung und samtweich lächelnd dank emsiger Kauf- und Konsumbemühungen. Denn eines wird schnell klar: Nur der wird höchster Lebensqualitäten teilhaftig, der unentwegt neue Produkte oder altbekannte Marken zur Hand hat und so den Weg zum Glück und Erfolg im Eiltempo durchmißt.

Nudeln und Nikotin

Eine Welt des Wohlgefallens, in stets jugendlicher Schönheit und munterer Lebensbewältigung, tut sich auf, wenn Nudeln und Nikotin, Klöße und Kekse angepriesen werden. Ob man sich durch den Griff nach einem Schokoladenriegel verbrauchte Energie sofort zurückholt oder mit einem andächtigen Kognakschluck alle Sorgen verjagt – das moderne Paradies, das wahre Glück, Lebensvollendung und Liebeserfüllung liegen greifbar nahe: jenseits der Ladentheke, in den Regalen des Supermarkts, in den Fächern der Automaten!

Feudalismus wie im Mittelalter

Nicht nur die Bilder sind glückverheißend, auch in den Texten ist jedermann ein König – und dies im wahrsten Sinne des Wortes. Ruth Römer hat in ihrem Buch „Die Sprache der Anzeigenwerbung" (Schwann-Verlag, Düsseldorf) die Werbetexte auf ihre sprachlichen Eigenheiten untersucht und den manipulierenden Effekt dieser Sprache bestätigt gefunden. Nicht nur Steigerungen und Superlative, nicht nur geheimnisvolle Zauberformeln werden in immer neuen Variationen und Wiederholungen angewandt, sondern die Werbung entpuppt sich auch als Fürsprecher einer Lebensform, in der das Glück von Königen, Helden und Kommandotypen jeder Form erwartet wird: Man benutzt Royal-Kosmetik und raucht King-size, man kauft Lord, Commodore oder Prinz. „Wollte man", so schreibt Ruth Römer, „die politische Struktur der Gegenwart an der Werbung ablesen, dann könnte man den Eindruck gewinnen, als ob in unserer Zeit eine Hochblüte des Feudalismus angebrochen sei: Die moderne Welt, in die uns Flugzeuge und Zigarettenduft bringen, endet im Mittelalter." [...]

Alles wird schöner

Ruth Römer kommt bei ihrer Untersuchung über den Wahrheitsgehalt der Werbesprache zu folgender Feststellung: „Die Werbung erhebt einen durch nichts zu rechtfertigenden Anspruch auf Ausschließlichkeit, indem sie vielfach behauptet, daß vom Gebrauch eines Erzeugnisses unermeßliche Wirkungen auf das gesamte Leben des Konsumenten ausstrahlen: ‚Neue Tapeten – alles wird schöner' ist ein Beispiel, das für Dutzende stehen kann. Der Grundgedanke ist: Benutze dieses Haarwasser, diese Creme, rauche diese Zigarette, iß diese Suppe, binde dir diese Uhr oder diese Krawatte um, trage diese Aktentasche, fahre diesen Wagen – und alles wird gut. Belanglosigkeiten aller Art, die mit dem Glück und Wohlergehen eines Menschen nicht das geringste zu tun haben, werden als Quelle seiner Lebensverbesserung hingestellt."

Jeder ist der Größte

Was den Erwachsenen recht ist, muß auch der Jugend billig sein. So wird auch der „junge Markt" zünftig in die Werbung einbezogen. Nicht nur Waren, auch Lebenshaltung, Schlagermoden, Freizeitgewohnheiten werden jugendgemäß an den Mann gebracht. Aus dieser Sicht ist nichts wichtiger, nichts glückverheißender in der Welt als Hits und ihre Stars. Politik, Kultur, soziale Fragen, Bildungs- und Ausbildungsprobleme – Fehlanzeige! Doch was Karel Gott, Heino und Roy Black mitternachts träumen oder denken, was David Cassidy oder Pink Floyd am liebsten essen, trinken, anziehen, welche Tiere, Frauen oder Farben Brian Conolly oder Roy Wood lieben – das sind die entscheidenden Dinge des Lebens, das ist das wahre Glück. [...]

Hauptsache, die Kohlen stimmen

Glück ist heute – glaubt man der Werbung für Waren, Stars und Hits – leicht zu haben. Hauptsache, man hat Geld, Hauptsache, die Kohlen stimmen, auch wenn es an Öl fehlt und Selbstbeschränkung wieder „in" ist. Kein Wunder, daß bei all diesen Glücksversprechungen und Glückserwartungen das wirkliche Leben nicht mehr mitkommt, wenn alles extradelikat und unendlich gut, ideal und phantastisch, vollkommen und unvergleichlich ist, was auf dem Bildschirm und in tausend bunten Werbebildern jeden Tag angeboten wird.
Gewiß, Werbung muß sein, und man sollte die Flut der Werbeaussagen nicht zu sehr auf die Goldwaage legen. Doch der davon ausgehende Erwartungsanspruch an das Leben kann auf die Dauer zur Lebensenttäuschung führen. Denn das in immer höhere Sphären getriebene Glück und die versprochenen Konsum-Paradiese bleiben unerfüllbarer Wunschtraum. Hat der Konsum-Mensch aber nicht das Recht, immer mehr vom Leben zu haben, vollendeten Genuß zu erleben und sich Ansprüche zu erfüllen? Wie reagiert der immer wieder enttäuschte Konsument, wenn er Tag für Tag spüren muß, daß das in unzähligen Variationen zugesagte große Glück auf sich warten läßt? Das

Karussell der Werbung, mit seinen einprägsamen, bildhaften, immer wiederholten Aussagen von frühester Kindheit an miterlebt, formt ein einseitig materialistisches Weltbild, das der New Yorker Soziologe H. Fromm als das Weltbild des „totalen Konsumenten" charakterisiert: „Das Weltbild dieses Menschen hat fast den Charakter einer neuen religiösen Vision angenommen. Der Himmel ist ein einziges großes Warenhaus, in dem sich jeder Mensch jeden Tag etwas Neues kaufen kann, alles, was er will, und immer ein bißchen mehr als sein Nachbar." [...]

Nudeln machen glücklich.

(Werbung für Nudeln)

Ein Stück Schlaraffenland

(Werbung für Schokolade)

Aus: Kontraste. Vierteljahreszeitschrift 1 (1974). Freiburg: Herder

1.12 Glücksforschung

Vergleich und Auswertung von Umfrageergebnissen

[...] Niemand wird bestreiten wollen, daß bestimmte Grundbedürfnisse des Menschen zunächst einmal befriedigt werden müssen, ehe man überhaupt die Frage nach dem Glücksempfinden stellen kann. Aber in der Bundesrepublik Deutschland ist auch schon aufgefallen, was in den Vereinigten Staaten von Amerika längst als das „Easterlin-Paradox" bekannt ist: Glücksempfinden steht zwar in einem positiven Zusammenhang mit dem Einkommen, aber trotz seit Jahren steigenden Einkommen und steigendem Lebensstandard nimmt das Glücksbefinden in der Bevölkerung nicht zu.

Trend-Daten aus den USA und der Bundesrepublik Deutschland, die über 15 bis 20 Jahre reichen, zeigen in einer Periode starker Aufwärtsentwicklung des Lebensstandards keine Zunahme der Menschen, die sich als uneingeschränkt glücklich bezeichnen.

In den Vereinigten Staaten ist der Anteil sogar deutlich rückläufig. In der Bundesrepublik Deutschland ist er konstant. Anders als in den USA nimmt hier der Anteil von Personen ab, die sich als unglücklich bezeichnen. Dafür wächst der Anteil derer, die mit der Antwort „teils, teils" angeben, daß ihre Lage erträglich ist.

Die Auswertung einer Befragung aus 60 Ländern (ohne Sowjetunion, Osteuropa und Rotchina), die 1975/76 von der Gallup-Organisation durchgeführt wurde, legt den Gedanken an einen Zusammenhang zwischen Lebensstandard und Glück nahe. Aber ebenso läßt sich aufgrund dieser Daten vermuten, daß

der Lebensstandard keinen ausschlaggebenden, sondern nur einen mitwirkenden Einfluß auf das psychische Wohlbefinden ausübt. Er führt wahrscheinlich eher zu einem teilweisen als zu einem vollkommenen Glücksgefühl. [...]
Wenn man erkennen will, welche Lebensbedingungen zum Glücklichsein beitragen, dann muß man vor allem das subjektive Wohlbefinden zuverlässig messen können. Aber gerade da hapert es. Bei den meisten Untersuchungen wird mit der Selbsteinstufung gearbeitet, also mit direkten Fragen, ob man sehr glücklich, einigermaßen oder gar nicht glücklich sei. Geringfügige Abänderungen im Wortlaut der Frage verschieben die Resultate um mehr als 10 Prozent.
... Welchen komplizierten Einflüssen das psychische Wohlbefinden unterliegt, läßt sich bei der Verwendung der „Affekt-Balance-Skala" erkennen. Sie wurde von Bradburn am National Opinion Research Center der Universität von Chicago entwickelt. Bei der Anwendung dieses Meßinstruments werden den Versuchspersonen fünf Aussagen über positive Empfindungen und fünf über negative vorgelegt. Sie sollen angeben, ob sie irgend etwas davon in den vergangenen Wochen erlebt hätten.
Die positiven Aussagen lauten: 1) „War froh, etwas fertiggebracht zu haben"; 2) „Habe ein Lob, ein Kompliment erhalten, das gut getan hat"; 3) „Ich war in letzter Zeit von etwas sehr begeistert, ganz besonders interessiert daran"; 4) „Ich hatte in letzter Zeit mal das Gefühl, alles läuft so, wie ich es mir wünsche"; 5) „Ich habe mich in letzter Zeit einmal wie im siebenten Himmel gefühlt".
Die negativen Aussagen lauten: 1) „Ich habe mich in der letzten Zeit einmal sehr niedergeschlagen, sehr unglücklich gefühlt"; 2) „Ich habe mich in der letzten Zeit mal so unruhig gefühlt, daß ich nicht stillsitzen konnte"; 3) „Ich habe mich mal sehr einsam gefühlt, oder so, als ob die anderen Menschen ganz weit weg von mir seien"; 4) „Ich war mal verstört, weil mich jemand kritisiert hat"; 5) „Ich habe mich mal schrecklich gelangweilt".
Aus dem Saldo – also der Zahl positiver minus der Zahl negativer Empfindungen – läßt sich am besten erkennen, wie glücklich sich jemand fühlt. Drei negative Erfahrungen in den letzten Wochen vertragen sich zum Beispiel durchaus mit einem subjektiven Wohlbefinden, wenn zugleich fünf positive Erfahrungen gemacht wurden. Der Zusammenhang zwischen positiven und negativen Empfindungen ist verhältnismäßig gering. Durch den Saldo ergibt sich ein anderes Gefüge, das viel mehr aussagt, als wenn man nur die positiven oder negativen Erfahrungen getrennt addiert.

Frage: „Einmal ganz allgemein gesprochen, würden Sie sagen, Sie sind sehr glücklich, einigermaßen glücklich, oder nicht allzu glücklich?"

	Sehr glücklich %	Einigermaßen glücklich %	Nicht allzu glücklich %	Unentschieden keine Antwort %
USA und Kanada	40	51	8	1 = 100
Australien	37	57	6	x = 100
Westeuropa	20	60	18	2 = 100
Mittel- und Südamerika	32	38	28	2 = 100
Afrika (südlich der Sahara)	18	50	31	1 = 100
Ferner Osten (ohne Rotchina)	7	41	50	2 = 100

x = weniger als 1%
Quelle: George H. Gallup: Human Needs and Satisfactions: A Global Survey, In: Public Opinion Quarterly, Vol. 40, No. 4, Winter 1976/77, Seite 465.

Frage: „Wenn jemand von Ihnen sagen würde: dieser Mensch ist sehr glücklich. – Hätte er damit recht oder nicht?"

	Bundesrepublik Deutschland							
	Nov. 1954 (n = 2173) %	März 1960 (n = 1870) %	März 1966 (n = 2047) %	Nov. 1974 (n = 2029) %	März 1976 (n = 1989) %	Juni 1979 (n = 1957) %	Mai 1984 (n = 2066) %	April 1985 (n = 2075) %
Hätte recht	28	32	32	30	29	29	31	28
Halb und halb	33	39	38	47	47	48	51	48
Hätte nicht recht	26	13	15	13	15	13	10	14
Schwer zu sagen	13	16	15	10	9	10	8	10
	100	100	100	100	100	100	100	100

Quelle: Allensbacher Archiv, MD-Umfragen 078, 1041, 2012, 3010, 3025, 3070, 4044, 4056

Frage: „Wann haben Sie zum letzten Mal so richtig aus vollem Herzen lauthals gelacht: gestern, in den letzten 14 Tagen – oder ist das länger her?"

	Bundesrepublik Deutschland		
	Personen mit stark positivem Saldo (n = 604) %	Personen mit leicht positivem Saldo (n = 720) %	Personen ohne positivem Saldo (n = 711) %
Gestern	44	36	24
In den letzten 14 Tagen	42	40	39
Länger her	14	24	37
	100	100	100

Quelle: Allensbacher Archiv, MD-Umfrage 2096, Juli 1973.

Die dargestellten Personengruppen sind durch faktorielle Gewichtung nach Geschlecht, Alter und Berufskreisen gleichartig zusammengesetzt. Stark positiver Saldo: Überschuß von 4 oder 5 positiven Merkmalen; leicht positiver Saldo: Überschuß von 1 bis 3 positiven Merkmalen (Affekt-Balance-Skala).

Aus: Noelle-Neumann, Elisabeth: Glück. Was ist das eigentlich? In: Bild der Wissenschaft 8 (1978). Und: Aktuelle Ergebnisse aus dem Allensbacher Archiv.

1.13 Glück in Gedicht und Lied

1.13.1

NIKOLAUS LENAU

Frage

O Menschenherz, was ist dein Glück?
Ein rätselhaft geborner
Und, kaum gegrüßt, verlorner,
Unwiederholter Augenblick!

Aus: Lenau, Nikolaus: Sämtliche Werke. Stuttgart: Cotta 1959

1.13.2

GOTTFRIED BENN

Einsamer nie –

Einsamer nie als im August:
Erfüllungsstunde – im Gelände
die roten und die goldenen Brände,
doch wo ist deiner Gärten Lust?

Die Seen hell, die Himmel weich,
die Äcker rein und glänzen leise,
doch wo sind Sieg und Siegsbeweise
aus dem von dir vertretenen Reich?

Wo alles sich durch Glück beweist
und tauscht den Blick und tauscht die Ringe
im Weingeruch, im Rausch der Dinge – :
dienst du dem Gegenglück, dem Geist.

Aus: Benn, Gottfried: Das Hauptwerk. Band 1. Wiesbaden: Limes 1980

1.13.3

RAINHARD FENDRICH

Zweierbeziehung

Jetzt sitz i wieder da und bin allan, wie hast mir des nur antun können? I trau mi gar net ins Kaffehaus umme, weil sa se wieder ohaun tätn über mi, die G'sichter. Immer woa i nur der Depperte, der Blede, aber wia i auf amoe mit dir daherkommen bin, do is eana die Lad' obeg'falln, da ham's g'schaut. Neidisch san's g'wesen, vom ersten Augenblick an hab i gwußt, daß neidisch war'n, aber du hast mir g'hört, mir ganz allan.

Gestern hat mi's Glück verlassen,
du liegst am Autofriedhof draußen,
dabei warst du doch immer oes für mi.
I kann mir's Wana net verbeißen,
was warst du für a hasses Eisen
und überblieb'n is nur a Havarie.

Nie werd' i den Tag vergessen, wie wir zwa uns das erste Mal g'sehn ham: es war Liebe auf den ersten Blick. I hab sofort g'wußt, di muaß i ham, um alles in der Welt.

Am Anfang hat er noch Mucken g'macht, der Herr Papa, aber dann is er schon außeg'ruckt mit de Tausender. Und wia'st dann vor mir g'standen bist mit deine braden Rafen und deine Schweinsledersitz: ein Bild für Götter. Kannst di no erinnern, wie mas erste Mal auf der Autobahn war'n, mia zwa ganz allan, wie ma dem Porsche no bei 200 davonzogen san? Bei dir hot er die Gurken g'habt, der Herr Carrera.

Gestern hat mi's Glück verlassen...

I kann gar net vastehn, wie des alles hat passiern können. Die Kurven hat do leicht 130 vertragen. No, vielleicht hätt' i de sechs Vierteln net trinken solln, aber mit sechs Vierteln is ma do net ang'soffen, oder? Überhaupt nix wär passiert, wenn net der Bam dagstanden wär: „Für ein grünes Wien", so a Bledsinn. De solln ihre Stauden wo anders hinpflanzen. Gar nix hätt's ma gmocht, wenn's ma den Führerschein weggnumma hätten, hätt' ma halt in wilder Ehe zusammengelebt, aber daß i di jetzt umman Kilopreis hergeben muß, des reißt ma's Herz auße.

Gestern hat mi's Glück verlassen...

Fendrich, Rainhard, 1980 veröffentlicht auf Phonogram Nr. 60 355 „Ich wollte nie einer von denen sein".

2. Psychologische Aspekte

2.1 Die Bedürfnisse des Menschen und das Glück

2.1.1

ALFRED SCHÖPF

Bedürfnis

Bedürfnis. Das menschliche Handeln ist von B.en bestimmt. Im Unterschied zum Tier, bei dem sie durch angeborene Auslösemechanismen und Umweltfaktoren determiniert sind und kausal die Reaktionen bestimmen, hat der Mensch durch Denken und Sprache die Möglichkeit, sie als Motive seiner → Handlungen aufzunehmen, sie zu modifizieren oder zu unterdrücken. Dadurch gewinnt er ein freieres und → willentlicheres Verhältnis zu ihnen. Bedeutsam wird die Frage nach den B.en unter dem Blickwinkel, daß → sittl. Handeln die wahren, die „vernünftigen" B.e des Menschen aufgreifen und realisieren müsse. Die Bedürftigkeit des Menschen ist biologisch in der Notwendigkeit begründet, sich selbst erhalten und fortpflanzen zu müssen. Wird der homöostatische Gleichgewichtszustand des Organismus mit seiner Umwelt unter- oder überschritten, dann treten Triebreize im Körperinnern auf, die wie Hunger, Durst und sexuelle Reize auf Befriedigung drängen, um die individuelle und die Arterhaltung zu sichern.

Diese körperlichen Vorgänge, die instinktive Basis des Menschen, worin er Gemeinsamkeiten mit dem Tier hat, spiegelt sich auch in seinem Erleben (psychische Repräsentation) wieder. In den Vorstellungen und Affekten (→ Leidenschaft) des Menschen drücken sich seine B.e aus. Wir nennen diese psychologische Seite der menschlichen B.e seine Wünsche. Triebreize und Wünsche zusammen, d. h. die psychophysische Einheit der menschlichen B.e nennt man seit *Freud Trieb*. Allein von seiner → instinktiven Basis und seiner Naturausstattung her wäre der Mensch nicht in der Lage zu überleben. Seinen biologischen Nachteil als Mängelwesen *(Gehlen)* kann er nur durch die psychischen Funktionen des Gedächtnisses, des Denkens und Handelns ausgleichen, um seine B.befriedigung zu sichern. Aber auch dem Einzelmenschen gelingt es nicht, sie sicherzustellen. Vielmehr ist er zur Interaktion mit seinen Mitmenschen genötigt. Obgleich daher die Inhalte der menschlichen B.e biologisch vorstrukturiert sind, liegen sie nicht endgültig fest, sondern werden durch gesellschaftliche Prozesse im Austausch mit der psychischen Verarbeitung im Einzelmenschen modifiziert und weiterentwickelt.

Der frühkindliche Versuch, die Befriedigung in ungeschiedener Einheit und unmittelbar von den Pflegepersonen zu erhalten, wird schon früh versagt. Je nach Stand der körperlichen Reifung und psychologischen Entwicklung muß das Kind lernen, seine B.befriedigung von Stufe zu Stufe differenzierter zu organisieren, so z. B. seine Befriedigung aufzuschieben, zu → verzichten, um sie durch Zwischenschritte des Denkens und Handelns zu erarbeiten. Dabei ist es abhängig von dem, was durch die Pflegepersonen an B.en gesellschaftlich akzeptiert wird und möglich ist. Die Diskrepanz zwischen den eigenen B.sen und dem gesellschaftlich Erlaubten wird verinnerlicht und führt zu einer psychologischen Aufspaltung der Bedürfnisse in solche, die nie zugelassen oder wieder verdrängt wurden (die *Es*bedürfnisse), solche, die gegenüber der Realität vertretbar sind (die *Ich*bedürfnisse oder *Interessen),* solche, die die gesellschaftlichen Verbote repräsentieren (die Über-Ich-, Schuld- oder Strafbedürfnisse). Da sogar ein großer Anteil der Ichb. oder Interessen dem einzelnen gesellschaftlich suggeriert wird, ist es schwierig, seine wahren B.e und Interessen zu erkennen. Zum Teil sind sie im Prozeß gesellschaftlicher Entwicklung zurückgeblieben und zu unbewußten Esanteilen geworden *(Adorno).* Damit aber sind sie dem reflexen Wissen um sich solange entzogen und unzugänglich, als sie nicht durch affektive Erfahrung wiederbelebt und in die Einheit der → Person reintegriert werden. – Die B.befriedigung kann allein in Auseinandersetzung mit der Natur und den Mitmenschen erreicht werden, d. h. sie ist durch → Arbeit vermittelt. Die Abhängigkeit der Arbeit des Einzelnen von der aller anderen führt zur Arbeitsteilung und zugleich zu einer Weiterdifferenzierung der B.e *(Hegel).* Die Frage, ob jeder Arbeitende für seine eigenen B.e produziert, scheint nur solange positiv beantwortbar, als er in geeigneter Form den Produktionsprozeß mitbestimmen kann. Wo dies nicht der Fall ist, wie bei der Entgegensetzung von Kapital und Arbeit zuzeiten der ersten industriellen Revolution *(Marx)* oder in gegenwärtigen ökonomischen Organisationsformen ohne geeignete Mitbestimmung, erhebt sich die Frage, ob sich nicht die ökonomische Entwicklung von der eigentlichen B.lage der Menschen entfernt, künstliche B.e produziert und zur Luxus- oder Konsumgesellschaft fortschreitet. Die gesellschaftliche Seite der B.entwicklung verlangt vom sittl. Handelnden zu prüfen, ob die wahren menschlichen B.e mit den sozial anerkannten übereinstimmen oder nicht.

Aus: Höffe, Otfried (Hrsg.): Lexikon der Ethik. München: Beck 1977

2.2 Bedürfnis und Glückserfahrung

2.2.1

WALTER SCHULZ

Der Zusammenhang zwischen der Befriedigung von menschlichen Grundbedürfnissen und Glückserfahrung

Es ist sicher nicht möglich, ein für alle verbindliches Glück festlegen zu wollen, aber man kann doch davon ausgehen, daß es soziologisch-anthropologisch betrachtet relativ allgemein anerkannte Stufungen der Glücksvorstellungen gibt.

Die unterste Glücksmöglichkeit ist das Herbeiführen eines Zustandes, der ein lebenswertes Leben möglich macht. Maßgebend sind hier durchaus die materiellen Bedürfnisse, die als Grundlage einer menschlichen Existenz überhaupt angesehen werden müssen. Die nähere Bestimmung dieser Bedürfnisse mag im einzelnen schwanken. Es gibt hier keine absolute Eindeutigkeit. Gleichwohl sind gewisse Grundbedingungen, wie ausreichende Ernährung und Gesundheit, allgemein anerkannt. Auch diejenigen, die an sich höhere Vorstellungen von Glück haben, werden sicher nicht gern auf die Erfüllung dieser primären Bedürfnisse verzichten; tun sie es dennoch – etwa als Anhänger einer asketischen Ethik –, dann legen sie sich einen „unnatürlichen" Zwang auf. Historisch gesehen ist in der Neuzeit der Trend, die Wohlfahrt als Maß zu setzen, immer stärker herausgestellt worden. Gehlen hat dies in seiner Ethik aufgezeigt und als Verfall getadelt. Man könnte dagegen behaupten: erst nachdem die metaphysischen Hinterweltswerte abgebaut wurden, wagte man es, die primitiven Werte, das heißt, die natürlichen Anforderungen des Lebens, als die maßgebenden Werte zu deklarieren.

Die unteren Glücksgüter fungieren als Voraussetzungen des höheren Glücks. Dies Glück ist in weit stärkerem Maße differenziert. Hierher gehört – um nur einiges gegeneinander sehr Unterschiedliches äußerlich aufzuzählen – das private Hobby der Freizeitbeschäftigung ebenso wie die Freude an wissenschaftlicher Tätigkeit und schließlich auch die sogenannten „weltanschaulichen Bedürfnisse". Verglichen mit den Lebensnotwendigkeiten sind alle diese Möglichkeiten „Luxusgüter". Sie sind daher erst erfüllbar – Aristoteles hat dies auf Grund seiner Lebensklugheit erkannt –, wenn die primitiven Bedingungen des Lebens gewährleistet sind.

Entscheidend ist nun, daß diese hohen Werte nicht direkt und unmittelbar planbar sind im Gegensatz zu den äußeren Gütern. Sie sind Angelegenheit der privaten Sphäre, das heißt, „frei auswählbar" – daß anthropologisch und soziologisch gesehen die Auswahl bedingt ist, etwa durch Anlage oder durch Gruppenzugehörigkeit, ist klar.

Aus: Schulz, Walter: Philosophie in der veränderten Welt. Pfullingen: Neske 1972

2.2.2

STEPHAN LERMER

Abraham Maslows Theorie der Selbstverwirklichung

Es war der amerikanische Psychologe Abraham Maslow, der sich nicht länger damit zufrieden gab, daß die psychologischen Theorien vom Menschen aus der Erforschung kranker, neurotischer oder psychotischer Menschen abgeleitet waren. [...]
Dabei wurden die positiven Aspekte menschlichen Verhaltens wie Freude, Zufriedenheit, Wohlbefinden, Freundschaft, Begeisterung oder Glück von der Wissenschaft ignoriert. Maslow suchte nach der *positiven Psychologie:*

„Es wird immer klarer, daß die Erforschung der defekten, verkümmerten und unreifen und ungesunden Beispiele nur eine Defekt-Psychologie und -Philosophie ergeben kann. Die Grundlage einer universellen Wissenschaft der Psychologie muß die Untersuchung selbstverwirklichender Menschen sein. Freud lieferte uns die kranke Hälfte der Psychologie, und wir müssen sie jetzt durch die gesunde ergänzen." [...]

Abraham Maslow, den viele als den Vater der dritten Richtung der Psychotherapie ansehen, gilt als der Begründer der humanistischen Psychologie. Diese sogenannte Dritte Kraft in der Psychotherapie strebt im Gegensatz zur Tiefenpsychologie und zur Verhaltenstherapie die sinnliche Selbsterfahrung im Hier und Jetzt an. Therapieziel für Kranke oder Entwicklungsziel für Gesunde ist stets die Selbstverwirklichung.

Was ist eigentlich gemeint mit diesem ominösen Wort *Selbstverwirklichung?* Maslow definiert sie als „die volle Anwendung und Nutzung der Talente, Kapazitäten und Fähigkeiten usw. Solche Menschen scheinen sich selbst zu erfüllen und das bestmögliche zu tun, dessen sie fähig sind."

Bei seiner Erforschung von gesunden, erfolgreichen und glücklichen Menschen, die ihm als Orientierung für seine Persönlichkeitstheorie dienen sollten, stieß er auf eine hierarchische Ordnung der menschlichen Bedürfnisse: Erst wenn die körperlichen Grundbedürfnisse durch Luft, Wasser, Nahrung, Unterkunft, Schlaf und Sexualität gestillt sind, strebt der Mensch nach Sicherheit; hat er diese erreicht, dann geht es ihm um die Liebe und Zugehörigkeit; auf der nächst höheren Stufe steht das Bedürfnis nach Selbstachtung und Achtung anderer. Ab hier beginnen Werte wie Gerechtigkeit, Individualität, Selbstgenügsamkeit oder Güte wichtig zu werden. [...]

Der gesunde und selbstverwirklichende Mensch erlebt Glück dann, wenn er anderen etwas geben kann. Insofern kann man auch Selbstlosigkeit als eine Form von indirektem Egoismus bezeichnen. Positiv formuliert heißt das, daß altruistisches Verhalten, also selbstloses, dem Wohl des anderen dienendes Verhalten letztlich glücklicher macht als das direkte Anstreben des eigenen Glücks.

Aus: Lermer, Stephan: Psychologie des Glücks. München: Causa 1982

2.2.3 Bedürfnis-Pyramide nach Maslow

Aus: Rühl, Günther: Menschengerechte Arbeitsplätze durch soziotechnologische Systemgestaltung. In: Qualität des Lebens am Arbeitsplatz. Hrsg. v. Institut der deutschen Wirtschaft. Köln: Deutscher Institutsverlag 1974

2.2.4 Bedürfniskatalog nach Scherke

I. *Vitale Bedürfnisse* (existentielle, physiopsychische Bedürfnisse):
1. Nahrungs-Bedürfnis
2. Bekleidungs-Bedürfnis
3. Behausungs-Bedürfnis
4. Funktions-Bedürfnisse:
    a) Schlaf-Bedürfnis
    b) Betätigungs-Bedürfnis (Arbeits- und Leistungs-Bedürfnis)
    c) Bewegungs-Bedürfnis (Wandern, Sport, Reisen)
    d) Entspannungs-Bedürfnis (Ruhe-, Bequemlichkeits-, Behaglichkeits-Bedürfnis)
    e) Abwechslungs-Bedürfnis
    f) Beharrungs-Bedürfnis
5. Hygienisches Bedürfnis (Reinlichkeits-, Körperpflege-Bedürfnis)
6. Genuß-Bedürfnisse:
    a) allgemeines Konsum-Bedürfnis (Bedürfnis, zu kaufen und zu verbrauchen)
    b) Vergnügungs-Bedürfnis
    c) Bedürfnis, zu rauchen, zu kauen, zu schnupfen
    d) Bedürfnis nach Alkohol
    e) Bedürfnis nach Kaffee, Tee

f) Bedürfnis nach Süßigkeiten
g) Luxus-Bedürfnis
7. Besitz-Bedürfnis (Bedürfnis, etwas zu haben und zu behalten) Mit den partiellen Bedürfnissen:
   a) Erwerbs-Bedürfnis
   b) Bedürfnis zu sparen
   c) Sammel-Bedürfnis
8. Sicherungs-(Schutz-)Bedürfnis (gegen Gefährdung der Gesundheit, des Lebens, des Besitzes)
9. Sexuelles Bedürfnis. Mit den partiellen Bedürfnissen:
   a) nach sexueller Anregung (aktiv/passiv – direkt/indirekt – sex appeal)
   b) nach sexueller Zärtlichkeit
   c) nach Geschlechtsverkehr
   d) nach Fortpflanzung

II. *Soziale Bedürfnisse* (sozio-psychische Bedürfnisse):

1. Gesellungs-Bedürfnis. Mit den partiellen Bedürfnissen:
   a) Gemeinschafts-Bedürfnis (Bedürfnis, sich anzupassen, anzuschließen, zusammenzuschließen)
   b) Bedürfnis, allein zu sein
   c) Abhebungs-Bedürfnis (Bedürfnis, sich von anderen zu unterscheiden)
   d) Unabhängigkeits-Bedürfnis (Bedürfnis nach Freiheit und Selbständigkeit)
   e) Nachahmungs-Bedürfnis
   f) Neugierde, Sensations-Bedürfnis
   g) Fürsorge-, Pflege-Bedürfnis
   h) Bedürfnis, Freude zu machen und zu schenken
   i) Bedürfnis zu gefallen
   k) Schmuck-Bedürfnis
   l) Mode-Bedürfnis
2. Geltungs-Bedürfnis
   a) „Rangplatz"-Bedürfnis (Bedürfnis nach Anerkennung und Vollwertigkeit)
   b) Macht- und Herrschafts-Bedürfnis
   c) Überlegenheits-Bedürfnis

III. *Geistige Bedürfnisse:*

1. Bildungs-Bedürfnis
2. Wissens-Bedürfnis
3. Glaubens-Bedürfnis
4. Schaffens-(Gestaltungs-)Bedürfnis
5. ästhetisches (künstlerisches) Bedürfnis
6. ethisches Bedürfnis

7. metaphysisches (religiöses) Bedürfnis
8. magisches Bedürfnis (Bedürfnis, in die Zukunft zu schauen, Aberglaube)

Aus: Moser, Simon et al. (Hrsg.): Die „wahren" Bedürfnisse oder: Wissen wir, was wir brauchen? Nürnberg: Lorenz Spindler

2.3 Bedürfnislosigkeit als Grundlage zum Glücklichsein

2.3.1

DIOGENES VON SINOPE

... Als er einmal ein Kind sah, das aus den Händen trank, riß er seinen Becher aus seinem Ranzen heraus und warf ihn weg mit den Worten: „Ein Kind ist mein Meister geworden in der Genügsamkeit." Auch seine Schüssel warf er weg, als er eine ähnliche Beobachtung an einem Knaben machte, der sein Geschirr zerbrochen hatte und nun seinen Linsenbrei in der Höhlung eines Brotstückes barg...

Als er im Faß sich sonnte, trat Alexander an ihn heran und sagte: „Fordere, was du wünschst", worauf er antwortete: „Geh mir aus der Sonne!"

Aus: Diogenes Laertius: Leben und Meinungen berühmter Philosophen. Übersetzt von Otto Apelt. Hamburg: Felix Meiner 1967

2.3.2 Hans im Glück

2.3.2.1

BRÜDER GRIMM

Das Märchen von Hans im Glück

Hans hatte sieben Jahre bei seinem Herrn gedient, da sprach er zu ihm „Herr, meine Zeit ist herum, nun wollte ich gerne wieder heim zu meiner Mutter, gebt mir meinen Lohn." Der Herr antwortete „du hast mir treu und ehrlich gedient, wie der Dienst war, so soll der Lohn sein", und gab ihm ein Stück Gold, das so groß als Hansens Kopf war. Hans zog ein Tüchlein aus der Tasche, wickelte den Klumpen hinein, setzte ihn auf die Schulter und machte sich auf den Weg nach Haus. Wie er so dahinging und immer ein Bein vor das andere setzte, kam ihm ein Reiter in die Augen, der frisch und fröhlich auf einem muntern Pferd vorbeitrabte. „Ach", sprach Hans ganz laut, „was ist das Reiten ein schönes Ding! da sitzt einer wie auf einem Stuhl, stößt sich an keinen Stein, spart die Schuh, und kommt fort, er weiß nicht wie." Der Reiter, der das gehört hatte, hielt an und rief „ei, Hans, warum laufst du auch zu Fuß?" „Ich muß ja wohl", antwortete er, „da habe ich einen Klumpen heim zu tragen: es ist zwar Gold, aber ich kann den Kopf dabei nicht gerad halten, auch drückt mirs auf die Schulter." „Weißt du was", sagte der Reiter, „wir wollen tauschen: ich gebe dir

mein Pferd, und du gibst mir deinen Klumpen." „Von Herzen gern", sprach Hans, „aber ich sage Euch, Ihr müßt Euch damit schleppen." Der Reiter stieg ab, nahm das Gold und half dem Hans hinauf, gab ihm die Zügel fest in die Hände und sprach „wenns nun recht geschwind soll gehen, so mußt du mit der Zunge schnalzen und hopp hopp rufen."
Hans war seelenfroh, als er auf dem Pferde saß und so frank und frei dahinritt. Über ein Weilchen fiels ihm ein, es sollte noch schneller gehen, und fing an mit der Zunge zu schnalzen und hopp hopp zu rufen. Das Pferd setzte sich in starken Trab, und ehe sichs Hans versah, war er abgeworfen und lag in einem Graben, der die Äcker von der Landstraße trennte. Das Pferd wäre auch durchgegangen, wenn es nicht ein Bauer aufgehalten hätte, der des Weges kam und eine Kuh vor sich hertrieb. Hans suchte seine Glieder zusammen und machte sich wieder auf die Beine. Er war aber verdrießlich und sprach zu dem Bauer „es ist ein schlechter Spaß, das Reiten, zumal, wenn man auf so eine Mähre gerät, wie diese, die stößt und einen herabwirft, daß man den Hals brechen kann; ich setze mich nun und nimmermehr wieder auf. Da lob ich mir Eure Kuh, da kann einer mit Gemächlichkeit hinterhergehen, und hat obendrein seine Milch, Butter und Käse jeden Tag gewiß. Was gäb ich darum, wenn ich so eine Kuh hätte!" „Nun", sprach der Bauer, „geschieht Euch so ein großer Gefallen, so will ich Euch wohl die Kuh für das Pferd vertauschen." Hans willigte mit tausend Freuden ein: der Bauer schwang sich aufs Pferd und ritt eilig davon.
Hans trieb seine Kuh ruhig vor sich her und bedachte den glücklichen Handel. „Hab ich nur ein Stück Brot, und daran wird mirs noch nicht fehlen, so kann ich, sooft mirs beliebt, Butter und Käse dazu essen; hab ich Durst, so melk ich meine Kuh und trinke Milch. Herz, was verlangst du mehr?" Als er zu einem Wirtshaus kam, machte er halt, aß in der großen Freude alles, was er bei sich hatte, sein Mittags- und Abendbrot, rein auf, und ließ sich für seine letzten paar Heller ein halbes Glas Bier einschenken. Dann trieb er seine Kuh weiter, immer nach dem Dorfe seiner Mutter zu. Die Hitze ward drückender, je näher der Mittag kam, und Hans befand sich in einer Heide, die wohl noch eine Stunde dauerte. Da ward es ihm ganz heiß, so daß ihm vor Durst die Zunge am Gaumen klebte. „Dem Ding ist zu helfen", dachte Hans, „jetzt will ich meine Kuh melken und mich an der Milch laben." Er band sie an einen dürren Baum, und da er keinen Eimer hatte, so stellte er seine Ledermütze unter, aber wie er sich auch bemühte, es kam kein Tropfen Milch zum Vorschein. Und weil er sich ungeschickt dabei anstellte, so gab ihm das ungeduldige Tier endlich mit einem der Hinterfüße einen solchen Schlag vor den Kopf, daß er zu Boden taumelte und eine Zeitlang sich gar nicht besinnen konnte, wo er war. Glücklicherweise kam gerade ein Metzger des Weges, der auf einem Schubkarren ein junges Schwein liegen hatte. „Was sind das für Streiche!" rief er und half dem guten Hans auf. Hans erzählte, was vorgefallen war. Der Metzger reichte ihm seine Flasche und sprach „da trinkt einmal und erholt Euch. Die Kuh will wohl keine Milch geben, das ist ein altes Tier, das höchstens noch zum Ziehen taugt

oder zum Schlachten." „Ei, ei", sprach Hans und strich sich die Haare über den Kopf, „wer hätte das gedacht! es ist freilich gut, wenn man so ein Tier ins Haus abschlachten kann, was gibts für Fleisch! aber ich mache mir aus dem Kuhfleisch nicht viel, es ist mir nicht saftig genug. Ja, wer so ein junges Schwein hätte! das schmeckt anders, dabei noch die Würste." „Hört, Hans", sprach da der Metzger, „Euch zuliebe will ich tauschen und will Euch das Schwein für die Kuh lassen." „Gott lohn Euch Eure Freundschaft", sprach Hans, übergab ihm die Kuh, ließ sich das Schweinchen vom Karren losmachen und den Strick, woran es gebunden war, in die Hand geben.

Hans zog weiter und überdachte, wie ihm doch alles nach Wunsch ginge, begegnete ihm ja eine Verdrießlichkeit, so würde sie doch gleich wieder gutgemacht. Es gesellte sich danach ein Bursch zu ihm, der trug eine schöne weiße Gans unter dem Arm. Sie boten einander die Zeit, und Hans fing an, von seinem Glück zu erzählen, und wie er immer so vorteilhaft getauscht hätte. Der Bursch erzählte ihm, daß er die Gans zu einem Kindtaufschmaus brächte. „Hebt einmal", fuhr er fort und packte sie bei den Flügeln, „wie schwer sie ist, die ist aber auch acht Wochen lang genudelt worden. Wer in den Braten beißt, muß sich das Fett von beiden Seiten abwischen." „Ja", sprach Hans, und wog sie mit der einen Hand, „die hat ihr Gewicht, aber mein Schwein ist auch keine Sau." Indessen sah sich der Bursch nach allen Seiten ganz bedenklich um, schüttelte auch wohl mit dem Kopf. „Hört", fing er darauf an, „mit Eurem Schwein mags nicht ganz richtig sein. In dem Dorfe, durch das ich gekommen bin, ist eben dem Schulzen eins aus dem Stall gestohlen worden. Ich fürchte, ich fürchte, Ihr habts da in der Hand. Sie haben Leute ausgeschickt, und es wäre ein schlimmer Handel, wenn sie Euch mit dem Schwein erwischten: das Geringste ist, daß Ihr ins finstere Loch gesteckt werdet." Dem guten Hans ward bang, „ach Gott", sprach er, „helft mir aus der Not, Ihr wißt hier herum besser Bescheid, nehmt mein Schwein da und laßt mir Eure Gans." „Ich muß schon etwas aufs Spiel setzen", antwortete der Bursche, „aber ich will doch nicht schuld sein, daß Ihr ins Unglück geratet." Er nahm also das Seil in die Hand und trieb das Schwein schnell auf einen Seitenweg fort: der gute Hans aber ging, seiner Sorgen entledigt, mit der Gans unter dem Arme der Heimat zu. „Wenn ichs recht überlege", sprach er mit sich selbst, „habe ich noch Vorteil bei dem Tausch: erstlich den guten Braten, hernach die Menge von Fett, die heraussträufeln wird, das gibt Gänsefettbrot auf ein Vierteljahr, und endlich die schönen weißen Federn, die laß ich mir in mein Kopfkissen stopfen, und darauf will ich wohl ungewiegt einschlafen. Was wird meine Mutter eine Freude haben!"

Als er durch das letzte Dorf gekommen war, stand da ein Scherenschleifer mit seinem Karren, sein Rad schnurrte, und er sang dazu.

„ich schleife die Schere und drehe geschwind,
und hänge mein Mäntelchen nach dem Wind."

Hans blieb stehen und sah ihm zu; endlich redete er ihn an und sprach „Euch gehts wohl, weil Ihr so lustig bei Eurem Schleifen seid." „Ja", antwortete der

Scherenschleifer, „das Handwerk hat einen güldenen Boden. Ein rechter Schleifer ist ein Mann, der, sooft er in die Tasche greift, auch Geld darin findet. Aber wo habt Ihr die schöne Gans gekauft?" „Die hab ich nicht gekauft, sondern für mein Schwein eingetauscht." „Und das Schwein?" „Das hab ich für eine Kuh gekriegt." „Und die Kuh?" „Die hab ich für ein Pferd bekommen." „Und das Pferd?" „Dafür hab ich einen Klumpen Gold, so groß als mein Kopf, gegeben." „Und das Gold?" „Ei, das war mein Lohn für sieben Jahre Dienst." „Ihr habt Euch jederzeit zu helfen gewußt", sprach der Schleifer, „könnt Ihrs nun dahin bringen, daß Ihr das Geld in der Tasche springen hört, wenn Ihr aufsteht, so habt Ihr Euer Glück gemacht." „Wie soll ich das anfangen?" sprach Hans. „Ihr müßt ein Schleifer werden wie ich; dazu gehört eigentlich nichts als ein Wetzstein, das andere findet sich schon von selbst. Da hab ich einen, der ist zwar ein wenig schadhaft, dafür sollt Ihr mir aber auch weiter nichts als Eure Gans geben; wollt ihr das?" „Wie könnt Ihr noch fragen", antwortete Hans, „ich werde ja zum glücklichsten Menschen auf Erden; habe ich Geld, sooft ich in die Tasche greife, was brauche ich da länger zu sorgen?" reichte ihm die Gans hin, und nahm den Wetzstein in Empfang. „Nun", sprach der Schleifer und hob einen gewöhnlichen schweren Feldstein, der neben ihm lag auf, „da habt Ihr noch einen tüchtigen Stein dazu, auf dem sichs gut schlagen läßt und Ihr Eure alten Nägel gerade klopfen könnt. Nehmt ihn und hebt ihn ordentlich auf."

Hans lud den Stein auf und ging mit vergnügtem Herzen weiter; seine Augen leuchteten vor Freude, „ich muß in einer Glückshaut geboren sein"; rief er aus „alles was ich wünsche, trifft mir ein, wie einem Sonntagskind." Indessen, weil er seit Tagesanbruch auf den Beinen gewesen war, begann er müde zu werden; auch plagte ihn der Hunger, da er allen Vorrat auf einmal in der Freude über die erhandelte Kuh aufgezehrt hatte. Er konnte endlich nur mit Mühe weitergehen und mußte jeden Augenblick halt machen; dabei drückten ihn die Steine ganz erbärmlich. Da konnte er sich des Gedankens nicht erwehren, wie gut es wäre, wenn er sie gerade jetzt nicht zu tragen brauchte. Wie eine Schnecke kam er zu seinem Feldbrunnen geschlichen, wollte da ruhen und sich mit einem frischen Trunk laben: damit er aber die Steine im Niedersitzen nicht beschädigte, legte er sie bedächtig neben sich auf den Rand des Brunnens. Darauf setzte er sich nieder und wollte sich zum Trinken bücken, da versah ers, stieß ein klein wenig an, und beide Steine plumpsten hinab. Hans, als er sie mit seinen Augen in die Tiefe hatte versinken sehen, sprang vor Freude auf, kniete dann nieder und dankte Gott mit Tränen in den Augen, daß er ihm auch diese Gnade noch erwiesen und ihn auf eine so gute Art, und ohne daß er sich einen Vorwurf zu machen brauchte, von den schweren Steinen befreit hätte, die ihm allein noch hinderlich gewesen wären. „So glücklich wie ich", rief er aus, „gibt es keinen Menschen unter der Sonne." Mit leichtem Herzen und frei von aller Last sprang er nun fort, bis er daheim bei seiner Mutter war.

Aus: Kinder- und Hausmärchen, gesammelt durch die Brüder Grimm. Kleine Ausgabe. 10. Auflage. Berlin: Franz Duncker 1858. Neudruck Frankfurt a. M.: Insel 1985

2.3.2.2

IRING FETSCHER

Paul im Geschäft

Paul war ein gelehriges Kind, das rasch die Erfolgsstrategien der warenproduzierenden und -tauschenden Gesellschaft sich aneignete. Schon als höherer Handelsschüler von 15 Jahren tätigte er sein erstes erfolgreiches Geschäft. Auf dem Speicher des Mietshauses, in dem seine Eltern wohnten, fand er ein altes Schleifgerät, wie es manchmal noch heute Scherenschleifer benützen, die in ländlichen Gegenden von Haus zu Haus ziehen. Ohne Mühe konnte er es von seinem Eigentümer für 2 Mark erwerben, strich es dann mit einer hohes Alter vortäuschenden Farbe eindrucksvoll an und brachte es zu einem Antiquitätenhändler in Kommission.

Ein sorgfältig geschriebener Zettel „antique south-German knife-grinders instrumental ca. 17th century" machte die Interessenten aufmerksam. Als Kaufpreis waren 100 Dollar vereinbart. Es dauerte auch nicht lange, bis sich ein naiver Käufer fand, und Paul zog mit 90 Dollar (10 Dollar hatte er dem Händler für die Kommission bezahlt) ab. Sein nächstes Geschäft folgte nur wenig später, als er einen alten Mercedes für 320 DM kaufte und mit Hilfe von Freunden so ansprechend herrichtete, daß er ihn – kurz vor der Feriensaison, wenn die Gebrauchtwagenpreise ihren Höhepunkt erreichen – für 1500 DM verkaufen konnte. Da seine Freunde angenommen hatten, er wolle den Wagen für sich selbst herrichten und vage eine gemeinsame Ferienreise in Aussicht genommen war, hatten sie für ihre Mithilfe nichts verlangt, wenn man von ein paar Flaschen Coca-Cola absehen will, die ihnen Paul großzügig spendiert hatte.

Ein paar weitere Geschäfte gelangen Paul dadurch, daß er sich als „Entrümpler" von Dachböden anbot und dabei billig oder gar kostenlos an allerlei Hausrat kam, den er abermals über den Antiquitätenhändler an amerikanische Kunden losschlagen konnte. Während seiner Lehrzeit bei einem mittleren Konfektionsbetrieb wuchs sein Vermögen auf ähnliche Weise allmählich bis zur respektablen Höhe von 5000 DM an.

In dieser Zeit trafen seinen Prinzipal eine Reihe von Schicksalsschlägen, die Paul – er sagte sich immer, „dem Tüchtigen hilft Gott" – sehr zupaß kamen. Zuerst wurde seine Frau krank, die ihm bisher bei der Buchhaltung kostenlos geholfen hatte, und da sie nicht versichert war, mußte er viel Geld für Ärzte und Medikamente ausgeben und obendrein eine teure Buchhalterin als Ersatz einstellen. Dann wechselte die Mode gerade in dem Augenblick, als er sein Lager allzu optimistisch aufgefüllt hatte, und er war gezwungen, unter dem Einkaufspreis zu verkaufen, wenn er nicht auf den Ladenhütern sitzenbleiben wollte. Die Lieferfirmen lehnten es ab, Kredite einzuräumen, und die Banken waren nicht bereit, das Lager höher als zu 10 Prozent seines Einkaufswertes zu beleihen. Der Konkurs stand vor der Tür.

In dieser Not kam die hübsche Tochter des Prinzipals zu ihrem Freund Paul und bat ihn um Hilfe für den verängstigten Vater, der um alles in der Welt einen Konkurs vermeiden wollte. Alle im Geschäft wußten, daß sich Paul in aller Stille ein „Vermögen" erworben hatte, und das gute Mädchen hoffte, Paul werde dieses Geld – oder doch einen erheblichen Teil desselben – ihrem Vater als Kredit zur Verfügung stellen. Paul aber sagte: „Weißt du, ich kann es ja gut verstehen, daß du für deinen Vater bittest, aber als Geschäftsmann darf ich nicht meinem Herzen folgen, es sei denn , es rate mir zu dem, was objektiv vernünftig (im Sinne des Geschäftslebens) ist. Auch wenn ich daher wollte, *dürfte* ich deinem Vater keinen Kredit geben, da doch schon die so viel reicheren Banken es nicht mehr können. Ich könnte mir aber vielleicht eine andere Lösung vorstellen."

Und als das Mädchen in ihn drang, doch diese Lösung zu nennen, sagte er schließlich: „Ich bin bereit, die Schulden der Firma zu übernehmen, wenn dein Vater mir sein Geschäft ohne alle Einschränkungen – überschreibt. Ja ich bin darüber hinaus sogar noch bereit, euch ein Wohnrecht im Zwischenstock über dem Laden einzuräumen, wenn dein Vater sich als Ladenwächter und du als Verkäuferin und Dekorateurin zur Verfügung stellen. Das Gehalt deines Vaters würde in einem lebenslänglichen Mietrecht bestehen und du würdest den üblichen Tariflohn erhalten, müßtest dich aber verpflichten, auf unbegrenzte Zeit im Geschäft zu bleiben. Das wäre auch nach außen hin für uns sehr nützlich."

Das Mädchen war sprachlos und entrüstet. Da aber die Not des Vaters so groß war, traute es sich nicht, Paul ins Gesicht zu sagen, wie sehr sie sein Angebot verabscheute, sondern zog sich zurück, um mit dem Vater zu reden. Paul wußte aber genau, daß dem Geschäftsmann nichts anderes übrigbleiben würde, als einzuwilligen, wenn er den Konkurs vermeiden wollte, und er kannte den altmodischen Ehrenstandpunkt seines „Prinzipals" gut genug, um zu wissen, wieviel er dafür zu zahlen bereit sein würde.

Nach ein paar Tagen vergeblicher Suche nach einem anderern Ausweg willigte der alte Mann schließlich ein. Paul war im Geschäft. Er hatte sein Geld – das erst nur ein „Schatz" gewesen war, endlich zu „Kapital" gemacht. Er tilgte die Schulden, konnte neue Kredite aufnehmen, verkaufte das Lager ins weniger modebewußte Ausland, und hatte so in kürzester Zeit sein Vermögen verdoppelt. Der alte Herr aber durfte als Ladenwächter seinen früheren Besitz hüten, und die Tochter mußte, ohne Kündigungsrecht zu haben, dem Manne dienen, den sie einmal als ihren Freund und künftigen Mann angesehen hatte. Paul aber bemühte sich alsbald erfolgreich um die Hand einer Erbin aus der Textilbranche und vermehrte auch auf diese Weise tatkräftig seine Geschäftsbeziehungen und sein Vermögen.

Eines Tages wurde Paul von Freunden gefragt, ob er glücklich sei. Er dachte einen Augenblick nach und sagte dann: „Es kommt ganz darauf an, was man unter Glück versteht." Manche meinten, er habe sein „geschäftliches Glück" mit einem „harten Herzen" zu teuer bezahlt, aber das waren Romantiker, auf

die er nichts hielt. Hätte er aber die Klassiker der Philosophie gekannt, so würde er vielleicht Thomas Hobbes zitiert haben, der schon 1640 schrieb: „Der Vergleich eines Menschenlebens mit einem Wettrennen eignet sich für unseren Zweck. Dieses Rennen darf aber kein anderes Ziel, keinen anderen Ruhm als den kennen, an erster Stelle zu stehen, und darin ist stets besiegt zu werden Unglück; stets den nächsten vor uns zu besiegen Glück; und dieses Rennen aufgeben heißt sterben."
Unser Paul war ein moderner Mensch, Thomas Hobbes und Adam Smith seine Propheten.

Aus: Fetscher, Iring: Wer hat Dornröschen wachgeküßt? Das Märchenverwirrbuch. Frankfurt/M.: Fischer 1974

2.4 Bedürfnisbefriedigung in der Industriegesellschaft und Glück – Lebensstandard und Lebensqualität

2.4.1

HELMUT SWOBODA

Lebensstandard

Die kürzeste Definition des Bruttosozialprodukts lautet: Es ist die Gesamtheit der im Inland erzeugten Güter und Dienstleistungen. Das klingt, wie jede kurze Definition, überzeugend und verständlich. Bei auch nur etwas näherer Betrachtung wird das Bild freilich verwirrend und für den Laien immer unklarer. (Bei noch weiterer Analyse wird es dann auch für den Fachmann verwirrend und immer unklarer.) Es seien daher nur einige ganz wenige Gedanken schlagwortartig herausgegriffen, um zu zeigen, wie schwierig das Konzept des Bruttosozialprodukts und der „volkswirtschaftlichen Gesamtrechnung" ist.

„Gesamtheit der im Inland erzeugten Güter und Dienstleistungen" – gut. Wie hoch ist der Beitrag der Hausfrauen? Sie nähen Kleider, kochen Mahlzeiten, saugen Staub, pflegen kranke Familienmitglieder und so weiter und so fort. Dennoch lautet die Antwort der Wissenschaft: Ihr Beitrag zum Bruttosozialprodukt ist gleich Null. Niemand bestreitet die Bedeutung dieses Beitrags, aber er ist ganz einfach zahlenmäßig nicht zu erfassen, und daher hat man sich darauf geeinigt, ihn – in aller Welt – unter den (Küchen-)Tisch fallen zu lassen. Für den internationalen Vergleich des Bruttosozialprodukts spielt diese, den Laien wunderlich anmutende Konvention nur eine geringe Rolle, für den Lebensstandard im weiteren Sinn hingegen unter Umständen eine recht wesentliche. Immerhin wirkt sich zum Beispiel die aus traditionellen Gründen ungewöhnlich niedrige Frauenbeschäftigung in Holland dahingehend aus, daß das Bruttosozialprodukt pro Kopf (der Einwohner) niedriger liegt, als es bei verstärkter Frauenbeschäftigung zweifellos liegen würde – denn wenn zum Beispiel zusätzlich 500 000 Frauen in der Industrie tätig wären, würde eben entsprechend mehr produziert, während die Haushaltsarbeit ja nicht im Bruttosozialprodukt aufscheint.

Konsequent durchgedacht würde das heißen: Der Lebensstandard eines Landes ist (unter anderem) um so höher, je mehr Frauen berufstätig sind. In gewissem Umfang ist das auch richtig. In den Entwicklungsländern etwa ist nur ein ganz geringer Prozentsatz der Frauen erwerbstätig, in den Industriestaaten liegt der Anteil fast durchwegs über 20 Prozent der gesamten weiblichen Bevölkerung und erreicht in Rumänien sogar mehr als 50 Prozent. Dennoch hat zum Beispiel Anton Kausel in seiner kleinen Studie *Das Wirtschaftswachstum der Nationen von 1860 bis 1970* ausdrücklich davon gesprochen, daß sich Holland den „Luxus" einer extrem niedrigen Frauenbeschäftigung leistet.

... Immerhin, der Warenkorb des Durchschnittshaushalts und das Bruttosozialprodukt pro Kopf der Bevölkerung – das sind nach wie vor die beiden Kriterien, an denen heute noch der Lebensstandard gemessen wird, und so schließt sich wieder der trügerische Kreis: Je mehr erzeugt wird, je mehr konsumiert wird, um so höher ist der Lebensstandard, um so besser geht es uns. Der französische Nationalökonom und Zukunftsforscher Bertrand de Jouvenel hat vor wenigen Jahren darauf hingewiesen, zu welch abstrusen Konsequenzen es dabei kommen kann: „Ein Arbeiter benützt jeden Tag ein Verkehrsmittel für die Fahrt zum Arbeitsplatz und einmal im Jahr für seine Urlaubsreise. Die Anzahl der Kilometer, die er zurücklegt, erhöht in beiden Fällen seinen Konsum. In beiden Fällen erscheint also eine Vergrößerung der Strecke, die er zurücklegt, als Verbesserung des Lebensstandards in unserer Rechnung, obgleich im ersten Fall eine Belastung für ihn entsteht. – Doch damit ist es noch nicht getan. Angenommen, er besitzt einen eigenen Wagen: Der gesteigerte Benzinverbrauch erscheint jedesmal als Erhöhung seines Lebensstandards – ganz gleich, ob er eine längere Fahrt zum Arbeitsplatz zurücklegen muß oder ob er seine Sonntagsausflüge ausdehnt! – Das einfache Beispiel der Verkehrsmittel zeigt uns also, wie manche Konsumsteigerungen das genaue Gegenteil einer Verbesserung des Lebensstandards repräsentieren – was offenbar durch das Kriterium des ‚Kaufes' verwischt wird."

Was für den Benzinkonsum gilt, gilt erst recht für den Alkoholkonsum: Mit steigender Trunksucht der Bevölkerung steigt gewissermaßen der Lebensstandard, denn es wird ja mehr konsumiert – und das müßte prinzipiell auch für Haschisch und Opium gelten, aber an diese Rauschgifte hat sich die Konsumstatistik noch nicht gewagt – sie scheinen im „Warenkorb" noch nicht auf! Was für Benzin, Schnaps und Haschisch gilt, gilt aber auch für 1001 Waren aller Art, die von einer massiven Werbung dem Konsumenten als unumgänglich notwendig oder doch lebensstandardfördernd eingeredet werden.

Die Verschleiß- und Wegwerfgesellschaft erhält auf diese Weise ihre Rechtfertigung. Wer im Laufe seines Lebens zehn Wohnzimmereinrichtungen kauft, hat einen zehnmal höheren Konsumstandard als derjenige, der eine einzige kauft. Der eilige Konsum wird zur Bürgerpflicht, weil dadurch das Bruttosozialprodukt gehoben wird – Aldous Huxley hat das schon in seinem berühmten

(anti-)utopischen Roman *Brave New World* vorausgeahnt, wo das Wirtschaftsleben nach den Verschleißdevisen „Ending is better than mending", „The more stitches the less riches" und „I love new clothes" ausgerichtet ist: wegwerfen, kaufen, wegwerfen, und der nationale Wohlstand steigt ins Unermeßliche.
Halten wir jedenfalls zunächst fest: Die Beurteilung des Lebensstandards mit Hilfe des Konsumvolumens ist durchaus nicht sinnlos. Für weite Teile der Erde ist sie noch heute richtig, und auch für breite Bevölkerungsschichten in wohlhabenden Ländern hat sie noch eine erhebliche Bedeutung – kurz, überall dort, wo der Akzent notwendigerweise auf Konsumgütern liegen muß, weil es gilt, vorerst einmal den sogenannten „Zwangsbedarf" zu befriedigen, der sich freilich vom „Wahlbedarf" gar nicht so leicht abgrenzen läßt.
Gossen hat eine sehr simple Trennung zwischen Bedürfnissen und Genüssen durchzuführen versucht und gesagt: Man erkennt Bedürfnisse daran, daß man auch in Zeiten der Teuerung von ihnen nicht ablassen kann und notfalls bei anderen Konsumausgaben etwas abzwicken muß; wenn hingegen Genüsse teurer werden, dann kann man unter Umständen vollends darauf verzichten und spart auf diese Weise sogar noch Geld ein, was man für Wichtigeres verwenden kann. Aber auch Gossen kam dann bei dem Versuch, die elementaren Bedürfnisse des Menschen enger einzukreisen, zuletzt auf das Existenzminimum im engsten Sinne des Wortes: „Arme beklagenswerte Gefangene haben es in unzweifelhafter Weise dartun müssen, daß ein dunkles Loch in der Erde, wenig Lot Nahrungsstoff täglich und eine entsprechende Quantität Wasser die einzigen Genüsse sind, deren Bereitung der Mensch sich nicht entziehen kann. Was darüber ist, verfällt... der vollkommensten Willkür des Menschen."

Aus: Swoboda, Helmut: Die Qualität des Lebens. Frankfurt/M.: Suhrkamp 1974

2.4.2

WOLF SCHNEIDER

Die steigenden Ansprüche

Kein Anspruch läßt sich so rasch und so total befriedigen, daß nicht unser Anspruchsniveau noch schneller steigen und ihn zuverlässig übertreffen, also Ungeduld oder Enttäuschung provozieren könnte. Mit jeder schlaraffischen Verwöhnung steigt das Risiko der Verzweiflung: Wem eine Zeitlang alle Wünsche in Erfüllung gegangen sind, dessen Frustrationstoleranz ist auf ein Minimum gesunken, Enttäuschung erträgt er nicht mehr. Im Tierversuch: Hundert Tauben werden bei Licht bald gefüttert und bald nicht, was sie ohne Murren hinnehmen. Wehe aber, wenn der Gruppe der bis dahin ausnahmslos mit Futter Belohnten trotz des Lichts das Fressen vorenthalten wird! Sie flattern wütend auf, schlagen die Köpfe gegen die Wand und hacken auf alles ein, was sie erreichen können – „es zerreißt sie schier".

Bleiben indessen im perfekten Wohlstandsstaat sogar die Enttäuschungen aus, so droht der totale Überdruß, wie jedes Schlaraffenland ihn notwendig nach sich zieht. Die anhaltende Überhäufung mit Glücksgütern kann kein Glücksgefühl mehr produzieren, sie ist der „zweitschlimmste Zustand nächst der nackten Not". Glanz, Pracht und Überfluß sind „Knappheitsbegriffe", die nur gelten, solange und soweit sie selten sind. Was früher hohen Festen vorbehalten war – Verschwendung von materiellen Gütern, Lockerung der Sitten, Überschwang –, breitet sich über alle Jahreszeiten aus, mit der unvermeidlichen Folge, daß dem Überschwang der Antrieb fehlt, so daß nur Libertinage und Vergeudung übrigbleiben. Frische Erdbeeren tischen wir im Winter auf, auch im Winter muß der Kühlschrank kühlen, das Frühjahrsstarkbier wird ganzjährig ausgeschenkt, alle Zäsuren, Fasten und Kontraste werden eingeebnet, abgehobelt, zugeschüttet. Eine Viertelmilliarde Menschen nähert sich zur Zeit dem Lebensgefühl und dem Lebensstil jener schmarotzenden spätrömischen Aristokratie, die sich den Rachen mit Pfauenfedern kitzelten, um die Lust der Völlerei durch künstliches Erbrechen zu verlängern.

Aus: Schneider, Wolf: Glück – was ist das? München: Piper 1978

2.4.3

ARTHUR SCHOPENHAUER

Glück als „relative" Größe

Die Zufriedenheit eines jeden beruht nicht auf einer absoluten, sondern auf einer bloß relativen Größe, nämlich auf dem Verhältnis zwischen seinen Ansprüchen und seinem Besitz; daher dieser letztere, für sich allein betrachtet, so bedeutungsleer ist wie der Zähler eines Bruches ohne Nenner... Jeder hat einen eigenen Horizont des für ihn möglicherweise Erreichbaren: so weit wie dieser gehen seine Ansprüche.

Aus: Schopenhauer, Arthur: Aphorismen zur Lebensweisheit. Erstveröffentlichung 1851

Glück im stillen Winkel
Ludwig Richter: Die Hausfrau

2.4.4

WILHELM BUSCH

Wunschlos glücklich?

Niemals

Wonach du sehnlichst ausgeschaut,
es wurde dir beschieden.
Du triumphierst und jubelst laut:
Jetzt hab ich endlich Frieden.

Ach, Freundchen, werde nicht so wild.
Bezähme deine Zunge.
Ein jeder Wunsch, wenn er erfüllt,
kriegt augenblicklich Junge.

Aus: Busch, Wilhelm: Sein und Schein. In: Sämtliche Werke und eine Auswahl der Skizzen und Gemälde in zwei Bänden. Band 2. Gütersloh: Mohn o. J.

2.4.5 Zeitungsanzeige

Echte Lebensqualität

Musiklehrer (Geiger, Natur- und Kunstfreund), 49/1,75, jugendliche Erscheinung, mit vielseitigen Interessen (Geschichte, Literatur, Sprachen, biol. Land und Gartenbau, Bienenzucht, natürliche Lebensweise und Ernährung, Bergwandern, klassische und echte Volksmusik, Singen, Volkstänze) u. schönem Anwesen im Ausland wünscht Gedankenaustausch zw. ev. späterer Ehe mit weiblichem Wesen von Charakter, Herzensbildung und ähnlichen Neigungen wie oben. Kind kein Hindernis. Bildzuschriften (garantierte Antwort) erbeten unter „Lebensqualität" an ZI 2279 DIE ZEIT, Postfach 10 68 20, 2000 Hamburg 1

Aus: Die Zeit vom 30. 12. 1983

2.4.6

WOLF SCHNEIDER

Das neue Ziel: die Lebensqualität

Seit 1961 fühlen sich UNO-Organisationen, sozialwissenschaftliche Institute, Parteien, Zeitschriften und Privatgelehrte aufgerufen, „Lebensqualität" zu definieren – ja, und sie zu messen, obwohl noch nicht einmal über die Definition auch nur eine annähernde Einigung erzielt worden ist. Man mißt sie, indem man sogenannte Sozial-Indikatoren festsetzt, aus den Statistischen Jahrbüchern die zugehörigen Zahlen abruft und dann diese Zahlen gewichtet und addiert. Zum Beispiel: Autos und Fernsehapparate, Ärzte und Krankenbetten, Studenten und Kindergartenplätze, jeweils auf tausend Einwohner – minus Verkehrstote, Selbstmörder, Morde, Scheidungen und Kindersterblichkeit, auch jeweils auf tausend Einwohner, dazu Wirtschaftswachstum minus Luftverschmutzung und so weiter. An Indikatoren herrscht Überfluß: Auf nicht weniger als 575 hat ein Berliner „Zentrum für Zukunftsforschung" es gebracht, und da finden sich dann auch die Auflage überregionaler Tageszeitungen oder die Zahl der Museen im Verhältnis zur Gesamtbevölkerung. Munter also werden hier das Kuriose, das Dubiose und das Unberechenbare zusammengezählt.

Enthält der neue Begriff vernünftige Elemente, die nicht in den Niederungen der Statistik verharren...? Ein Element durchaus: die Abkehr von der Faszination durch die kapitalistisch-kommunistischen Götzen Produktivität, Wirtschaftswachstum, Bruttosozialprodukt, denen in Ost und West so viele Opferstätten errichtet worden sind.

Die Abkehr wurde 1956 von dem holländischen Volkswirtschaftler Jan Tinbergen eingeläutet: In seinem Buch: „Wirtschaftspolitik" schlug er vor, höher als das Bruttosozialprodukt das Bruttosozialglück einzustufen – eine Anleihe bei Hutcheson in der Sprache der Nationalökonomie. 1958 folgte der Paukenschlag: das Buch „The Affluent Society", „Gesellschaft im Überfluß", von John Kenneth Galbraith. Der amerikanische Wirtschaftswissenschaftler geißelte das Mißverhältnis zwischen privatem Reichtum und öffentlicher Armut und lastete dem Kapitalismus an, daß er eine vernünftige Entscheidung des Bürgers etwa zwischen einer neuen Schule für die Gemeinde und einem neuen Auto für sich selbst nicht zulasse, denn für das Auto werde mit Milliardenaufwand geworben und für die Schule nicht. Und warum die Werbung für den privaten Verbrauch? Gerade weil hier kein Bedarf vorliege, also der Bedarf nur künstlich erzeugt werden könne. „Wäre es so, daß ein Mensch jeden Morgen beim Aufstehen von Dämonen überfallen wird, die ihm eine unbezwingbare Gier einmal nach Seidenhemden, ein andermal nach Küchengeräten, dann nach Nachttöpfen oder nach Orangensaft einflößten – dann hätten wir gewiß allen Grund, den Bestrebungen zur Herstellung solcher Güter Beifall zu zollen", schreibt Galbraith. Doch erst die Produktion erzeuge die Bedürfnisse, die sie zu befriedigen wünsche, sie stopfe nur Löcher, die sie selbst aufgerissen habe. Da ihr das Neid- und Konkurrenzgefühl zugute komme, mit dem Nachbarn des Einen zum Bedürfnis des Andern: „Je mehr Bedürfnisse befriedigt werden, desto mehr neue entstehen." Die Industrie verhalte sich wie ein Chefarzt, der planmäßig Fußgänger überfahre, um seine Krankenhausbetten zu füllen.

Das war nun drastisch genug und sicher auch ein bißchen ungerecht: Denn die einzigen heute bekannten Alternativen zur Weckung und Deckung des Bedarfs durch die Industrie sind entweder die Armut – oder die Dämpfung des Bedarfs durch die sozialistischen Staaten, die ihn nicht decken können. Doch enthielt

das Buch die beiden durchschlagenden Gedanken, die bis heute die Diskussion bestimmen:
Es ist an der Zeit, die Produktion von ihrem Thron zu stürzen und dem menschlich geistigen Bereich einen höheren Rang einzuräumen.
Die Rolle des öffentlichen Wohlstands muß zu Lasten des privaten Wohlstands vergrößert werden.

Für das Ziel, das ihm mit diesen Forderungen vorschwebte, setzte Galbraith selber fünf Jahre später (1963) die Bezeichnung quality of life in Umlauf. Erst acht Jahre danach (1971) ist die Qualität des Lebens als Schlagwort in Deutschland nachzuweisen, und 1972 nahm die SPD es in ihr Dortmunder Programm für die Bundestagswahl auf. Wörtlich heißt es darin: „Lebensqualität ist mehr als höherer Lebensstandard. Lebensqualität setzt Freiheit voraus, auch Freiheit von Angst. Sie ist Sicherheit durch menschliche Solidarität; die Chance zur Mitbestimmung und Selbstverwirklichung; zum sinnvollen Gebrauch der eigenen Kräfte in Arbeit, Spiel und Zusammenleben; zur Teilhabe an der Natur und den Werten der Kultur; die Chance, gesund zu bleiben oder zu werden. Lebensqualität meint Bereicherung unseres Lebens über den materiellen Konsum hinaus. Die Verantwortung für die Qualität seines Lebens kann niemandem abgenommen werden. Aber es liegt in der Verantwortung der Politik, positive Bedingungen für die Lebensqualität zu schaffen." Ähnliche Formulierungen gingen in die Regierungserklärung von Willy Brandt am 18. Januar 1973 ein.

Das war eine noble Absichtserklärung. Begriffe wie „menschliche Solidarität" oder „Teilhabe an der Natur" lassen sich zwar mit Meßzahlen nicht erfassen, doch spricht das mehr gegen die Meßzahlen als gegen die Begriffe. Schwerer wiegt der Einwand, daß auch die erklärte Absicht weit entfernt von einer Definition und damit von der Chance der Umsetzung in politische Realität ist. Erhard Eppler räumt das ein, doch er argumentiert: „Ein Begriff ist politisch so viel wert, wie er bewirkt. Nie hat jemand den Begriff Glück zufriedenstellend definieren können, und doch hat er ganze Klassen und Generationen in Bewegung gesetzt. Der Begriff Lebensqualität war zuerst einmal ein Postulat: Wenn Wirtschaftswachstum kein Maßstab für humanen Fortschritt ist, dann muß ein neuer Maßstab gesucht werden. Wir nennen ihn Lebensqualität."
Nach diesem vorsichtigen und redlichen Denkansatz muß es überraschen, daß Eppler dennoch darauf besteht, Kennziffern für Lebensqualität zusammenzustellen. Zwar kenne er kein System von Indikatoren, „das auch nur einigermaßen die Lebensqualität bestimmen könnte, die in der Dortmunder Formel anvisiert wird", schreibt er, und interessieren würden ihn selbst vor allem Fragen wie die, welcher Teil unserer alten Menschen sich überflüssig vorkomme und wieviel Kinder mit Widerwillen zur Schule gehen. Doch dann erliegt er erneut dem Reiz des Zahlenspiels und fordert, „aus den nahezu beliebig vielen Kennziffern die wichtigsten auszuwählen und ihnen ihren Stellenwert zuzumessen".
Das Dilemma zwischen dem Reiz der Statistik und der Unmöglichkeit der

Definition ist nur eines unter mehreren, vor die die Auseinandersetzung mit dem neuen politischen Begriff uns stellt. Ein zweites liegt in der Tendenz verschiedener Elemente der Lebensqualität, einander ins Gehege zu kommen. So mündet unsere königliche Freiheit des Reisens notwendig in die Verletzung unseres Anspruchs, vor Lärm und Gedränge geschützt zu sein, da Millionen Anderer erfreulicherweise dieselbe Freiheit des Reisens haben; ja es kann, wie am Lago Maggiore, der Fall eintreten, daß so viele Touristen so viele Fäkalien in den See entlassen, in dem sie baden wollen, daß ihnen vom Baden abgeraten werden muß – Zerstörung von Erholungsqualität durch die Überzahl derer, die sie suchen.

Oder: Die Mehrzahl der deutschen Arbeiter betrachtet als ihr Lebensziel den Bau oder den Erwerb eines Eigenheims – als wohlerworbenes Glücksgut, das zum Stolz berechtigt, wie als ein Nest, das Schutz und die Chance der Selbstentfaltung bietet. Je mehr Arbeiter indessen sich diesen Wunsch erfüllen können, desto länger werden ihre eigenen Wege zum Arbeitsplatz und die Wege der Nichteigenheimbesitzer in eine unzersiedelte Erholungslandschaft. Überdies können, und nun wird es tragikomisch, viele Eigenheime für viele Arbeiter am leichtesten natürlich dann entstehen, wenn eine Volkswirtschaft auf beide Grundlagen der Lebensqualität verzichtet; wenn sie nicht den privaten Wohlstand zugunsten des öffentlichen drosselt und wenn sie doch das Wirtschaftswachstum als höchsten Wert ansetzt. Und auch den öffentlichen Wohlstand, der Finanzierung all der Kindergärten, Kläranlagen, klassenlosen Krankenhäuser, würde es gut bekommen, wenn wir genau bei jener stetigen Erhöhung von Produktion und Produktivität blieben, von der wir Abschied nehmen sollen. Zwar sagt Eppler, es sei ein „Kurzschluß", im Namen der Lebensqualität das Nullwachstum zu fordern oder gar die Leistung zu schmähen, wie dies in jüngster Zeit modern geworden ist: Auch eine Gesellschaft, die nicht auf Wachstum versessen ist, braucht Leistung... Die Leistung des einen ist die Lebensqualität des andern, das Versagen des einen der Ärger und das Leid des andern." Wachstum sei weiter vonnöten – nur daß der Begriff Lebensqualität den Maßstab liefere, wo Wachstum sinnvoll sei und wo nicht: „Während bisher Lebensqualität im Guten wie im Bösen eine Funktion des Wachstums war, muß jetzt Wachstum zu einer Funktion der Lebensqualität werden."

Das heißt doch aber: Das Wachstum muß von Staats wegen nicht nur gesteuert, sondern auch gebremst werden können, wenn es andernfalls die Qualität des Lebens beeinträchtigen würde. Die Bremser sind ja längst am Werk: In etlichen westlichen Ländern versuchen Parteien oder Bürgerinitiativen den Bau oder den Betrieb von Atomkraftwerken zu blockieren, zum Teil mit Erfolg. Sie behindern damit erstens das Wachstum, das im Bau des Kraftwerks liegt, zweitens jenes Wachstum, das die von dort gelieferte Elektrizität bewirken könnte – und drittens die Qualität des Lebens, insoweit sie, nach einem populären Maßstab, im billigen Zugriff auf elektrische Energie für Fernsehapparate und Tiefkühlschränke besteht. Atomkraftwerke mindern die Lebensqualität, aber der Verzicht auf Atomkraftwerke mindert sie auch. Oder müssen wir uns daran gewöhnen, die Qualität unseres Lebens, unsere Freiheit und unser Glück im Verzicht auf materielle Güter zu sehen, wie Herbert Gruhl es fordert, Gründer der „Grünen Aktion Zukunft" und Autor des Bestsellers „Ein Planet wird geplündert"? Weil nämlich der Raubbau an den Bodenschätzen der Erde, die Verwandlung von Erz und Öl in Müll und Qualm ihre natürlichen Grenzen haben – wie auch der Club of Rome und der kommunistische Philosoph Wolfgang Harich lehren? Müssen wir das Erzreaktionäre tun: das Rad der Geschichte zurückdrehen und jeglichem Fortschritt abschwören, soweit er in Produktivität und Steigerung des Lebensstandards besteht? Dann brauchten Ost und West sich von dem Götzen „Wirtschaftswachstum" gar nicht abzukehren – er wäre längst dabei, sich in Schwefel aufzulösen. Und „Lebensqualität" wäre nicht Lebensstandard und noch viel mehr, sondern ein Trostwort für die schmerzliche Tatsache, daß wir gut daran tun, unser Heil abseits des Lebensstandards zu sehen, weil wir ihn ohnehin nicht halten können.

[...] Der Begriff „Lebensqualität" ist der Versuch, einen objektiven Maßstab für erwünschte Lebensumstände herzustellen; ob und inwieweit der einzelne Bürger unter solchen Umständen glücklich wird, ist seine ureigene, gänzlich subjektive Sache.

[...] Es ist töricht, Glück und Lebensqualität in einen Topf zu werfen, wie es Parteiprogramme tun, wenn sie behaupten, eine höhere Qualität des Lebens schließe das seelische, geistige und körperliche Wohlbefinden des Menschen ein. Nein, über unser Wohlbefinden richtet keiner als wir selbst. Daraus läßt sich nun folgern, daß unser Wohlbefinden nichts wert sei – wie es, in der Nachfolge von Herbert Mareuse, der Frankfurter Soziologe Karl Otto Hondrich tut: „Eine höhere Lebensqualität ... hat nicht notwendig zur Folge, daß die Menschen sich als insgesamt glücklicher oder zufriedener bezeichnen. Aussagen allgemeiner Art über Glück und Zufriedenheit können deshalb nicht als Maßstab für Erfolg, Mißerfolg oder Überflüssigkeit bestimmter gesellschaftspolitischer Reformen verwandt werden."

Daß solche Deutungen in der Tat möglich sind – genau dies erfüllt viele Menschen mit Mißtrauen, sooft sie das Schlagwort „Lebensqualität" vernehmen. Wer sein Glück in einem Häuschen im Grünen sieht, kann sich nicht über eine Regierung freuen, die das Wirtschaftswachstum drosselt, den verbleibenden Zuwachs weg von den Eigenheimen in die Krankenhäuser lenkt und dem Bürger auch noch hochmütig mitteilt, sein Glück falle leider gegen die Sozial-Indikatoren durch. Wenn die Chance bestehen soll, daß die Leute die neue Richtung akzeptieren, dann muß der politische Ansatz so maßvoll sein, wie Willy Brandt ihn 1974 beschrieben hat: „Glück ist nicht machbar. Aber staatliche Institutionen und Regierungen können den Bürgern helfen, die Fundamente zu schaffen, auf die sie das bauen können, was sie als ihr Glück betrachten wollen." Wollen: das ist es.

Aus: Schneider, Wolf: Glück – was ist das? München: Piper 1978

2.5 Bedürfnissteuerung in der Konsumgesellschaft

2.5.1

GEROLF STEINER

Mechanismen kommerzieller Werbung

Die kommerzielle, politische oder sonstige Werbung bewegt den Menschen mit zwei Hebeln: den Assoziationen und den angeborenen Verhaltensprogrammen. Ein Beispiel zeigt das: Auf einem Plakat steht ein Glas Bier, das außen beschlagen ist und an dem an einigen Stellen schon die zusammengelaufenen Wassertropfen ein Stück weit heruntergeronnen sind. Wer das Plakat sieht, assoziiert: Kühles Bier – warme, schwüle Luft – Durst; und hiermit wird schon ein Instinkt angesprochen und Durstverhalten ausgelöst oder nahegelegt, so daß es bei nächster, sich bietender Gelegenheit besonders leicht „losgeht". Das ist, was das Plakat bezweckt hat: Der Betrachter soll sich dann ein Bier einschenken lassen – natürlich nicht sich eines schenken lassen, sondern es kaufen. Er soll ja zum zahlenden Konsumenten hin manipuliert werden. Nach dem gleichen Prinzip funktioniert fast alle Werbung. Meist wird zunächst eine Assoziationskette eingeklinkt, die schließlich zu einem Schlüsselreiz für eine vom Werbenden gewünschte Handlung führt, „Wünsche wecken" nennt man das, falls man für Konsum wirbt. In ganz entsprechender Weise kann die Werbung aber auch Neugier, Furcht oder Aggression wecken, falls es beabsichtigt ist, Menschen eine bestimmte soziale Rolle spielen zu lassen – etwa als Demonstranten, Wähler oder Krieger.

Mechanismen kommerzieller Werbung

Die Reihenfolge: Assoziation – Schlüsselreiz kann umgekehrt werden, indem man den Schlüsselreiz an den Anfang stellt. Wiederum ein Beispiel: ein Plakat zeigt herrliche, reife Apfelsinen in vielfacher Überlebensgröße. Dies Bild bewirkt ziemlich unmittelbar Appetit auf diese Früchte und läßt den Menschen nun nach den entsprechenden Objekten suchen, die sich vielleicht unterhalb des Plakates auf einem Marktstand in Kisten befinden. Hier war eine lange Assoziationskette also gar nicht nötig. Die Apfelsinenattrappe auf dem Plakat wirkte schon wegen ihrer Größe und Fernwirkung übernormal als Schlüsselreiz.

Vergleichbare Plakate, auf denen nicht Früchte, sondern appetitliche Mädchen dargestellt sind, werden kaum in entsprechender Unmittelbarkeit verwendet. Zwar wird auch in diesem Falle Appetit geweckt; aber nun wird die wachgerufene Appetenz „auf Spur gesetzt" wie ein Suchhund. Das heißt: Das betreffende Plakat enthält entweder in bildlicher Darstellung oder im Begleittext Hinweise, die Assoziationsketten anknüpfen. Hieran kann der zu Manipulierende entlang geführt werden, bis er dort ist, wo ihn der Werbende haben möchte, und wo nun neue Schlüsselreize geboten werden können. Je nach Absicht können sie recht verschieden sein: eine Winterlandschaft lenkt in Gedanken zu einem Kurort, oder Text und zusätzliche Einzelheiten im Bild muntern den Beschauer auf, sich für eine Limonade oder sonst etwas zu interessieren, das primär mit dem abgebildeten Mädchen nur wenig zu tun haben braucht. Der Erfolg solcher Werbung hängt davon ab, ob die Assoziationen ausreichend zwingend sind, also – unter anderem – von der Vorbildung der durch die Werbung Angesprochenen und von dem, was unter gegebenen Verhältnissen „nahe liegt". Die verschiedenen gebotenen Schlüsselreize müssen zudem geeignet sein, sich wirkungsvoll zu addieren und Appetenzen etwa gleicher Richtung wachzurufen und Instinkte anzuzielen, durch die das erwünschte Konsumverhalten Wirklichkeit wird. Psychologisch gesprochen: Starke Hoffnungen müssen wachgerufen und nur durch den in Frage stehenden Konsum zu stillende Wünsche müssen geweckt werden.

In den beiden Beispielen etwa so: Das attraktive Mädchen wird mit „Winterkurort" assoziiert. Der Wunsch nach Erholung vereinbart sich mit der Hoffnung auf einen netten Flirt. War das Plakat genügend eindrucksvoll, wirkt es nach. Da zudem die beiden angesprochenen Instinktmechanismen (aus dem Bereich der Sexualität und aus dem Bereich der Entspannungs-Suche) zunächst noch nicht in Aktion treten können, die Handlung also aufgeschoben wird, so heizt das die ungestillte Appetenz weiter auf. Schließlich kauft sich der vom Plakat Angesprochene die Fahrkarte nach dem Kurort und bucht dort ein Hotelzimmer. Ganz ähnlich ist es mit der Limonadenreklame; denn auch da verschmilzt der Appetit auf das Mädchen mit dem suggerierten Durst. Die angebotene Limonade kann dann sogar ziemlich fade sein. Sie wird trotzdem mit größerer Lust getrunken, als sie es wert wäre, denn die unnahbare erotische Attrappe ermöglicht ja keine erotische Befriedigung, die erotische Endhandlung bleibt also zwangsläufig aus. Damit bleibt die Appetenz erhalten, die sich nun – sozusagen überspringend – auf die Abreaktion des Durstes überträgt. Die Limonade hat so eine erotische Tönung bekommen und an Köstlichkeit gewonnen.

Gerade bei Genußmittelreklamen spielt die Sex-Attrappe in diesem Sinne eine große und bewährte Rolle; ebenso übrigens auch das Ansprechen des menschlichen Imponiergehabes. Vieles, was als Genuß gilt, wird ja in Gesellschaft konsumiert. Kennergespräche über Weine oder Zigarren sind für den Beobachter oft erheiternde Proben demonstrierter Angeberei. Das Imponiergehabe ist bei Tier und Mensch eben ein so wichtiger Bestandteil des Sozialverhaltens (gegenüber Rivalen und Sexualpartnern), daß es mit fast unbedingter Sicherheit aktiviert werden kann, wenn man nur den richtigen Schlüsselreiz setzt. Im uns hier interessierenden Fall der Werbung kann sogar die gleiche bildliche oder sprachliche Attrappe sowohl als Sex-Attrappe wirken wie auch als Auslöser für Imponiergehabe. Das schon erwähnte Beispiel der Limonadenreklame kann dies zusätzlich zeigen: während sie auf den männlichen Beschauer in der beschriebenen Weise wirkt, wird das dargestellte Mädchen für die weiblichen

Beschauer so angezogen, frisiert, geschmückt und aufgemacht, wie die meisten unter ihnen es sich auch leisten können, oder wie sie es unter dem Konformitäts-Zwang der Mode ohnehin schon sind. Das sieghafte Lächeln der Mädchen-Attrappe, ihre Gestik und ihr Drum und Dran entspricht dem durch Prägung oder Dressur gültigen Weibchen-Ideal und ermöglicht es also den Betrachterinnen des Plakats, sich in die Rolle der übernormalen Sex-Attrappe hineinzuversetzen – und das mit einer Flasche der betreffenden Limonade in der Hand oder am Mund!

Das Arrangement kann noch um einige Auslöser bereichert werden, indem auf dem Plakat neben dem Mädchen noch charmante Jünglinge auftreten. Auch sie spielen als übernormale Sex-Attrappen ihre Rolle (für die Beschauerinnen) und dazu – entsprechend, wie eben beschrieben – die Rolle der „Eigenwunschbilder" (für die Beschauer). Die Szene suggeriert zudem noch, wie „man sich richtig benimmt" – auch wieder mit der Limonade als sozialem Stimulans oder Kontaktmittel.

Der aufmerksame Beobachter stellt unschwer fest, wie verhältnismäßig nahtlos solche Reklamebild-Szenen an vorgeformtes Sozialverhalten anknüpfen: Gestik und Mimik beim Rauchen oder Trinken sowie der Art, wie sich junge Mädchen in „sportlicher" oder „fraulicher" Kleidung bewegen, werden dem Kino- oder Fernsehpublikum ja täglich in stereotyper Weise vorgespielt. Teils bewußt, teils naiv imitierend, bildet sich die heranwachsende Jugend – und nicht nur sie – an solchen gesellschaftlich genormten Idealgestalten. Die Werbung nutzt dies folgerichtig aus, indem sie die dazugehörigen Konsumrequisiten anbietet. Der von ihr ausgeübte Zwang ist also fast unausweichlich.

[...] Es gibt aber noch eine ganze Reihe anderer, im Menschen festvorprogrammierter Verhaltensweisen, an die man sich wenden kann. So etwa die beiden gegensätzlichen: Neugier und Wunsch nach Sicherheit. [...]

Den Zugang zu den Entschlüssen kann man auch durch gröbere Mittel erzwingen: Es ist ein uralter Trick, den zu Manipulierenden zunächst einmal rational lahmzulegen oder zum mindesten zu schwächen. Das Geld sitzt bekanntlich dem Euphorisierten lockerer als dem Nüchternen. Die gewünschte Euphorie – die ziemlich unspezifisch sein kann, weil sie ja nur als Grundstimmung „die Seele den Verlockungen öffnen" soll – kann durch allgemeine Prachtentfaltung erzeugt werden. Der aufwendige Lichterglanz zu Ehren des Weihnachtsgeschäfts gehört hierher. Bei vielen Geschäftsabschlüssen wirkt im gleichen Sinne ein Glas Wein. Die Hemmungen, Geld wegzugeben oder sich von anderen Pfändern zu trennen, werden durch solche zusätzlichen Werbungsmittel auch bei schwachen rationalen Argumenten leichter weggeräumt.

All das zeigt immer wieder, daß im Grunde das Rationale, die Assoziationsketten, die „vernünftigen Argumente" höchstens ein Vorspiel sind, um zu den vorprogrammierten Wünschen und Ängsten der Menschen zu gelangen, die letztlich die Entschlüsse der derart Manipulierten bestimmen.

Das heißt selbstverständlich nicht, daß dies Vorspiel ganz vernachlässigt werden dürfe. Man kann sehr wohl die sachlichen, technischen Vorzüge einer

Kühlschrank- oder Kraftwagenkonstruktion ins Feld führen, um gerade den Typ, den man anzubieten hat, an den Mann zu bringen. Wir alle aber wissen, daß das Verkleidungsblech oder etwa die unverbindliche Aufschrift „de luxe" bei einem Auto oft mehr werbende Kraft haben als dessen technische Vorzüge, oder daß bei annähernd gleicher technischer Vollkommenheit solche, die Eitelkeit, das Sozialprestige, die Abwechslungs-Sucht oder auch das Balzverhalten des Männchens ansprechenden Reize den Entschluß zum Kauf bestimmen. Primitivmechanismen geben auch hier den Ausschlag, nicht Vernunft!

Aus: Steiner, Gerolf: Manipulation des Menschen durch die Werbung. In: Altner, Günter (Hrsg.): Kreatur Mensch. Moderne Wissenschaft auf der Suche nach dem Humanum. München: Moos 1969

2.5.2

WINFRIED SCHNEIDER

Konsumzwang

Was ist passiert? Ich habe wieder einmal festgestellt, daß auch ich bereits konsumabhängig bin. Auch ich ergreife das Angebot der Werbung, mich selbst und andere durch Waren neu zu entdecken. Welche Waren es jeweils sind, schreibt mir die Konsumgüterindustrie vor, die ihre ganze Phantasie in die Entwicklung neuer „Glücksangebote" steckt.
Es ist nichts gegen Stiefel zu sagen. Warum soll ich mir nicht Stiefel kaufen, die mir gefallen und modisch sind?
Mißlich ist, was mir mit dem Kauf noch versprochen wird: nämlich, daß ich durch meinen neuen Besitz auch ein neuer Mensch werde. Attraktiver, sexuell ansprechender, glücklicher. Die Werbung setzt bei in mir vorhandenen Bedürfnissen an – denen nach Anerkennung, Neuheit, Wärme, Spannung –, aber die Industrie lebt gleichzeitig davon, daß diese Wünsche letztlich unbefriedigt bleiben. Eine geglückte sexuelle Beziehung bekomme ich eben nicht durch Stiefel, auch wenn diese neu auf mich als sexuelles Wesen aufmerksam machen.
Für Menschen, die unglücklich sind, stellt Konsum kein Mittel dar, um ihre menschlichen Beziehungen reicher gestalten zu können. Denn diese sind ja nicht vorhanden, und der Mangel wird deshalb durch Konsum nur überspielt. [...] Wir werden immer reicher und können uns immer mehr leisten. Der einzelne erfährt deshalb unsere Gesellschaft nicht mehr als Klassengesellschaft. Und für sein Handeln ist das Bild einer Gesellschaft, in der sich immer mehr Menschen Fernsehgeräte, Autos, Wohnungen leisten können, viel entscheidender.
Aber, was wir uns leisten, wird von außen bestimmt. Wir reagieren nur noch, bestätigen durch unseren Kaufakt, was uns die Industrie als „gutes Leben" anbietet. Sah Marx noch die Chance, Menschen für veränderndes Handeln zu gewinnen, indem man ihnen ihr Elend bewußt macht, so kann heute der

Aufruf zur Veränderung nicht mehr mit dem Hinweis auf materielles Elend begründet werden. Uns allen geht es materiell immer besser. Der Konsum wird vom einzelnen nicht als Zwang, sondern als Befriedigung erfahren. Wir alle profitieren von dieser unserer Gesellschaftsordnung und tragen zu ihrer Erhaltung bei. Keiner ist an diesem Zustand schuld oder jeder. Ein Ausbruch ist für den einzelnen kaum noch möglich. Die meisten von uns werden zugeben, daß Leben in mehr besteht als in Essen und Trinken. Aber wer von uns ist schon in der Lage, aus dem Lebensrhythmus unserer Gesellschaft noch auszubrechen. Unsere Utopie von gutem Leben gab vor kurzem das Wirtschaftsministerium bekannt. Es kündigte an, daß sich bis 1985 unser Lebensstandard verdoppelt haben werde. Noch luxuriösere Autos, raffiniertere Fernsehgeräte, kompliziertere Stereoanlagen.

Mir gelingt kaum noch die Distanz zu dieser Entwicklung. Zu sehr schon habe ich die Wünsche dieser Zeit in mir aufgesogen. Manchmal entdecke ich in mir Angst, Konsumdruck, manchmal auch noch den Wunsch auszubrechen –, aber das spielt sich in Sekunden ab, und die Erfahrung des Alltags ist so überwältigend, daß ich mir die Frage nach dem Sinn dieses Lebens nicht stelle. Denn das Dilemma dieser Konsumwelt besteht darin, daß sie eben nicht nur eine Scheinwelt ist, sondern Befriedigung immer auch sinnlich erfahren läßt.

Aus: Müssle, Marianne (Hrsg.): Die Humanität Jesu im Spiegel der Bergpredigt. München: Pfeiffer 1970

2.5.3

FRIEDRICH FÜRSTENBERG

Glücksgütermarkt

Betrachten wir zunächst das Angebot des Marktes für Glücksgüter. Hier kommt der von Enzensberger richtig als Bewußtseinsindustrie bezeichneten Herstellung audio-visueller Anreize für Glücksempfindungen mit Hilfe der Massenmedien eine zentrale Bedeutung zu. Sie leitet sich von der Möglichkeit des Individuums her, schon bei der Aufnahme geeigneter Vorstellungsinhalte Glücksempfindungen zu haben. Deshalb zeigt das Angebot vielfältig strukturierter Wunschwelten und entsprechender Symbole eine ständig wachsende Tendenz. In einer Inhaltsanalyse der Illustrierten „Quick", „Revue" und „Stern" („Illustrierte und Gesellschaft") wies Horst Holzer nach, daß über ein Drittel aller Quick- und Revue-Beiträge Wunschweltcharakter haben und selbst bei der Illustrierten „Stern" noch 25 Prozent des redaktionellen Angebots unter diese Kategorien fallen. Im wesentlichen handelt es sich um einprägsame Schilderungen der verschiedensten Formen des Lebensgenusses, die hinreichend Stoff für Tagträume bieten. Je nach der Fähigkeit des Lesers, sich mit den Rollen der Hauptakteure zu identifizieren, fällt sein Lustgewinn und damit sein Glücksempfinden aus. In ähnlicher Weise wirken die Unterhaltungsfilme und Unterhaltungssendungen des Fernsehens, aber auch die Trivialliteratur,

vom 50-Pfennig-Roman bis zum dickleibigen Bestseller. Der Kunde der Bewußtseinsindustrie, der Wunschweltfabrikanten, kauft gleichsam imaginäres Glück, das je nach seiner Fähigkeit zum intensiven Tagträumen, zum inneren Erlebnis aktiviert wird. Die Reichweite der Vorstellungsinhalte ist hierbei außerordentlich breit. In der Regel handelt es sich um die übermäßige, luxuriöse Erfüllung von Grundbedürfnissen. Auf rein physiologischer Ebene sind es der verfeinerte Nahrungsgenuß, die extravagante Kleidung oder die luxuriöse Wohnungsausstattung. Ebenso einprägsam stellt sich die Übererfüllung des Sicherheitsbedürfnisses durch Vermittlung von Wunschbildern risikoloser und dennoch genußfreudiger Lebensweise bis ins hohe Alter dar. An die sozialen Bedürfnisse knüpfen die Wunschbilder an, die sich auf die Begegnung mit interessanten Menschen, auf fröhliche Geselligkeit und auf harmonisches, möglichst spannungsfreies Zusammenleben im Intimbereich beziehen. Im Einklang mit der großen Bedeutung des Konkurrenzprinzips in unserer Gesellschaft richten sich viele derart vermittelte imaginäre Glücksempfindungen auf Prestige und Geltung. Immer wieder wird durch die Massenmedien das Gefühl vermittelt, bei einzigartigen Ereignissen in bevorzugter Position dabeisein zu können. Schließlich fehlt auch für den anspruchsvollen Wunschweltkonsumenten nicht die Möglichkeit, sich mit einer Vielzahl von Rollen identifizieren zu können, die als Surrogat des verhinderten Selbstausdrucks zu bezeichnen sind, etwa der Rolle des Helden, des Abenteurers, der großen Dame, der Kokotte usw. Das außerordentlich große Angebot an imaginärem Glück läßt keine Zweifel darüber, daß die als Tagtraum erlebte Realisierung von Glückserwartungen in unserer Gesellschaft eine wesentliche Funktion erfüllt. Aus kritischer Sicht erscheint sie als Narkotikum, das die Repressionen des Alltags ertragen hilft, aus mehr konformistischer Sichtweise erscheint sie als relativ harmlose Spielerei, die zur Differenzierung der Empfindungswelt bei mangelnden äußeren Anlässen beiträgt.
Je höher der Konsum von Wunschbildern steigt, desto weniger werden sich die Menschen auf die Dauer mit einer rein imaginären Glückserfüllung zufriedengeben. In gewisser Weise sind auf die Dauer die entsprechenden Produktionen der Bewußtseinsindustrie nur gleichsam im Rahmen des Kreditvolumens möglich, das durch den festen Bestand an erwerbbaren Glücksgütern in der jeweiligen Gesellschaft abgesichert ist. Der wesentliche Vermittler zwischen imaginären und realisierbaren Glückschancen ist gegenwärtig die Werbung. Wer ihre Erscheinungsformen aufmerksam studiert, kann den unzählige Male wiederholten Appell an das Individuum nicht übersehen, ein bestimmtes Gut oder eine bestimmte Dienstleistung käuflich zu erwerben, denn nur damit – so wird dem Individuum suggeriert – könne es glücklich sein oder zumindest eine wesentliche Voraussetzung für sein Glück schaffen. Ganz eindeutig ist das feststellbar bei den Erlebnisangeboten des Tourismus und der sonstigen erlebnissteigernden Hilfsmittel für die Privatsphäre. Wir können aber ganz allgemein den Trend verzeichnen, daß auch einfache Güter des alltäglichen Bedarfs

und Gebrauchs von einer geschickten Werbung in einem Zusammenhang dargestellt und angeboten werden, der ihre glückbringende, glückvermehrende und glückstabilisierende Funktion herausstellt. So wird etwa ein ganz gewöhnlicher Weinbrand nicht allein als Prestigesymbol, sondern auch als Katalysator moderner Geselligkeit und Artikel des Luxuskonsums deklariert. Ein Feinwaschmittel dient dementsprechend nicht allein dazu, das Wohlbehagen der Sauberkeit zu vermitteln, sondern trägt aufgrund seiner hautpflegenden Eigenschaften dazu bei, die Hausfrau nach der Alltagsarbeit begehrenswerter zu machen. Die Einprägsamkeit moderner Werbung ist sicherlich auf dieses Merkmal zurückzuführen, daß sie die verschiedensten Güter und Dienstleistungen in den Kontext einer erfüllbaren Wunschwelt eingliedert, die mit den verschiedenartigsten Glückssymbolen besetzt ist.

Betrachten wir das reale Angebot an kommerziellen Glücksgütern in unserer Gesellschaft, so können wir eine wachsende Differenzierung feststellen, die zur Abgrenzung von Glücksbereichen mit unterschiedlicher Realisierungswahrscheinlichkeit führt. Von der kleinen Alltagsfreude über das einmalige und unwiederholbare Erlebnis bis zum langfristigen glückverheißenden Aufbau einer komfortablen Lebensweise werden erreichbare Güter und Güterkombinationen angeboten. Ein untrüglicher Indikator ist in dieser Beziehung die Verwendung des Wortes „Traum". Vom traumhaft schönen Abendkleid über die Traumreise im Urlaub bis zum Traumhaus, sei es am Stadtrand oder an der Mittelmeerküste, wird dem Käufer suggeriert, daß er mit der angebotenen Ware auch ein Stück Glück kauft, wie es seiner persönlichen Wunschwelt entspricht.

Aus: Fürstenberg, Friedrich: Soziale Muster der Realisierung von Glückserwartungen. In: Kundler, Herbert (Hrsg.): Anatomie des Glücks. Köln: Kiepenheuer & Witsch 1971

2.5.4

JÜRGEN VON HOLLANDER

Glück mit dem Herrenhemd

Mehrstimmiger Abgesang aufs „Jahr der Frau"

„Meine lieben Hörerinnen und Hörer! Sie hören nunmehr unsere Werbesendung. Mit Informationen aus dem Reich der Frau."

Gong!

Mann: „Das soll'n Hemd sein, Frau?" – Frau: „Aber Peterle. Ich hab mir doch solche Mühe gegeben mit Deinen Hemden. Weiß ich doch, wie Du dran hängst!" – Mann: „Das sind Scheuerlumpen, aber keine Hemden. Dabei muß ich gleich zum Kegelabend. Was soll'n meine Kegelbrüder denken, wenn die so'n Lumpen sehen, den meine Alte angeblich gewaschen hat?"

Das läßt Frau Putz nicht ruhen. Noch in der Nacht nimmt sie das neue

„Schaumostramm" mit Dreckstopper und Schweißbrüher. Und hier hören Sie nun den Erfolg. Mann (Kußgeräusch): „Was hat mir mein kleines Waschfrauchen denn heute für ein Hemd hingeschmeichelt? (Doppeltes Kußgeräusch). Ja, mit dem Hemd, da kann ich endlich mal bei meinen Skatbrüdern Eindruck machen (Schmatzgeräusch). Auf zum Stammtisch – die werden staunen... Ich weih das Hemd ein. Weich Du mir inzwischen in der Nacht noch eines ein. Natürlich mit ‚Schaumostramm', mein kleines Waschfrauchen!" – Frau (weint vor Glück): „Ach, daß Dir Deine Hemden soviel bedeuten, Peterle. Dank, tausend Dank für all Deine Liebe zu Deinen Hemden! Und viel Spaß mit den Skatbrüdern!"
    Gong!
Tochter: „Pfui Teufel, Mutter! Diese Brühe hier soll Kaffee sein? Sag mal, bist Du noch ganz da? Und ausgerechnet heute habe ich meine Freundinnen zu frohem Kaffeeklatsch eingeladen. Mann, Mutter, bist Du ein Versager! Marsch in die Küche und probier's noch einmal!" – Mutter: „Ja aber, Ilsekind, Dein Mütterlein hat doch den besten Kaffee genommen." – Tochter: „Merk Dir, Mutter: Nimmst Du Kaffee, nimm ‚Primissima-Kaffee'! Dann stimmt die Richtung!"
Eine Stunde später: „Ja aber, mein Muttilein, was ist denn das für ein Kaffee? (Streichelgeräusch über Mutterhaar). Es geht also doch! Jetzt darfst Du zur Belohnung ein Täßchen zusammen mit mir und meinen Freundinnen im Wohnzimmer trinken!" (Mutter: weint vor Glück).
    Gong!
„Und nun, meine lieben Hörerinnen, frohe Weisen aus dem Gebirg und der alpenländischen Nachbarschaft. Es jodeln die ‚Dumpfinger Deandln'." Dann geht's weiter mit Fleckenentferner und Spülfix. Mit Parkettscheuerrix und Scheibewisch. Mit Autowachs und Kochbeuteln in der Tube. Und Mutti immer mitten drin in der Handlung.
Liebe Werbetanten und -onkel! Wir wünschen uns am Schluß des „Jahres der Frau" öfter mal was Flottes, um nicht zu sagen Emanzipiertes. Zum Beispiel so was. Mann: „Das soll ein Hemd sein, Frau?" – Frau: (Geräusch eines Hemdes, das Peter um die Ohren gehauen wird) – Tochter: „Das soll Kaffee sein, Mutter?" – Mutter gießt den Kaffee in den Ausguß und ruft ein wenig verärgert aus: „Ilselein, mach Dir Deine Scheißbrühe doch selber..."
Aber solche Werbesendungen hört man ja nie! Schon gar nicht im „Jahr der Frau".

Aus: Süddeutsche Zeitung 1975

2.5.5

HANS MAGNUS ENZENSBERGER

bildzeitung

bildzeitung

du wirst reich sein
markenstecher uhrenkleber:
wenn der mittelstürmer will
wird um eine mark geköpft

ein ganzes heer beschmutzter prinzen
turandots mitgift unfehlbarer tip
tischlein deck dich:
du wirst reich sein.

manitypistin stenoküre
du wirst schön sein:
wenn der produzent will
wird die druckerschwärze salben
zwischen schenkeln grober raster
mißgewählter wechselbalg
eselin streck dich:
du wirst schön sein.

sozialvieh stimmenpartner
du wirst stark sein:
wenn der präsident will
boxhandschuh am innenlenker
blitzlicht auf das henkerlächeln
gib doch zunder gib doch gas
knüppel aus dem sack:
du wirst stark sein.

auch du auch du auch du
wirst langsam eingehn
an lohnstreifen und lügen
reich, stark erniedrigt
durch musterungen und malz-
kaffee, schön besudelt mit straf-
zetteln, schweiß,
atomarem dreck:
deine lungen ein gelbes riff
aus nikotin und verleumdung
möge die erde dir leicht sein

wie das leichentuch
aus rotation und betrug
das du dir täglich kaufst
in das du dich täglich wickelst.

Aus: Enzensberger, Hans Magnus: verteidigung der wölfe. Frankfurt/M.: Suhrkamp, 4. Aufl. 1957

2.5.6

ARNO PLACK

Die Verkümmerung der Genußfähigkeit in der Konkurrenzgesellschaft

Wo der Erfolg im Zusammenleben der allgemein leitende Wert ist, da müssen notwendig alle ethischen Werte sich umwerten, ja entwerten. Denn Erfolg ist immer Erfolg vor Anderen, Erfolg auf ihre Kosten, also Erfolg gegen ihren Willen. Im Ethos des Erfolgs stemmt so ehrgeizig einer vom andern sich ab. Wenn, wie gezeigt, im Schielen nach Erfolg die Einstellung zur Arbeit sich wandelt, so bedeutet das auch, daß der in unserer Kultur gewachsene „Wert der Arbeit" sich entwertet. Nicht nur ist eine Arbeit „nicht viel wert", wenn sie keinen sozialen Erfolg bringt, wenn sie finanziell nichts einbringt; es hat jetzt umgekehrt viel eher einen „Wert", mit einem Minimum an Arbeit recht erfolgreich zu sein. Die allgemeine Zielvorstellung wird der arrivierte Faulenzer, der Mensch, der es sich leisten kann, auf seinen Lorbeeren auszuruhen, der es versteht, die Anderen für sich arbeiten zu lassen. (Ein feudalistisches Ideal!) Die Sache gilt wenig bis nichts, der Erfolg aber alles. Anweisungen zum glücklichen Leben sind längst nicht mehr (wie noch bei Schopenhauer) Rezepte, wie am besten man sich bescheide, sondern die Bücher führen jetzt Titel wie „Der Weg zum Erfolg" oder „Wie komme ich besser voran?". Reformwaren werden vertrieben unter dem Schlagwort der „Leistungssteigerung". Die Gesundheit sich zu steigern hat anscheinend nur einen Wert, wenn darin zugleich ein Mittel erblickt wird, um besser voranzukommen. Man mag solche Abwertung der Vitalwerte beklagen: den sogenannten geistigen Werten ergeht es nicht besser. Wer Kunst oder Wissenschaft sich verschreibt ohne die feste Absicht, dadurch berühmt zu werden, der erscheint bemitleidenswert, weil nicht ganz „lebenstüchtig" – vom Standpunkt des Erfolgs. Es gibt sogar Pfarrer, die den Glauben an Gott und das Gebet als wirksame Mittel empfehlen, sich in der Gesellschaft besser durchzusetzen.

Wäre der Erfolg schlechthin nicht der allgemein respektierte oberste Wert, die Reklame könnte nicht fast beständig bei unserem Prestigebedürfnis uns packen (soweit sie nicht noch wirksamer bei der Sexualverdrängung ansetzt). Die Anzeigenseiten sind wie ein Projektionstest auf den Zustand der Gesellschaft. Stellenangebote verlocken mit Schlagzeilen wie: „Immer eine Sprosse höher." Leiter von Fernlehrgängen, Abendschulen und ähnlichem appellieren keineswegs an unsere Liebe zur entsprechenden Sache, sie verheißen uns „Bessere

Aufstiegsmöglichkeiten". Kein Wunder, daß auch die Seiten mit den Heiratsanzeigen aussehen wie der Stellenmarkt: „Studienrat", „Akademiker", „Dipl.-Ing.", „höherer Beamter", „Dame mit Abitur", „Industrieller" suchen – jeweils in Fettdruck – den Partner fürs Leben. Dieselbe Gesellschaft, die auf ausschließliche Treue pocht, läßt es sich bieten, daß eine Kosmetikfirma sie belehrt: „Pickel können trennen." Ein Narr, wer das für einen Scherz nimmt. Sein Lachen verrät nur, daß er noch kein vollwertiges Glied der Gesellschaft ist, in der das Prestige gilt: versteckt – und immer offener. „Prestige" und „Gelten" sind Markennamen für ein Kölnisches Wasser bzw. für eine Zigarette, den „Duft der großen weiten Welt" verheißt eine andere. „Zur Spitze gehören – dabei sein" (eine Illustriertenreklame) ist alles, Mitredenkönnen schon viel.

Am sinnfälligsten – und den Kulturkritikern schon geläufig – ist die Veränderung unseres Verhältnisses zum Sport. Ehedem naiver Ausdruck einer Freude am eigenen Körper und einer Lust, ihn spielerisch zu betätigen, spielerisch: das heißt gelöst vom Zweck einer Arbeit, eines Kampfes, ist Sport heute selber zu einer Arbeit, in jedem Falle aber zu einem permanenten Wettkampf geworden.

[...] Noch wo der Mensch quasi „rein passiv" ist, im Genießen, hat seine innere Einstellung sich verändert, wenn der Gedanke an Erfolg und Prestige ihn nie ganz verläßt. Das heißt: was hier sich verändert, ist der Genuß selber. Er entwertet sich. Nicht mehr das zu Genießende wird genossen, sondern nur noch der Neid des Nebenmenschen, der den scheinbar Genießenden „genießen" sieht. Die Delikatessen schmecken erst dann, wenn andere zusehen, die sich „so etwas" nicht leisten können. Man liebt den „ostentativen Verzehr". Veblen, der damit auf die nordamerikanische Gesellschaft zielt, trifft – Jahrzehnte nach seinem Tod – noch das Ethos in Mitteleuropa. Wir sind jetzt soweit. Adorno hat gegen den Begriff, der im Original conspicuous consumption heißt, geltend gemacht, daß der Mensch für sein Glück immer schon der „Anerkennung der Gesellschaft" bedarf. (Das wäre die ethische Seite an allem Genuß.) Wo aber die Anerkennung der Anderen nur durch eine Beimischung des Neides das Glück noch verbürgt, das den je Genießenden als ein Glied der Gesellschaft bestätigt, da ist mit seinem Verhältnis zu den Anderen auch sein Genuß schon gestört. Voller Genuß bedarf des Mitvollzugs durch Menschen, die uns gewogen sind:
    Und wenn die Brust von Sehnsucht überfließt,
    Man sieht sich um und fragt – wer mitgenießt. *(Goethe)*
Man sieht sich nicht mehr um, jedenfalls nicht in solcher Erwartung. Es charakterisiert den Zerfall der Gesellschaft in miteinander rivalisierende Einzelne, daß die Sprache ein Wort „Mitgenuß", das im Mittelhochdeutschen als „mitnies" vorkommt, längst nicht mehr kennt. Die Verkümmerung der Genußfähigkeit ist eines mit dem Verlust an Geborgenheit in der Gemeinschaft. Das Ethos des Erfolgs untergräbt nicht nur den Zusammenhalt in der Gemeinschaft, so daß ein jeder darüber doch still für sich oder in trauter Zweisamkeit

sein Glück noch genießen könnte. Wer immer und in allen Stücken erfolgreich sein muß, ist glücklich nur, wenn er dafür gehalten wird. Er ist so abhängig in seinem Glück gerade von denen, denen er „eins auswischen" möchte. Dies ist, genau besehen, eine Variation der Dialektik von Macht und Ohnmacht. Der Mächtige ist ohne den Unterworfenen nichts, ein Nichts als Person. Abhängig noch vom Schwächsten für die Bestätigung seiner Macht, gewinnt dieser eine Macht über ihn, die innerlich ihn versklavt: hiervon das Zwanghafte im Gehaben der Totalitären; sie sind nicht mehr mächtig ihrer selbst.
[...] Der wirklich glückliche Mensch ist nicht notwendig einer, der gerade „Glück hat". Glück als innere Verfassung ist nicht das simple Resultat der jeweiligen Lebensumstände. Ob einer ein sogenannter glücklicher Mensch wird oder nicht, entscheidet zumeist sich schon in frühester Kindheit. Das körperlich „ungeliebte": das nicht gestillte Kind wird fürs ganze Leben eine unstillbare Unruhe zurückbehalten. So gibt es Menschen, die ihrem ganzen Wesen nach „unglücklich" wirken: unglücklich und böse dazu, ohne daß ein Mißerfolg ihnen dafür einen Grund gäbe. „Glück" ist ein Zustand der leibhaften Existenz, in der diese frei ist von jeder Bedrückung, von jedem quälenden Ein-Druck, der anhält oder nachwirkt. Glück ist freies, unbeschränktes, aber nicht uferloses Leben, eines, in dem das Maß der eigenen Ansprüche mit der Kraft des Körpers in eins fällt. Der Löwe im Käfig ist „unglücklich": Er leidet an seiner eigenen Kraft. Jede Einschränkung der natürlichen Vitalität und ihres Lebensdranges schneidet buchstäblich ins Fleisch. Jeder Triebverzicht ist schmerzhaft – aber insofern auch Ursprung aggressiver Impulse: Das qualvoll gepreßte Leben macht sich ruckartig Luft. Ein biologischer Sinn aggressiven Verhaltens könnte es sein, das durch Verzichte gehemmte Wesen zu seinem Triebziel noch durchzureißen. Doch aus tiefer Hemmung heraus schnellt es – triebstark – darüber hinaus.

Aus: Plack, Arno: Die Gesellschaft und das Böse. Eine Kritik der herrschenden Moral. München: List, 12. Aufl. 1977

2.5.7

HENDRIK BUSSIEK

Glückliche Jugend?

Und wie steht es mit den „Glücklichen" unter den Jungen? Ein in die reine Negation verrannter Tor, der sie nicht sähe und nicht glücklich über ihre Existenz wäre. Aber die relative Zufriedenheit der vielen darf das Un-Glück der vermeintlich wenigen nicht verdecken. Und diese Zufriedenheit wird zum großen Teil auf Kosten anderer erreicht: der oft zitierte Abiturient, der einem Realschüler den Ausbildungsplatz nimmt, kann zufrieden sein – mit welchem Recht aber und auf wessen Kosten? Trotzdem muß betont werden, daß zum Gesamtbild von der bundesdeutschen Jugend auch das Glück der vielen gehört. Nach dem Inhalt dieses Glücks zu fragen, mag philosophisch und gesellschaftspolitisch von Belang sein, wichtig für den Betroffenen aber ist, daß es das subjektive Glücks-Gefühl gibt – die Frage nach den Inhalten ist für ihn häufig zweitrangig. Und wenn es die vielen Zufriedenen nicht gäbe, hätten wir kaum die Möglichkeit, das Un-Glück der wenigen zu begreifen und (vielleicht) in Glück zu wenden.

Und doch wird bei vielen Glück allzu oft „erkauft": das Mädchen ist „glücklich" über ein neues Kleid, der Junge ist „glücklich" über seine jüngste Eroberung beim anderen Geschlecht. Das klingt nach Rollenklischee, nach Allgemeinplatz, aber Rollenklischees sind gesellschaftliche Realität, nach denen „man" sich richtet: „frau" ist unglücklich, wenn sie kein neues Kleid hat, „mann" ist unglücklich, wenn er kein „Glück bei den Frauen" hat – denn die anderen haben das.

Konkurrenz also auch hier, die sich bei Mißerfolgen in Neid äußert? Flucht auch hier? Flucht vor dem, was das „wahre Glück" sein könnte (was immer darunter verstanden wird)?

Infratest-Frage an Westberliner zwischen 13 und 24 Jahren: „Wenn Sie sich einmal ungeheuer geärgert haben und diesen Ärger vergessen möchten, was tun Sie dann?" Man erinnere sich: 13 Prozent antworteten „Ich besaufe mich". Der gleiche Prozentsatz wurde ermittelt für die Antwort „Ich kaufe mir irgend etwas Schönes" – 19 Prozent der weiblichen und 7 Prozent der männlichen Befragten antworteten so.

Eine weitere Frage: „Wenn sie manchmal von einem ganz anderen Leben träumen, was kommt Ihnen dann in den Kopf?"

22 Prozent wählten die folgende vorgegebene Antwortmöglichkeit: „Sex, viel Erfolg beim anderen Geschlecht" – das galt für 15 Prozent der Mädchen und 30 Prozent der Jungen.

Gerade das Beispiel Sexualität, der vermeintlich intimste und privateste Lebensbereich, zeigt, daß auch diese Art Flucht – wenn man das so bezeichnen will – gesellschaftlich vermittelt und beeinflußt ist. Schon 1972 befürchtete der dänische Sexualforscher Israel, daß sich die Tendenz verstärke, Sexualität als Vehikel für nichtsexuelle Motive zu mißbrauchen, also etwa für Leistung, Status, Prestige sowie vor allem für Konformität und soziale Überanpassung.

Aus: Bussiek, Hendrik: Bericht zur Lage der Jugend. Frankfurt/M.: Fischer 1978

2.6 Selbstverwirklichung und Sinnfindung
Probleme der Sinnfindung

2.6.1

VIKTOR E. FRANKL

Glück und Lebenssinn

Der Titel umreißt mehr als ein Thema: er umfaßt eine Definition, zumindest eine Interpretation des Menschen. Eben als eines Wesens, das letztlich und eigentlich auf der Suche nach Sinn ist. Der Mensch ist immer schon ausgerichtet und hingeordnet auf etwas, das nicht wieder er selbst ist, sei es eben ein Sinn, den er erfüllt, oder anderes menschliches Sein, dem er begegnet. So oder so: Menschsein weist immer schon über sich selbst hinaus, und die Transzendenz ihrer selbst ist die Essenz menschlicher Existenz.

Ist es also *nicht* so, daß der Mensch eigentlich und ursprünglich danach strebt, glücklich zu sein? Hat denn nicht selbst Kant zugegeben, daß dies der Fall sei, und nur hinzugesetzt, der Mensch solle auch danach streben, des Glücklichseins *würdig* zu sein? Ich würde sagen, was der Mensch wirklich will, ist letzten Endes nicht das Glücklichsein an sich, sondern einen *Grund* zum Glücklichsein. Sobald nämlich ein Grund zum Glücklichsein gegeben ist, stellt sich das Glück, stellt sich die Lust von selber ein. So schreibt Kant in seiner „Metaphysik der Sitten" bzw. deren „Zweytem Theil", den „Metaphysischen Anfangsgründen der Tugendlehre" (Königsberg, bey Friedrich Nicolovius, 1797, Seite VIII f.), „daß Glückseligkeit die *Folge* der Pflichtbeobachtung" sei und „das Gesetz vor der Lust hergehen muß, damit sie empfunden werde". Was aber da in bezug auf die Pflichtbeobachtung bzw. das Gesetz gesagt wird, gilt meines Erachtens viel allgemeiner und läßt sich sogar vom Bereich der Sittlichkeit auf den der Sinnlichkeit übertragen. Und davon wissen wir Neurologen ein Lied zu singen. Denn im klinischen Alltag zeigt es sich immer wieder, daß es gerade die Abwendung vom „Grund zum Glücklichsein" ist, die den sexualneurotischen Menschen – den potenzgestörten Mann bzw. die frigide Frau – nicht glücklich werden läßt. Wodurch aber kommt diese pathogene Abwendung vom „Grund zum Glücklichsein" zustande? Durch eine forcierte Zuwendung zum Glück selbst, zur Lust selbst. Wie recht hatte doch Kierkegaard, als er einmal meinte, die Tür zum Glück gehe nach außen auf – wer sie „einzurennen" versucht, dem verschließt sie sich nur.

Wie können wir uns das erklären? Nun, wovon der Mensch zutiefst und zuletzt durchdrungen ist, ist weder der Wille zur Macht noch ein Wille zur Lust, sondern ein Wille zum Sinn... Und auf Grund eben dieses seines Willens zum Sinn ist der Mensch darauf aus, Sinn zu finden und zu erfüllen, aber auch anderem menschlichen Sein in Form eines Du zu begegnen, es zu lieben. Beides, Erfüllung und Begegnung, gibt dem Menschen einen *Grund* zum Glück und zur Lust. Beim Neurotiker aber wird dieses primäre Streben gleichsam abgebogen in ein *direktes* Streben nach Glück, in den Willen zur Lust. Anstatt daß die Lust das bleibt, was sie sein muß, wenn sie überhaupt zustande kommen soll, nämlich eine Wirkung (die Nebenwirkung erfüllten Sinns und begegnenden Seins), wird sie nunmehr zum Ziel einer forcierten Intention, einer Hyperintention. Mit der Hyperintention einher geht aber auch eine Hyperreflexion... Die Lust wird zum alleinigen Inhalt und Gegenstand der Aufmerksamkeit. In dem Maße aber, in dem sich der neurotische Mensch um die Lust kümmert, verliert er den *Grund* zur Lust aus den Augen – und die Wirkung „Lust" kann nicht mehr zustande kommen. Je mehr es einem um die Lust geht, um so mehr vergeht sie einem auch schon.

Es läßt sich leicht ermessen, wie sehr die Hyperintention und die Hyperreflexion beziehungsweise ihr deletärer Einfluß auf Potenz und Orgasmus noch verstärkt werden, wenn der in seinem Willen zur Lust zum Scheitern verurteilte Mensch versucht, zu retten, was zu retten ist, indem er bei einer technischen Vervollkommnung des Sexualaktes seine Zuflucht sucht. „Die vollkommene Ehe" raubt ihm nur den letzten Rest jener Unmittelbarkeit, auf deren Boden allein das Liebesglück erblühen kann. Angesichts des sexuellen Konsumationszwangs von heute wird insbesondere der junge Mensch dermaßen in die Hyperreflexion getrieben, daß es uns nicht zu wundern braucht, wenn sich der Prozentsatz der Sexualneurosen im Krankengut unserer Kliniken vergrößert.

Der Mensch von heute neigt ohnehin zur Hyperreflexion. Professor Edith Joelson von der University of Georgia konnte nachweisen, daß für den amerikanischen Studenten das Selbstverständnis (self-interpretation) und die Selbstverwirklichung (self-actualization) in einem statistisch signifikanten Maße innerhalb einer Hierarchie der Werte am höchsten stehen. Es ist klar, daß es sich durchaus um ein Selbstverständnis handelt, das von einem analytischen und dynamischen Psychologismus her indoktriniert ist, der den gebildeten Amerikaner veranlaßt, unablässig hinter dem bewußten Verhalten stehende unbewußte Beweggründe zu vermuten. Was aber die Selbstverwirklichung anlangt, wage ich zu behaupten, daß sich der Mensch nur in dem Maße zu verwirklichen imstande ist, in dem er Sinn erfüllt. Der Imperativ von Pindar, dem zufolge der Mensch werden soll, was er immer schon ist, bedarf einer Ergänzung, die ich in den Worten von Jaspers sehe: „Was der Mensch ist, das ist er durch die Sache, die er zur seinen macht."

Wie der Bumerang, der zum Jäger, der ihn geschleudert hat, nur dann zurückkehrt, wenn er das Ziel, die Beute, verfehlt hat, so ist auch nur der Mensch so sehr auf Selbstverwirklichung aus, der zunächst einmal in der Erfüllung von Sinn gescheitert ist, ja vielleicht nicht einmal imstande ist, einen Sinn auch nur zu finden, um dessen Erfüllung es ginge.

Analoges gilt ja auch vom Willen zur Lust und vom Willen zur Macht. Während aber die Lust eine Nebenwirkung der Sinnerfüllung ist, ist die Macht insofern ein Mittel zum Zweck, als die Sinnerfüllung an gewisse gesellschaftliche und wirtschaftliche Bedingungen und Voraussetzungen gebunden ist.

Wann aber ist der Mensch auf die bloße Nebenwirkung „Lust" bedacht, und wann *beschränkt* er sich auf das bloße Mittel zum Zweck, Macht genannt? Nun, zur Ausbildung des Willens zur Lust beziehungsweise des Willens zur Macht kommt es jeweils erst dann, wenn der Wille zum Sinn frustriert wird, mit anderen Worten, das Lustprinzip ist nicht weniger als das Geltungsstreben eine neurotische Motivation. Und so läßt es sich denn auch verstehen, daß Freud und Adler, die ihre Befunde doch an Neurotikern erhoben hatten, die primäre Sinnorientierung des Menschen verkennen mußten.

Heute aber leben wir nicht mehr wie zur Zeit von Freud in einem Zeitalter der sexuellen Frustration. Unser Zeitalter ist das einer existentiellen Frustration. Und zwar ist es im besonderen der junge Mensch, dessen Wille zum Sinn frustriert wird. „Was sagt der jungen Generation von heute", fragt Becky Leet, die Chefredakteurin einer von den Studenten der University of Georgia herausgegebenen Zeitung, „Freud oder Adler? Wir besitzen die Pille, die von den Folgen sexueller Erfüllung befreit – heute gibt es keinen medizinischen Grund mehr, sexuell gehemmt zu sein. Und wir besitzen Macht – wir brauchen nur einen Blick zu werfen auf die amerikanischen Politiker, die vor der jungen Generation zittern, und auf Chinas Rote Garden. Aber Frankl sagt, daß die Leute heute in einem existentiellen Vakuum leben und daß sich das existentielle Vakuum vor allem durch Langeweile manifestiert. Langeweile – klingt doch ganz anders, nicht wahr? Viel vertrauter, nicht wahr? Oder kennen Sie zuwenig Leute rings um Sie herum, die über Langeweile klagen – ungeachtet der Tatsache, daß sie nur die Hand ausstrecken müssen, um alles zu besitzen – einschließlich Freuds Sex und Adlers Macht?"

Tatsächlich wenden sich heute mehr und mehr Patienten an uns mit dem Gefühl einer inneren Leere, wie ich sie als „existentielles Vakuum" beschrieben und bezeichnet habe, mit dem Gefühl einer abgründigen Sinnlosigkeit ihres Daseins.

... Soll ich kurz auf die Ursachen eingehen, die dem existentiellen Vakuum zugrunde liegen mögen, dann dürfte es auf zweierlei zurückzuführen sein: auf den Instinktverlust und auf den Traditionsverlust. Im Gegensatz zum Tier sagen dem Menschen keine Instinkte, was er *muß;* und dem Menschen von heute sagen keine Traditionen mehr, was er *soll;* und oft scheint er nicht mehr zu wissen, was er eigentlich *will.* Nur um so mehr ist er darauf aus, entweder nur das zu wollen, was die andern tun, oder nur das zu tun, was die andern wollen. Im ersteren Falle haben wir es mit Konformismus zu tun, im letzteren mit Totalitarimus – der eine verbreitet in der westlichen Hemisphäre, der andere in der östlichen.

Aber nicht nur Konformismus und Totalitarimus gehören zu den Auswirkungen des existentiellen Vakuums, sondern auch Neurotizismus. Neben den psychogenen Neurosen, also den Neurosen im engeren Wortsinn, gibt es nämlich auch noogene Neurosen, wie ich sie genannt habe, daß heißt Neurosen, bei denen es sich eigentlich weniger um eine seelische Krankheit als vielmehr um geistige Not handelt, und zwar nicht selten infolge eines abgründigen Sinnlosigkeitsgefühls.

Aus: Frankl, Viktor, E.: Psychotherapie für den Laien. Freiburg, Basel, Wien: Herder 1971

2.6.2

NICOLAI HARTMANN

Glücksstreben und Glücksfähigkeit

Abseits der Grundfrage, von welcher Art überhaupt der Glückswert sei und wie er einzuordnen ist, gibt es eine Reihe weiterer ethischer Fragen, die dem Eudämonismus anhaften und ihn zu einem höchst zweideutigen Phänomen machen. Es sei hier zum Abschluß nur die eine Frage noch berücksichtigt, ob das Streben nach dem Glück überhaupt ein sinnvolles Streben ist.

Das ist nicht selbstverständlich, hängt auch nicht vom Wertcharakter des Glücks allein ab, sondern auch wesentlich von seiner Wertmaterie. Nach äußeren Gütern zu streben, ist nur in sehr engen Grenzen möglich; nach Charaktereigenschaften aber, wenn man ihre Anlage nicht besitzt, ist schon unmöglich zu streben; noch zweifelhafter wäre etwa ein Streben nach Liebe. Das Glücksstreben ist dem letzteren eng verwandt.

Jedermann weiß, was es mit der „Jagd nach dem Glück" auf sich hat. Das mythologische Bild der launischen Fortuna trifft den Nagel auf den Kopf. Es ist mehr als ein Bild. Es ist das Wesen des „Glücks", den Menschen zu necken und zu äffen, solange er lebt, ihn zu locken, zu verführen und mit leeren Händen stehen zu lassen. Es verfolgt ihn eifersüchtig, solange er ihm abgewandt nach anderen Werten strebt, entzieht sich ihm aber, sobald er danach hascht, flieht unerreichbar vor ihm her, wenn er es leidenschaftlich erstrebt. Wendet er sich aber ernüchtert ab, so umschmeichelt es ihn schon wieder. Gibt er verzweifelnd den Kampf auf, so hohnlacht es hinter ihm her.

Zieht man von dieser Charakteristik die beliebte poetische Hyperbel ab, so stößt man in ihr auf eine Art Wesensgesetz, eine innere Notwendigkeit. Das Glück nämlich hängt nicht von den greifbaren Lebensgütern allein ab, an denen es zu haften scheint. Es hängt daneben, oder vielmehr vor allem, an einer inneren Voraussetzung, der Empfänglichkeit des Menschen selbst, seiner Glücksfähigkeit. Diese aber leidet unter dem Glücksstreben. Sie ist am größten, wo das betreffende Gut am wenigsten gesucht war, wo es dem Überraschten ungeahnt in den Schoß fällt. Und sie ist am geringsten, wo es leidenschaftlich ersehnt und erstrebt wurde.

Woran eigentlich diese Abnahme der Glücksfähigkeit liegt, ist eine schwierige psychologische Frage. Es wäre denkbar, daß schon die Antizipation des Glücks in der Erwartung, das bloße schwelgerische Verweilen bei ihm, bevor es da ist, seinen Glückswert herabsetzt. Es trifft eben doch nie ganz das Erwartete ein, Antizipation hat es schon verfälscht, hat den Wertsinn gegen das Wirkliche voreingenommen zugunsten eines Unwirklichen, eines Phantasiebildes. Oder ist es dieses, daß einfach die Genußfähigkeit sich im Vorwegnehmen erschöpft hat? Wie dem auch sei, das Erstreben selbst vernichtet den Glückswert des Erstrebten – schon vor dessen Erreichung. Das Erreichen wird illusorisch durch das Erstreben selbst, weil das Erreichte dem Strebenden schon nicht mehr dasselbe Glück ist, das er erstrebte.

Mit anderen Worten: Glück läßt sich wohl ersehnen und erstreben, aber nicht strebend erreichen. Die Jagd nach dem Glück wirkt vernichtend zurück auf die Glücksfähigkeit. Sie ist immer zugleich die Zerstörung des Erjagten selbst. Sie fegt, wo sie den Menschen beherrscht, alles Glück aus seinem Leben hinweg, macht ihn unstet, haltlos, stürzt ihn ins Unglück. Das ist der Sinn jenes Lockens und Fliehens, jenes Umschmeichelns und Hohnlachens.

Das wirkliche Glück kommt immer von anderer Seite, als man es meint. Es liegt immer da, wo man es nicht sucht. Es kommt immer als Geschenk und läßt sich dem Leben nicht abringen oder abtrotzen. Es liegt in der Wertfülle des Lebens, die immer da ist. Es öffnet sich dem, der den Blick auf diese Wertfülle einstellt, d. h. auf die primären Werte. Es flieht den, der gebannt nur auf den begleitenden Gefühlswert aller Werte, den Glückswert, hinschaut. Ihm verfälscht es den Wertblick für die Fülle realer Werte. Wer aber strebend unentwegt, und ohne mit ihm zu liebäugeln, jenen primären Werten nachhängt, dem wird es als Realität zuteil. Denn es hängt jenen Werten als Begleitwert an. Wer es verselbständigt, ihm wie einem Realen nachläuft, dem bleibt es notwendig ein Phantom.

Ist es ein Fluch des Menschen, eine ewige Verblendung, daß ihm alles Streben so leicht die Form des Glücksstrebens und alle Wertteilhabe die Form des Glückes selbst annimmt? Oder ist es ein Stück ewiger Weisheit und Gerechtigkeit, das sich hier an ihm erfüllt: eben darin, daß alles echte Streben nach echten ethischen Werten sein Glück in sich trägt, sich selbst belohnt – und das um so mehr, je höher hinauf in der Wertskala es gerichtet ist? Darf man glauben, daß in diesem Sinne der Glückswürdigste im Grunde auch der Glücklichste ist – weil er der Glücksfähigste ist? Sieht es nicht so aus, als behielte der Satz „der Beste ist der Glücklichste" dennoch im höheren Sinne Recht? Und ist damit nicht doch letzten Endes der Eudämonismus rehabilitiert?

Diese Fragen sind keine ethischen mehr. Der Mensch kann sie auch nicht beantworten. Sicherlich aber liegt in ihrer Bejahung – falls sie zu Recht besteht – keine Rechtfertigung des Eudämonismus. Das gerade lehrt jener Wesenszusammenhang: Eudämonie als moralisches Postulat ist ein ewiges Erfordernis des Menschenherzens, „Eudämonismus" aber als Moral des Glücksstrebens ist eine Lebenstendenz, die sich selbst vernichtet, indem sie systematisch zur Glücksunfähigkeit führt.

Aus: Hartmann, Nikolai: Ethik. Berlin: de Gruyter, 4. Aufl. 1962

2.6.3

STEPHAN LERMER

Was zum Glücklichsein gehört

Faßt man die vielfältigen Gedanken und Überlegungen zum Glück zusammen, so kommt man zu folgendem Schluß: Sind die körperlichen Grundbedürfnisse befriedigt, dann mag sich ein Gefühl von Sattheit oder Zufriedenheit einstellen. Zum Glück bzw. Glücklichsein jedoch gehört noch mehr, und zwar seelische Gesundheit, persönliche Identität und ein Gefühl von Autonomie, soziales Engagement, eigene und fremde Anerkennung, Bescheidung und Aktivität.

Was ist damit im einzelnen gemeint?

1. *Gesund* sein, das heißt arbeitsfähig, liebesfähig und genußfähig sein, also vor allem Fühlen-können. Erst das sinnliche und seelisch-geistige Vermögen, das Glück auch wahrnehmen zu können, wenn es da ist, schafft die Voraussetzungen zum Glücklichsein.

2. Die persönliche *Identität,* was so viel bedeutet wie „Werde, der du bist", sprich: lerne deine Bedürfnisse kennen, und du weißt, was dir fehlt. Ja, mehr noch, wer sich selbst gefunden hat, der kennt seinen Platz auf dieser Welt und hat damit den Sinn seiner Existenz gefunden.

3. Das Gefühl von *Autonomie:* Erst wenn jemand freiwillig das tun kann, was er tun will, macht es ihn froh. Das Gefühl von Stärke und Autonomie vertreibt die Angst, die mit dem Glück unvereinbar wäre.

4. *Soziales Engagement,* das Tun für andere: Nicht im Nehmen, erst im Geben fühlt man sich frei, souverän und auf eine Art reich, die glücklich macht. Ein ähnlich beglückendes Gefühl haben wir dann, wenn wir ein schönes Erlebnis einem anderen Menschen vermitteln können, die Freude mit ihm teilen können.

5. *Die Anerkennung:* Für den Begründer der Individualpsychologie Alfred Adler war das Streben nach Anerkennung die Haupttriebfeder des Menschen. Es bedeutet, sich selbst mit seinen Stärken und Schwächen anzunehmen, andere anzuerkennen und von anderen anerkannt zu werden. Hiermit ist auch das Glücksgefühl gemeint, das meist als Lust erlebt wird, wenn einem eine extreme Leistung gelingt, wenn es einem „glückt".

6. Die *Bescheidung:* Die Emanzipation von Besitz, vom Haben, wie Fromm sagt, also die Unabhängigkeit vom Besitzen-Müssen macht frei für das Glück. Denn jeder Besitz verpflichtet und ist mit der Angst um seinen Verlust verbunden. Wenn auch materieller Wohlstand bestimmte Formen des Glücklichseins erst ermöglicht, kaufen läßt sich das Glück nicht. Von Kierkegaard stammt die Vorstellung, daß die Tür zum Glück nach außen aufgehe. Sie läßt sich also

nicht mit Gewalt aufstoßen, im Gegenteil: um sie öffnen zu können, muß man sogar einen Schritt zurücktreten.

7. *Die Aktivität:* Der 75jährige Goethe beklagte sich bei Eckermann, wie arm sein langes Leben an Glück und Behagen gewesen sei: „Mein eigentliches Glück war mein poetisches Sinnen und Schaffen". Ein chinesisches Sprichwort meint im gleichen Sinne: „Willst du einen Tag lang glücklich sein, so betrinke dich. Willst du ein Jahr lang glücklich sein, so heirate, willst du ein Leben lang glücklich sein, so schaffe dir einen Garten." Die Anerkennung, das feedback bzw. Lob von anderen stärkt das Selbstwertgefühl, damit die Ich-Stärke und das Gefühl gesicherter Identität. Es stärkt den Mut für neue Aktivität und das Gefühl, innerlich reich zu sein, um geben zu können. Basis dieses Kreislaufs bleibt das Aktiv-Sein, die Lust am Tun, aus der sich Spannung, Abenteuer und das souveräne Gefühl von Angstfreiheit, die Voraussetzung von Glück, ergeben können. Damit ein Glücksgefühl aufkommt, braucht es nur noch den gewissen Kitzel, der ein Siegesgefühl vermittelt oder deutlich macht, daß es sich hier um einen Höhepunkt handelt, der nicht lange anhält.

Aus: Lermer, Stephan: Psychologie des Glücks. In: gehört – gelesen 1 (1982)

2.7 Seelische Grundbedürfnisse und Folgen bei ihrer Nichterfüllung

2.7.1

LOTTE SCHENK-DANZINGER

Die seelischen Grundbedürfnisse des Kindes

Welches sind nun die Grundbedürfnisse des Kindes? Es gibt ihrer acht.

1. Das Kind hat das *Bedürfnis, akzeptiert* und *gewollt* zu sein, bedingungslos geliebt zu werden als das, was es ist, als ein Wert an sich; hineingeboren zu werden in eine Atmosphäre freudiger Aufnahmebereitschaft: Der Beweis dieser Haltung für das Kind, besonders auf der frühesten Stufe, ist die Zärtlichkeit der Eltern.

2. Es hat das *Bedürfnis, von den Eltern beachtet zu werden.* Dazu gehört sprechen und spielen, loben und ermahnen, Interesse von seiten der Eltern für alles, was das Kind tut und zeigen will, für seine Fortschritte und Fragen, seine Schulleistungen und Erlebnisse. Die Beachtung darf zeitlich nicht allzu begrenzt sein, das Kind braucht sie um so mehr, je jünger es ist. Keine Beachtung, die das Kind außerhalb der Familie erlebt, kann die von Vater und Mutter ersetzen. Kinder, die sich dauernd unbeachtet fühlen, haben ein starkes Vermissungserlebnis. Dieses verursacht Spannungen, die meist auf abwegige

Art zur Entladung gelangen. Säuglinge und Kleinkinder verkümmern und verwahrlosen ohne diese Beachtung bei bester Körperpflege und tadelloser äußerer Ordnung. Das abgelehnte Kind, das Anstaltskind, kann nie zur Befriedigung dieser Bedürfnisse gelangen, auch Kindern berufstätiger Mütter bleibt sie oft versagt.

3. Jedes Kind hat das *Bedürfnis nach Expansion,* das heißt nach entsprechender Möglichkeit, seine Funktionen zu üben, seine Umwelt kennen zu lernen, seine Erfahrung zu erweitern, seinen Lebensraum allmählich zu erobern. Dazu gehört Spielzeug, das, wie wir wissen, nur scheinbar der bloßen Unterhaltung dient. Dazu gehören Spaziergänge und Beobachtungsmöglichkeiten, sprachliche Anregungen. Dazu gehören die Belehrung durch die Eltern, das Vorlesen und das Eingehen auf kindliche Fragen; die Möglichkeit zur Befriedigung von Neugierde und Wißbegierde; Betätigungsmöglichkeiten und Gelegenheit, Verantwortung zu übernehmen; dazu gehört beim Heranreifen schließlich auch eine möglichst konfliktfreie Ablösung von den Bindungen der Familie.

4. Das Kind hat ferner das *Bedürfnis nach Identifikation.* Wir haben es mit zwei Formen der Identifikation zu tun, die im Laufe der Kindheit ineinander übergehen. Es handelt sich, besonders in den ersten Lebensjahren, um jene Integration von Werten und Forderungen der Außenwelt, die nur über die Liebesbindungen zu Mutter und Vater gelingt. Diese aus der gefühlsmäßigen Verbundenheit des Kindes mit den Eltern resultierende Identifikation mit dem, was diese „gut" und „böse", „brav" und „schlimm" nennen, bildet die Basis der elterlichen Autorität und Führung, ohne die ein junger Mensch sich nicht normal entwickeln kann. Dazu müssen allerdings Eltern da sein, die lieben und beachten und die gleichzeitig Werte und Forderungen in konsequenter und altersangepaßter Weise konstituieren. Der frühe Integrationsprozeß, der die erste Anpassung an die Umwelterfordernisse ermöglicht, geht allmählich über in die Identifikation mit den spezifischen Werten des gleichgeschlechtlichen Elternteiles. In einer normalen Familie identifiziert sich das Mädchen mit der Mutter, der Knabe mit dem Vater. Das Fehlen des Vaters in der Familie beraubt vor allem den Knaben seines Vorbildes, an dem er seine Wertungen und seine Haltung orientieren kann. Daher sind vaterlose Knaben schwerer zu erziehen als vaterlose Mädchen. Verhängnisvoller noch als das Fehlen eines Elternteiles wirkt sich das Vorhandensein identifikationsunwürdiger Eltern aus.

5. Schließlich hat das Kind das *Bedürfnis nach dem Einbezogensein in eine echte, konfliktfreie Gemeinschaft,* deren wesentliche Aufgabe es ist, Schutz zu bieten gegenüber der feindlichen oder verständnislosen Außenwelt und sich in der Abwehr alles Bedrohlichen fest zusammenzuschließen. Kinder aus Streit- oder Scheidungsmilieu kommen fast nie zur Befriedigung des vierten und fünften Grundbedürfnisses.

Die genannten fünf Faktoren konstituieren die Verwurzelung des Kindes in der Familie, ohne die es keine normale soziale Entwicklung gibt. Hierbei sind die ersten drei Lebensjahre die wichtigsten. Nicht umsonst hat man das Kindergartenalter mit dem vollendeten dritten Lebensjahr angesetzt; denn erst wenn die Verwurzelung in der Familie gelungen und genügend weit fortgeschritten ist, kann das Kind seinen ersten Vorstoß in die Welt der Gleichaltrigen machen. Die nächsten drei Grundbedürfnisse betreffen die Einordnung des Kindes in die Welt außerhalb der Familie, das ist die Schule und die Gemeinschaft der Gleichaltrigen...

6. Da haben wir das *Bedürfnis nach adäquatem Unterricht,* der nicht nur den allgemeinen Entwicklungsgesetzen entsprechen, sondern auch den besonderen Fähigkeiten und Schwierigkeiten des einzelnen angepaßt sein soll; ein Unterricht, bei dem die Anforderungen dem Leistungspotential entsprechen, ohne das Kind gewaltsam in ein Schema zu pressen und ihm ein inadäquates Tempo aufzuzwingen; ein Unterricht, der eine ruhige und spannungsfreie, durch Erfolgserlebnisse geförderte Entfaltung ermöglicht, gleichgültig, wie schnell oder wie langsam diese erfolgen möge.

7. Das Kind will *akzeptiert werden und in die Gemeinschaft der Gleichaltrigen einbezogen sein.* Jedes Kind braucht das kollektive Gefühlserlebnis des positiven Mitschwingens mit einer Gruppe und das Bewußtsein, ein gewolltes, geachtetes Mitglied dieser Gruppe zu sein, deren Achtung es genießt und deren Werten und Gesetzen es sich gern und freudig unterwirft. „The need to belong" nennen es die Amerikaner. Jeder, der an seine eigene Kindheit zurückdenkt, weiß, daß es vom neunten Lebensjahr an nichts Wichtigeres gibt, als dazuzugehören, und nichts Schlimmeres, als ausgeschlossen zu sein.

8. Zuletzt nennen wir das *Bedürfnis nach einer sinnvollen, den Kräften und Interessen entsprechenden allmählichen Einschaltung in die Aufgaben des Erwachsenenlebens,* worunter wir vor allem die richtige Berufswahl und auch die Berufsausbildung verstehen.

Wir müssen nun ein wichtiges, allgemein gültiges Gesetz festhalten, das nicht nur für den Menschen, sondern für jedes Lebewesen gilt, auch für die Pflanze und das Tier; *jedes Lebewesen ringt um die Erfüllung seiner Grundbedürfnisse.* Während wir bei Pflanzen, deren Grundbedürfnisse nach Licht und Nahrung unbefriedigt bleiben, lediglich Mangel- und Verkümmerungserscheinungen beobachten, finden wir bereits bei den Tieren, die in der Gefangenschaft ihre natürlichen Lebensbedingungen entbehren müssen, Verhaltensformen, die der Tierpsychologe als Neurosen bezeichnet.

Aus: Schenk-Danzinger, Lotte: Studien zur Entwicklungspsychologie und zur Praxis der Schul- und Beratungspsychologie. Wien: Jugend und Volk 1963

2.7.2

REIMAR LENZ

Sucht

Wie komplex die Bedingungen für das Entstehen von Sucht im medizinischen Sinne sind, möge ein Beispiel zeigen. Das britische Institut für Gesundheitsfragen hat einen Zusammenhang zwischen Drogenkonsum bei Kindern und ihrer Wohnweise festgestellt. Eine der zu verfolgenden Ursachenketten: In ungenügend schallisolierten Wohnungen (Neubauwohnungen) können die Kinder nicht einschlafen. Schlaf- und Beruhigungsmittel, von den Eltern verabreicht, stiften zunächst einmal Frieden. Der erste Faktor zur Gewöhnung ist gesetzt. Zusammenhänge zwischen der Werktätigkeit von Müttern und dem Drogenkonsum ihrer Kinder sind zu vermuten. Verlassene Kinder suchen Ersatzbefriedigung.

Zur Sucht gehört nicht nur das Suchtmittel, sondern auch der Suchtgefährdete. Nach Prof. Burchard, Hamburg, stammten von 110 gesundheitlich geschädigten Dauerkonsumenten illegaler Rauschmittel 82 Prozent aus schwer gestörten Familienverhältnissen (16,5 Prozent unehelich geboren, 35 Prozent Scheidung der Eltern, 46 Prozent Stiefvater oder -mutter, 20 Prozent Tod eines Elternteils, 2 Prozent Tod beider Eltern).

Der Rintelner Psychiater Dogs fand, als er die Krankengeschichten von mehr als 1000 Dauerkonsumenten der Schlaf- und Beruhigungsmittel durchforschte: In 85 Prozent der Fälle hatten seelische Konflikte, „vor allem Mangel an Kontakt, Zärtlichkeit oder Liebe", zur Pillen-Sucht geführt.

Der Hamburger Journalist Rolv Heuer hat es einmal ganz schlagend formuliert: Die Sucht kommt vom Entzug! Was gefehlt hat und fehlt, an Lebensfülle und Glück, soll, mit ungeeigneten Mitteln, hereingeholt werden.

Es gibt Freßlust aus Liebeskummer, und wir können froh sein, wenn nicht Tabletten gefressen werden, fuderweise. Das Problem, das am Grunde aller Sucht steht, ist der Lebenshunger – aus Mangel geboren. Die manifeste Drogensucht ist nur die Spitze eines Eisbergs aus Süchten – Auswuchs der Kälte. Ein suchtartiges Verhältnis kann auch zur Politik, zur Arbeit, zur Sexualität, zu den Sensationen der Massenmedien bestehen. Der Bauer-Verlag nennt bezeichnenderweise in einer internen Broschüre die Erzeugnisse seines Hauses „Antispasmatika mit sedativer Wirkung", also krampflösende Mittel mit beruhigendem Effekt. Sucht ist – mehr psychische oder mehr physische – Abhängigkeit von einem Mittel der Ersatzbefriedigung, das eben keinen Frieden schafft. Und in diesem Zusammenhang seien einige theoretische Bemerkungen über die Struktur von Süchtigkeit erlaubt.

Sucht ist eine allgemeine psychische Kategorie von großer sozialer Mächtigkeit. Sucht ist Permanenz der Suche, bei ausbleibender Befriedigung, womit Sucht und Suche nur gesteigert werden.

Aus: Lenz, Reimar: Glück und Drogen. In: Baden, Hans-Jürgen et al.: Das Glück der Tüchtigen – Das Glück der Süchtigen. Wuppertal: Jugenddienst 1972

2.7.3

JEAN LIEDLOFF

Resignation?

Es geschah, als ich acht war, und es schien große Bedeutung zu haben. Immer noch betrachte ich es als eine wertvolle Erfahrung; doch wie die meisten solcher Augenblicke der Erleuchtung, gewährte es einen flüchtigen Blick auf die Existenz einer Ordnung, ohne ihre Struktur aufzudecken oder anzuzeigen, wie sich ein solcher Einblick über die Verwirrungen des Alltags hinwegretten ließe. Am enttäuschendsten war, daß die Überzeugung, ich hätte endlich die unfaßbare Wahrheit geschaut, wenig oder gar nichts dazu beitrug, meine Schritte durch den Wirrwarr zu lenken. Die kurze Vision war zu flüchtig, um den Rückweg zur Anwendbarkeit zu überleben. Ihr standen all meine weltlichen Motivationen entgegen und, am verheerendsten, die Macht der Gewohnheit; dennoch ist sie vielleicht erwähnenswert: war sie doch ein Hinweis auf jenes Gefühl der Richtigkeit (eleganter läßt es sich wohl nicht ausdrücken), von dessen Suche dieses Buch handelt.

Das Ereignis trug sich zu auf einer Wanderung in den Wäldern von Maine, wo ich in einem Sommerzeltlager lebte. Ich war die letzte der Gruppe; ich war ein wenig zurückgeblieben und beeilte mich gerade, den Abstand aufzuholen, als ich durch die Bäume hindurch eine Lichtung erblickte. Eine prächtige Tanne stand an ihrem Außenrand und in der Mitte ein kleiner Erdhügel, bedeckt von glänzendem, fast leuchtendem, grünem Moos. Die Strahlen der Nachmittagssonne fielen schräg auf das blauschwarze Grün des Nadelwaldes. Das kleine Dach, das vom Himmel zu sehen war, war von vollkommenem Blau. Das ganze Bild war von einer Vollständigkeit, einer solchen Vollkommenheit konzentrierter Kraft, daß es mich abrupt stehenbleiben ließ. Ich trat an den Rand der Lichtung und dann, behutsam wie an einen magischen oder heiligen Ort, in ihre Mitte, wo ich mich setzte und dann hinlegte, die Wange gegen das frische Moos gepreßt. „Hier ist es", dachte ich, und ich fühlte die Angst, die mein Leben durchzog, von mir abfallen. Dies endlich war der Ort, wo die Dinge so waren, wie sie sein sollten. Alles war an seinem Platz – der Baum, die Erde darunter, der Felsen, das Moos. Im Herbst würde er richtig sein; im Winter unterm Schnee vollkommen in seiner Winterlichkeit. Der Frühling würde wiederkehren, und Wunder auf Wunder würde sich entfalten, jedes zu seiner Zeit; manches wäre abgestorben, anderes entfaltete sich im ersten Frühling; aber alles von gleicher und vollkommener „Richtigkeit".

Ich spürte, daß ich die fehlende Mitte der Dinge entdeckt hatte, den Schlüssel zur Richtigkeit selbst, und daß ich mir dieses Wissen, das an jenem Ort so klar war, bewahren müsse. Einen Augenblick lang war ich versucht, ein Stückchen von dem Moos mitzunehmen, um es als Erinnerung zu behalten; aber ein recht erwachsener Gedanke hielt mich zurück. Ich fürchtete plötzlich, daß ich, indem ich mir ein Amulett aus Moos aufhob, den wirklichen Preis verlieren könnte: die Einsicht, die ich gehabt hatte. So könnte es geschehen, daß ich meine Vision als gesichert betrachten würde, solange ich das Moos behielt, nur um eines Tages festzustellen, daß ich nichts als ein Krümelchen toter Vegetation besaß.

Ich nahm also nichts, gelobte mir aber, mich jeden Abend vor dem Zubettgehen an die Lichtung zu erinnern und mich dadurch niemals von ihrer stabilisierenden Kraft zu entfernen. Ich wußte schon als Achtjährige, daß die Verwirrung der Wertbegriffe, die mir von Eltern, Lehrern, anderen Kindern, Kindermädchen, Jugendarbeitern und anderen aufgedrängt wurden, mit meinem Heranwachsen nur schlimmer werden würde. Die Jahre würden noch Komplikationen hinzufügen und mich in ein immer undurchdringlicheres Dickicht von Gutem und Schlechtem, Wünschenswertem und Unerwünschtem hineinsteuern. Ich hatte bereits genug erlebt, um das zu wissen. Wenn ich aber die *Lichtung* bei mir behalten könnte, so dachte ich, würde ich mich nie verirren. In jener Nacht im Lager rief ich mir die *Lichtung* ins Gedächtnis zurück, und dabei erfüllte mich ein Gefühl der Dankbarkeit, und ich erneuerte meinen Schwur, mir meine Vision zu bewahren. Und Jahre hindurch behielt sie ihre Kraft unvermindert bei, da ich Nacht für Nacht im Geist den kleinen Erdhügel, die Tanne, das Licht, die Ganzheit erblickte.

Im Laufe der Jahre jedoch stellte ich oft fest, daß ich tage- oder wochenlang hintereinander die *Lichtung* vergessen hatte. Ich versuchte, das Gefühl der Erlösung zurückzuerlangen, das sie früher durchdrungen hatte. Aber mein Horizont erweiterte sich. Die einfachere Art von Wertbegriffen aus der Kinderstube (artig oder ungezogen) war allmählich von den oft widerstreitenden Werten meines Kulturkreises und meiner Familie abgelöst worden, einer Mischung viktorianischer Tugenden und Umgangsformen mit einer starken Neigung zu Individualismus, liberalen Ansichten und künstlerischen Talenten und vor allem der Bewunderung eines glänzenden und originellen Verstandes, wie meine Mutter ihn besaß.

Ehe ich etwa fünfzehn war, erkannte ich mit dumpfer Traurigkeit (da ich nicht mehr wußte, worüber ich trauerte), daß mir die Bedeutung der *Lichtung* verlorengegangen war. Ich erinnerte mich vollkommen an die Szene im Wald, doch, wie befürchtet, als ich es unterlassen hatte, das Stückchen Moos als Andenken mitzunehmen: ihre Bedeutsamkeit war verschwunden. Stattdessen war mein geistiges Bild von der *Lichtung* zu dem leeren Amulett geworden.

Aus: Liedloff, Jean: Auf der Suche nach dem verlorenen Glück. München: Beck 1980

Albrecht Dürer: Das Große Glück (Nemesis)

Dürer hat in diesem Kupferstich die Nemesis als eine Synthese der klassischen Göttin der Vergeltung mit der wankelmütigen Fortuna dargestellt. Sie schwebt auf einer Kugel stehend über der Welt, über die sie gebietet. Hin- und hergetrieben von den Winden, blickt sie mit einem verächtlichen Lächeln nach vorn. In der Rechten hält sie einen Pokal, in der Linken die Zügel – Sinnbilder von Gunst und Züchtigung. (Nach Erwin Panofsky)

3. Philosophische und religiöse Glücksvorstellungen

3.1

ARISTIPP

Grundsätze des Hedonismus

Diejenigen, welche den Grundsätzen des *Aristipp*[1] treu blieben und sich Kyrenaiker nannten, hielten sich an folgende Lehrsätze:
Sie nahmen zwei Seelenzustände an, den einen als sanfte Bewegung, nämlich die *Lust,* den Schmerz aber als rauhe (ungestüme) Bewegung.
Zwischen *Lust* und *Lust,* sagen sie, ist kein Unterschied, und es gibt nichts, was sich durch einen höheren Grad von Annehmlichkeit vor dem anderen Angenehmen hervorhebt.
Die *Lust* ist allen Geschöpfen erwünscht, dem Schmerz aber weicht man aus.
Indes ist es die körperliche *Lust,* die sie für das Ziel erklären, nicht aber die bewegungslose *Lust* bei Wegfall der Schmerzen, jener Zustand der Ungestörtheit, dem Epikur huldigt und den er für das Ziel erklärt.

Aus: Diogenes Laertius: Leben und Meinungen berühmter Philosophen. Übersetzt von Otto Apelt. Hamburg: Meiner 1967

3.2

PLATON

Kritik am Hedonismus

Sokrates: Ob es zur Bestimmung des Guten gehöre, notwendig vollkommen zu sein oder nicht vollkommen?
Protarchos: Gewiß doch das Allervollkommenste, Sokrates!
Sokrates: Wie aber? Ist das Gute selbst genugsam?
Protarchos: Wie sollte es nicht? Auch in dieser Hinsicht muß dasselbe alles andere übertreffen.
Sokrates: Am notwendigsten aber, wie ich meine, sei d a s von ihm auszusagen, daß alles, was eine Kenntnis von ihm hat, ihm nachjagt und zustrebt, in der Absicht, es zu ergreifen und für sich zu besitzen, während es sich um alles andere nichts bekümmert, das ausgenommen, was mit dem Guten zugleich erzielt wird.
Protarchos: Dagegen ist nichts einzuwenden.
Sokrates: Laß uns nun das Leben der Lust betrachten und mit dem der Einsicht vergleichen, indem wir sie je besonders ins Auge fassen!
Protarchos: Wie meinst du das?

---

[1] Aristipp stammte aus Kyrene

Sokrates: Es sei also weder in dem der Lust Einsicht, noch in dem der Einsicht Lust enthalten! Denn wenn eines von diesen beiden das Gute ist, darf es keines anderen mehr bedürfen, und zeigt sich eines von ihnen noch als bedürftig, so ist dasselbe in keinem Falle mehr für uns das wirklich Gute.
Protarchos: Wie sollte es auch?
Sokrates: Wollen wir nun nicht versuchen, diese Sätze an dir zu prüfen?
Protarchos: Sehr wohl!
Sokrates: Antworte also!
Protarchos: Sprich nur!
Sokrates: Würdest du es wohl annehmen, Protarchos, dein ganzes Leben lang im Genusse der größten Lüste hinzubringen?
Protarchos: Warum denn nicht?
Sokrates: Und wenn dir das in vollem Maße zuteil würde, würdest du wohl glauben, noch etwas weiter zu bedürfen?
Protarchos: Durchaus nicht.
Sokrates: Besinne dich wohl: also auch nicht etwas einzusehen, zu erkennen, das Erforderliche zu berechnen, und was damit alles verschwistert ist, ja nicht einmal etwas wahrzunehmen?
Protarchos: Und wozu? Im Besitze der Freude besäße ich ja alles!
Sokrates: Und nicht wahr, wenn du so lebtest, würdest du zwar dein Leben lang dich der größten Lüste erfreuen?
Protarchos: Warum nicht?
Sokrates: Freilich aber ohne Verstand und Erinnerung und Erkenntnis und Vorstellung zu besitzen?
Protarchos: Richtig!
Sokrates: Und zwar würdest du doch wohl notwendig fürs erste gerade das nicht wissen, ob du dich freuest oder nicht, da du ja aller Einsicht bar wärest.
Protarchos: Notwendig.
Sokrates: Und gewiß wohl ebenso notwendig würdest du, da du keine Erinnerung besäßest, weder dich erinnern, daß du dich jemals gefreut hast, noch von der im Augenblick dir zugefallenen Lust dir irgendwelche Erinnerung bewahren; und da du ferner auch keine wahre Vorstellung besäßest, würdest du auch im Zustande der Freude keine Vorstellung von der Freude haben; der Berechnungsgabe aber beraubt, würdest du auch gar nicht imstande sein, für die Zukunft zu berechnen, wie du dich freuen werdest, wohl aber das Leben nicht eines Menschen leben, sondern etwa das eines Polypen oder jener vielen Meerkörper, welche ihr Leben in Muscheln haben. Ist dem so, oder können wir uns die Sache noch anders als so denken?
Protarchos: Und wie doch?
Sokrates: Ist nun ein Leben dieser Art begehrenswert für uns?
Protarchos: Deine Rede, Sokrates, hat mich für jetzt vollständig sprachlos gemacht.

Aus: Platon: Philebos. In: Sämtliche Werke. Band 3. Übersetzt v. L. Georgii. Berlin: Lambert Schneider o. J.

3.3

EPIKUR

Brief an Menoikeus

Epikur entbietet dem Menoikeus seinen Gruß

Wer noch jung ist, der soll sich der Philosophie befleißigen, und wer alt ist, soll nicht müde werden zu philosophieren. Denn niemand kann früh genug anfangen, für seine Seelengesundheit zu sorgen, und für niemanden ist die Zeit dazu zu spät. Wer da sagt, die Stunde zum Philosophieren sei für ihn noch nicht erschienen oder bereits entschwunden, der gleicht dem, der behauptet, die Zeit für die Glückseligkeit sei noch nicht da oder nicht mehr da. Es gilt also zu philosophieren für jung und für alt, auf daß der eine auch im Alter noch jung bleibe auf Grund des Guten, das ihm durch des Schicksals Gunst zuteil geworden, der andere aber Jugend und Alter in sich vereinige dank der Furchtlosigkeit vor der Zukunft. Also gilt es, unsern vollen Eifer dem zuzuwenden, was uns zur Glückseligkeit verhilft; denn haben wir sie, so haben wir alles, fehlt sie uns aber, so setzen wir alles daran, sie uns zu eigen zu machen.

Wozu ich dich ohn' Unterlaß mahnte, das mußt du auch tun und dir angelegen sein lassen, indem du dir klar machst, daß dies die Grundlehren sind für ein lobwürdiges Leben. Erstens halte Gott für ein unvergängliches und glückseliges Wesen, entsprechend der gemeinhin gültigen Gottesvorstellung, und dichte ihm nichts an, was entweder mit seiner Unvergänglichkeit unverträglich ist oder mit seiner Glückseligkeit nicht in Einklang steht; dagegen halte in deiner Vorstellung von ihm an allem fest, was danach angetan ist, seine Glückseligkeit im Bunde mit seiner Unvergänglichkeit zu bekräftigen. Denn es gibt Götter, eine Tatsache, deren Erkenntnis einleuchtend ist; doch sind sie nicht von der Art, wie die große Menge sie sich vorstellt; denn diese bleibt sich nicht konsequent in ihrer Vorstellungsweise von ihnen. Gottlos aber ist nicht der, welcher mit den Göttern des gemeinen Volkes aufräumt, sondern der, welcher den Göttern die Vorstellungen des gemeinen Volkes andichtet. Denn was die gemeine Menge von den Göttern sagt, beruht nicht auf echten Begriffen, sondern auf wahrheitswidrigen Mutmaßungen. Daher läßt man den Bösen die größten Schädigungen von seiten der Götter widerfahren und den Guten die größten Wohltaten; denn ganz und gar für ihre eigenen Tugenden eingenommen, gönnen sie den Gleichgearteten alles Gute, während ihnen alles anders Geartete als fremdartig erscheint.

Gewöhne dich auch an den Gedanken, daß es mit dem Tode für uns nichts auf sich hat. Denn alles Gute und Schlimme beruht auf Empfindung; der Tod aber ist die Aufhebung der Empfindung. Daher macht die rechte Erkenntnis von der Bedeutungslosigkeit des Todes für uns die Sterblichkeit des Lebens erst zu einer Quelle der Lust, indem sie uns nicht eine endlose Zeit als künftige Fortsetzung in Aussicht stellt, sondern dem Verlangen nach Unsterblichkeit ein Ende macht. Denn das Leben hat für den nichts Schreckliches, der sich wirklich klar gemacht hat, daß in dem Nichtleben nichts Schreckliches liegt. Wer also sagt, er fürchte den Tod, nicht etwa weil er uns Schmerz bereiten wird, wenn er sich einstellt, sondern weil er uns jetzt schon Schmerz bereitet durch sein dereinstiges Kommen, der redet ins Blaue hinein. Denn was uns, wenn es sich wirklich einstellt, nicht stört, das kann uns, wenn man es erst erwartet, keinen anderen als nur einen eingebildeten Schmerz bereiten. Das angeblich schaurigste aller Übel also, der Tod, hat für uns keine Bedeutung; denn solange wir noch da sind, ist der Tod nicht da; stellt sich aber der Tod ein, so sind wir nicht mehr da. Er hat also weder für die Lebenden Bedeutung noch für die Abgeschiedenen, denn auf jene bezieht er sich nicht, diese aber sind nicht mehr da. Die große Menge indes scheut bald den Tod als das größte aller Übel, bald sieht sie in ihm eine Erholung <von den Mühseligkeiten des Lebens. Der Weise dagegen weist weder das Leben von sich> noch hat er Angst davor, nicht zu leben. Denn weder ist ihm das Leben zuwider noch hält er es für ein Übel, nicht zu leben. Wie er sich aber bei der Wahl der Speise nicht für die größere Masse, sondern für den Wohlgeschmack entscheidet, so kommt es ihm auch nicht darauf an, die Zeit in möglichster Länge, sondern in möglichst erfreulicher Fruchtbarkeit zu genießen. Wer aber den Jüngling auffordert zu einem lobwürdigen Leben, den Greis dagegen zu einem lobwürdigen Ende, der ist ein Tor, nicht nur, weil das Leben seine Annehmlichkeit hat, sondern auch, weil die Sorge für ein lobwürdiges Leben mit der für ein lobwürdiges Ende zusammenfällt. Noch weit schlimmer aber steht es mit dem, der da sagt, das Beste sei, gar nicht geboren zu sein.

Aber, geboren einmal, sich schleunigst von dannen zu machen.

Denn wenn er es mit dieser Äußerung wirklich ernst meint, warum scheidet er nicht aus dem Leben? Denn das stand ihm ja frei, wenn anders er zu einem festen Entschlusse gekommen wäre. Ist es aber bloßer Spott, so ist es übel angebrachter Unfug. Die Zukunft liegt weder ganz in unserer Hand, noch ist sie völlig unserem Willen entzogen. Das ist wohl zu beachten, wenn wir nicht in den Fehler verfallen wollen, das Zukünftige entweder als ganz sicher anzusehen oder von vornherein an seinem Eintreten völlig zu verzweifeln. Zudem muß man bedenken, daß die Begierden[1] teils natürlich, teils nichtig sind und daß die natürlichen teils notwendig, teils nur natürlich sind; die notwendigen hinwiederum sind notwendig teils zur Glückseligkeit, teils zur Vermeidung körperlicher Störungen, teils für das Leben selbst. Denn eine von Irrtum sich freihaltende Betrachtung dieser Dinge weiß jedes Wählen und jedes Meiden in die richtige Beziehung zu setzen zu unserer körperlichen Gesundheit und zur ungestörten Seelenruhe; denn das ist das Ziel des glückseligen Lebens. Liegt doch allen unseren Handlungen die Absicht zugrunde, weder Schmerz zu empfinden noch außer Fassung zu geraten. Haben wir es

---

[1] Besser zu übersetzen mit dem modernen Begriff „Bedürfnisse"

aber einmal dahin gebracht, dann glätten sich die Wogen; es legt sich jeder Seelensturm, denn der Mensch braucht sich dann nicht mehr umzusehen nach etwas, was ihm noch mangelt, braucht nicht mehr zu suchen nach etwas anderem, das dem Wohlbefinden seiner Seele und seines Körpers zur Vollendung verhilft. Denn der Lust sind wir dann benötigt, wenn wir das Fehlen der Lust schmerzlich empfinden; fühlen wir uns aber frei von Schmerz, so bedürfen wir der Lust nicht mehr. Eben darum ist die Lust, wie wir behaupten, Anfang und Ende des glückseligen Lebens. Denn sie ist, wie wir erkannten, unser erstes, angeborenes Gut, sie ist der Ausgangspunkt für alles Wählen und Meiden, und auf sie gehen wir zurück, indem diese Seelenregung uns zur Richtschnur dient für Beurteilung jeglichen Gutes. Und eben weil sie das erste und angeborene Gut ist, entscheiden wir uns nicht schlechtweg für jede Lust, sondern es gibt Fälle, wo wir auf viele Annehmlichkeiten verzichten, sofern sich weiterhin aus ihnen ein Übermaß von Unannehmlichkeiten ergibt, und andererseits geben wir vielen Schmerzen vor Annehmlichkeiten den Vorzug, wenn uns aus dem längeren Ertragen von Schmerzen um so größere Lust erwächst. Jede Lust nun ist, weil sie etwas von Natur uns Angemessenes ist, ein Gut, doch nicht jede auch ein Gegenstand unserer Wahl, wie auch jeder Schmerz ein Übel ist, ohne daß jeder unter allen Umständen zu meiden wäre. Nur durch genaue Vergleichung und durch Beachtung des Zuträglichen und Unzuträglichen kann alles dies beurteilt werden. Denn zu gewissen Zeiten erweist sich das Gute für uns als Übel und umgekehrt das Übel als ein Gut. Auch die Genügsamkeit halten wir für ein großes Gut, nicht, um uns in jedem Falle mit wenigem zu begnügen, sondern um, wenn wir nicht die Hülle und Fülle haben, uns mit dem wenigen zufrieden zu geben in der richtigen Überzeugung, daß diejenigen den Überfluß mit der stärksten Lustwirkung genießen, die desselben am wenigsten bedürfen, und daß alles Naturgemäße leicht zu beschaffen, das Eitle aber schwer zu beschaffen ist. Denn eine bescheidene Mahlzeit bietet den gleichen Genuß wie eine prunkvolle Tafel, wenn nur erst das schmerzhafte Hungergefühl beseitigt ist. Und Brot und Wasser gewähren den größten Genuß, wenn wirkliches Bedürfnis der Grund ist, sie zu sich zu nehmen. Die Gewöhnung also an eine einfache und nicht kostspielige Lebensweise ist uns nicht nur die Bürgschaft für volle Gesundheit, sondern sie macht den Menschen auch unverdrossen zur Erfüllung der notwendigen Anforderungen des Lebens, erhöht seine frohe Laune, wenn er ab und zu einmal auch einer Einladung zu kostbarerer Bewirtung folgt, und macht uns furchtlos gegen die Launen des Schicksals. Wenn wir also die Lust als das Endziel hinstellen, so meinen wir damit nicht die Lüste der Schlemmer und solche, die in nichts als dem Genusse selbst bestehen, wie manche Unkundige und manche Gegner oder auch absichtlich Mißverstehende meinen, sondern das Freisein von körperlichem Schmerz und von Störung der Seelenruhe. Denn nicht Trinkgelage mit daran sich anschließenden tollen Umzügen machen das lustvolle Leben aus, auch nicht der Umgang mit schönen Knaben und Weibern, auch nicht der Genuß von Fischen und sonstigen Herrlichkeiten, die eine prunkvolle Tafel

bietet, sondern eine nüchterne Verständigkeit, die sorgfältig den Gründen für Wählen und Meiden in jedem Falle nachgeht und mit allen Wahnvorstellungen bricht, die den Hauptgrund zur Störung der Seelenruhe abgeben. Für alles dies ist Anfang und wichtigstes Gut die vernünftige Einsicht, daher steht die Einsicht an Wert auch noch über der Philosophie. Aus ihr entspringen alle Tugenden. Sie lehrt, daß ein lustvolles Leben nicht möglich ist ohne ein einsichtsvolles und sittliches und gerechtes Leben, und ein einsichtsvolles, sittliches und gerechtes Leben nicht ohne ein lustvolles. Denn die Tugenden sind mit dem lustvollen Leben auf das engste verwachsen, und das lustvolle Leben ist von ihnen untrennbar. Denn wer wäre deiner Meinung nach höher zu achten als der, der einem frommen Götterglauben huldigt und dem Tode jederzeit furchtlos ins Auge schaut? Der dem Endziel der Natur nachgedacht hat und sich klar darüber ist, daß im Reiche des Guten das Ziel sehr wohl zu erreichen und in unsere Gewalt zu bringen ist und daß die schlimmsten Übel nur kurzdauernden Schmerz mit sich führen? Der über das von gewissen Philosophen als Herrin über alles eingeführte allmächtige Verhängnis lacht und vielmehr behauptet, daß einiges zwar infolge der Notwendigkeit entstehe, anderes dagegen infolge des Zufalls und noch anderes durch uns selbst; denn die Notwendigkeit herrscht unumschränkt, während der Zufall unstet und unser Wille frei (herrenlos, d. i. nicht vom Schicksal abhängig) ist, da ihm sowohl Tadel wie Lob folgen kann. (Denn es wäre besser, sich dem Mythos von den Göttern anzuschließen als sich zum Sklaven der unbedingten Notwendigkeit der Physiker zu machen; denn jener Mythos läßt doch der Hoffnung Raum auf Erhörung durch die Götter als Belohnung für die ihnen erwiesene Ehre, diese Notwendigkeit dagegen ist unerbittlich.) Den Zufall aber hält der Weise weder für eine Gottheit, wie es der großen Menge gefällt (denn Ordnungslosigkeit verträgt sich nicht mit der Handlungsweise der Gottheit) noch auch für eine unstete Ursache (denn er glaubt zwar, daß aus seiner Hand Gutes oder Schlimmes zu dem glücklichen Leben der Menschen beigetragen werde, daß aber von ihm nicht der Grund gelegt werde zu einer erheblichen Fülle des Guten oder des Schlimmen), denn er hält es für besser, bei hellem Verstande von Unglück verfolgt als bei Unverstand vom Glücke begünstigt zu sein. Das Beste freilich ist es, wenn bei den Handlungen richtiges Urteil und glückliche Umstände sich zu gutem Erfolge vereinigen.
Dies und dem Verwandtes laß dir Tag und Nacht durch den Kopf gehen und ziehe auch deinesgleichen zu diesen Überlegungen hinzu, dann wirst du weder wachend noch schlafend dich beunruhigt fühlen, wirst vielmehr wie ein Gott unter Menschen leben. Denn keinem sterblichen Wesen gleicht der Mensch, der inmitten unsterblicher Güter lebt.

Aus: Diogenes Laertius: Leben und Meinungen berühmter Philosophen. X. Buch: Epikur. Hamburg: Meiner, 2. Aufl. 1967

3.4

ARISTOTELES

Eudaimonia

Jedes praktische Können und jede wissenschaftliche Untersuchung, ebenso alles Handeln und Wählen strebt nach einem Gut, wie allgemein angenommen wird. Daher die richtige Bestimmung von „Gut" als „das Ziel, zu dem alles strebt". Dabei zeigt sich aber ein Unterschied zwischen Ziel und Ziel: das einemal ist es das reine Tätigsein, das anderemal darüber hinaus das Ergebnis des Tätig-seins: das Werk. Wo es Ziele über das Tätig-sein hinaus gibt, da ist das Ergebnis naturgemäß wertvoller als das bloße Tätig-sein. Da es aber viele Formen des Handelns, des praktischen Könnens und des Wissens gibt, ergibt sich auch eine Vielzahl von Zielen: Ziel der Heilkunst ist die Gesundheit, der Schiffsbaukunst das Schiff, das Ziel der Kriegskunst: Sieg, der Wirtschaftsführung: Wohlstand. Überall nun, wo solche „Künste" einem bestimmten Bereich untergeordnet sind – so ist z. B. der Reitkunst untergeordnet das Sattlerhandwerk und andere Handwerke, die Reitzeug herstellen, während die Reitkunst ihrerseits, wie das gesamte Kriegswesen, unter der Feldherrnkunst steht, und was dergleichen Unterordnungen mehr sind –, da ist durchweg das Ziel der übergeordneten Kunst höheren Ranges als das der untergeordneten: um des ersteren willen wird ja das letztere verfolgt.

Hierbei ist es gleichgültig, ob das Tätig-sein selber Ziel des Handelns ist oder etwas darüber hinaus wie bei den eben aufgezählten Künsten.

Wenn es nun wirklich für die verschiedenen Formen des Handelns ein Endziel gibt, das wir um seiner selbst willen erstreben, während das übrige nur in Richtung auf dieses Endziel gewollt wird, und wir nicht jede Wahl im Hinblick auf ein weiteres Ziel treffen – das gibt nämlich ein Schreiten ins Endlose, somit ein leeres und sinnloses Streben –, dann ist offenbar dieses Endziel „das Gut" und zwar das oberste Gut.

Wenden wir uns nun wieder zurück zu dem Gut, dem unser Fragen gilt, und suchen sein Wesen zu bestimmen. Sicherlich ist es jeweils ein anderes bei jeder Handlung und bei jedem praktischen Können: ein anderes in der Heilkunst, in der Feldherrnkunst, in den übrigen Künsten. Welches ist nun das eigentliche Gut einer jeden? Ist es nicht jenes, um dessentwillen alles andere unternommen wird? Bei der Heilkunst ist es die Gesundheit, bei der Feldherrnkunst der Sieg, bei der Baukunst das Haus, bei anderen jeweils etwas anderes. Kurzum: bei jeder Handlung und bei jedem Entschluß ist es das Ziel. Ihm gilt das gesamte sonstige Handeln der Menschen. Wenn es also für alle denkbaren Handlungen ein einziges Ziel gibt, so ist dies das Gut, das der Mensch durch sein Handeln erreichen kann. Gibt es dagegen mehrere Ziele, so sind diese die erreichbaren Güter.

Auf anderen Wegen ist somit der Gedankengang an derselben Stelle angelangt. Wir müssen nun versuchen, dies noch weiter zu erklären. Es gibt offenkundig mehrere Ziele. Manche wählen wir um weiterer Ziele willen, z. B. Geld, Flöten, überhaupt Werkzeuge. Nicht alle Ziele also sind Endziele. Das oberste Gut aber ist zweifellos ein Endziel. Daher der Schluß: wenn es nur ein einziges wirkliches Endziel gibt, so ist dies das gesuchte Gut, wenn aber mehrere, dann unter diesen das vollkommenste. Als vollkommener aber bezeichnen wir ein Gut, das rein für sich erstrebenswert ist gegenüber dem, das Mittel zu einem anderen ist. Ferner das, was niemals im Hinblick auf ein weiteres Ziel gewährt wird, gegenüber dem, was sowohl an sich als auch zu Weiterem gewählt wird. Und als vollkommen schlechthin bezeichnen wir das, was stets rein für sich gewählt wird und niemals zu einem anderen Zweck. Als solches Gut aber gilt in hervorragendem Sinne das Glück. Denn das Glück erwählen wir uns stets um seiner selbst willen und niemals zu einem darüber hinausliegenden Zweck. Die Ehre dagegen und die Lust und die Einsicht und jegliche Tüchtigkeit wählen wir einmal um ihrer selbst willen – denn auch ohne weiteren Vorteil würden wir jeden dieser Werte für uns erwählen – sodann aber auch um des Glückes willen, indem wir annehmen, daß sie uns zum Glück führen. Das Glück aber wählt kein Mensch um jener Werte – und überhaupt um keines weiteren Zweckes willen.

Zu demselben Ergebnis aber führt offenbar auch der Begriff der Autarkie. Denn bekanntlich genügt das oberste Gut für sich allein. Den Begriff „für sich allein genügend" wenden wir aber nicht an auf das von allen Bindungen gelöste Ich, auf das Ich-beschränkte Leben, sondern auf das Leben in der Verflochtenheit mit Eltern, Kindern, der Frau, überhaupt den Freunden und Mitbürgern; denn der Mensch ist von Natur bestimmt für die Gemeinschaft. Unter dem Begriff „für sich allein genügend" verstehen wir das, was rein für sich genommen das Leben begehrenswert macht und nirgends einen Mangel offen läßt. Wir glauben, daß das Glück dieser Begriffsbestimmungen entspricht und ferner, daß es erstrebenswerter ist als alle anderen Güter zusammen, also nicht auf eine Linie mit den anderen gereiht. Denn es ist klar: bei einer solchen Einreihung würde sich sein Wert für uns durch das Hinzutreten auch nur des geringsten Gutes aus dieser Reihe erhöhen. Denn dieses Hinzutreten bedeutet ein Plus an Wert und das größte Gut ist jeweils erstrebenswerter. So erweist sich denn das Glück als etwas Vollendetes, für sich allein Genügendes: es ist das Endziel des uns möglichen Handelns.

Vielleicht ist aber die Gleichsetzung von Glück und oberstem Gut nur ein Gemeinplatz, und es wird eine noch deutlichere Antwort auf die Frage nach seinem Wesen gewünscht. Dem kann entsprochen werden, indem man zu erfassen sucht, welches die dem Menschen eigentümliche Leistung ist. Wie nämlich für den Flötenkünstler und den Bildhauer und für jeden Handwerker oder Künstler, kurz überall da, wo Leistung und Tätigkeit gegeben ist, eben in der Leistung, wie man annehmen darf, der Wert und das Wohlgelungene beschlossen liegt, so ist das auch beim Menschen anzunehmen, wenn es überhaupt eine ihm eigentümliche Leistung gibt. Sollte es nun bestimmte Leistungen und Tätigkeiten für den Zimmermann oder Schuster geben, für den Menschen als Menschen aber keine, sondern sollte dieser zu stumpfer Trägheit geboren sein? Sollte nicht vielmehr so wie Auge, Hand, Fuß, kurz jeder Teil des Körpers seine besondere Funktion hat, auch für den Menschen über all diese Teilfunktionen hinaus eine bestimmte Leistung anzusetzen sein? Welche nun könnte das sein? Die bloße Funktion des Lebens ist es nicht, denn die ist auch den Pflanzen eigen. Gesucht wird aber, was nur dem Menschen eigentümlich ist. Auszuscheiden hat also das Leben, soweit es Ernährung und Wachstum ist. Als nächstes käme dann das Leben als Sinnesempfindung. Doch teilen wir auch dieses gemeinsam mit Pferd, Rind und jeglichem Lebewesen. So bleibt schließlich nur das Leben als Wirken des rationalen Seelenteils. – Dieser aber ist anzusehen teils als Gehorsam übend gegenüber dem Rationalen, teils als das rationale Element besitzend und geistige Akte vollziehend. – Da aber auch dieses (auf dem rationalen Seelenteil beruhende) Leben in doppeltem Sinn zu verstehen ist, so müssen wir uns dafür entscheiden, daß das Leben als eigenständiges Tätig-sein gemeint ist, denn dies trifft offenbar den Sinn des Begriffes „Leben" schärfer.

Wir nehmen nun an, daß die dem Menschen eigentümliche Leistung ist: ein Tätigsein der Seele gemäß dem rationalen Element oder jedenfalls nicht ohne dieses, und nehmen ferner an, daß die Leistung einer bestimmten Wesenheit und die einer bestimmten hervorragenden Wesenheit der Gattung nach dieselbe ist, z. B. die eines Kitharaspielers und die eines hervorragenden Kitharaspielers und so schlechthin in allen Fällen – es wird hierbei einfach das Plus, das in der Vorzüglichkeit der Leistung liegt, zu der Leistung hinzugefügt: Leistung des Kitharaspielers ist das Spielen des Instrumentes, Leistung des hervorragenden Künstlers das vortreffliche Spielen. Ist das nun richtig und setzen wir als Aufgabe und Leistung des Menschen eine bestimmte Lebensform und als deren Inhalt ein Tätigsein und Wirken der Seele, gestützt auf ein rationales Element, als Leistung des hervorragenden Menschen dasselbe, aber in vollkommener und bedeutender Weise, und nehmen wir an, daß alles seine vollkommene Form gewinnt, wenn es sich im Sinne seines eigentümlichen Wesensvorzugs entfaltet, so gewinnen wir schließlich als Ergebnis: das oberste dem Menschen erreichbare Gut stellt sich dar als ein Tätigsein der Seele im Sinne der ihr wesenhaften Tüchtigkeit. Gibt es aber mehrere Formen wesenhafter Tüchtigkeit, dann im Sinne der vorzüglichsten und vollendetsten.

Beizufügen ist noch: „in einem vollen Menschenleben". Denn eine Schwalbe macht noch keinen Frühling und auch nicht ein Tag. So macht auch nicht ein Tag oder eine kleine Zeitspanne den Menschen glücklich und selig. Dies also sei eine erste Skizze des obersten Gutes.

Eudaimonia: gr. Glück, von eudaimon: glücklich; das griechische Wort meint vom gängigen Sprachgebrauch her vor allem auch materielles Wohlergehen, das der Gott (daimon) einem zuteilt. Die Übersetzung ‚Glückseligkeit', die Kant konsequent verwendet, weckt, da dieses Wort zu sehr mit Vorstellungsgehalt des pietistischen Christentums im 18. Jahrhundert beladen ist, falsche Vorstellungen. „Der Hellene will eudaimon werden, der Christ daimon" (Willamowitz).

Aristoteles: Nikomachische Ethik. Übersetzt und kommentiert von Franz Dirlmeier. Darmstadt: Wissenschaftliche Buchgesellschaft 1969

3.5

ZENON, CHRYSIPP, EPIKTET, SENECA

Das Glück der Stoiker. Fragmente

(1) *Glück,* das ist, wie die Stoiker sagen, ein schönes Dahinfließen (Euroia) des Lebens. *Sextus Empirikus*

(2) In Übereinstimmung mit der Natur leben. *Zenon*

(3) In Übereinstimmung (mit sich? mit der Natur?) leben, d. i. nach *einem* Logos und im Einklang leben. *Zenon*

(4) Von allem, was ist, steht das eine in unserer Gewalt, das andere nicht. In unserer Gewalt steht unser Wille, unser Meinen und Vorstellen von den Dingen und der Gebrauch, den wir von unseren Vorstellungen machen, das Streben, Dinge zu erreichen oder zu vermeiden. Nicht in unserer Gewalt stehen unser Leib und unser Besitz, unsere menschliche Umgebung und was sonst als ein Äußeres unserem Wollen und Vorstellen gegenübertritt. Nur was in unserer Gewalt steht, ist frei und uns zugehörig, alles andere gebunden und von fremden Faktoren abhängig. Nur wer dies beherzigt, erspart sich die seelischen Schmerzen, die mit dem Nichterreichen dessen, was er erstrebt, verbunden sind, nur er ist, unabhängig vom Schicksal, und von aller fremden Gewalt, ganz auf sich selbst gestellt und bleibt von jeder Beeinträchtigung seiner *Glückseligkeit* verschont. *Epiktet*

(5) Wenn aber einige behaupten, die *Lust* sei der erste Trieb für die lebenden Wesen, so weisen die Stoiker dies als falsch nach. Denn wenn es überhaupt eine Lust gibt, so sei sie, sagen sie, nur eine Folgeerscheinung, die dann eintritt, wenn die Natur nach Aufsuchen des ihr durchaus Gemäßen, in den Besitz des für ihren Bestand Erwünschten gekommen sei.
Diogenes Laertius

(6) Für jedes lebende Wesen ist seine erste ihm von selbst zugewiesene Angelegenheit sein eigenes Bestehen sowie das Bewußtsein davon. *Chrysipp*

(7) Unsere Naturen sind Teile des Weltganzen. Daher stellt sich als Endziel dar das der Natur gemäße Leben, d. h. das der eigenen Natur wie auch der Natur des Alls gemäße Leben, wo man nichts tut, was die Weltvernunft zu verbieten pflegt; dies aber ist die wahre Vernunft, die alles durchdringt und wesenseins ist mit Zeus, dem Ordner und Leiter des Weltalls. Eben darin besteht auch die Tugend des *Glückseligen* und der ungetrübt schöne Ablauf des Lebens (euroia biou), daß alles, was man tut, die volle Übereinstimmung zeige des jedem einzelnen beschiedenen Genius mit dem Willen des Allherrschers. *Chrysipp*

(8) Indes halte ich mich, worin alle Stoiker einig sind, an die Natur; von ihr nicht abweichen, nach ihrem Gesetz und Beispiel sich bilden, das ist Weisheit. Glücklich ist daher ein Leben, wenn es seiner Natur entspricht. Das kann aber nur erreicht werden, wenn der Geist fürs erste gesund ist und beständig und gesund bleibt; sodann wenn er stark und tatkräftig ist, edel und geduldig, in die Zeit sich schickend, auf den Körper und dessen Bedürfnisse sorgsam, aber ohne Ängstlichkeit Bedacht nehmend, aufmerksam auf alles andere, was zum Leben gehört, ohne zu großen Wert auf irgendein einzelnes zu legen, die Gaben des Glücks benutzend, aber ohne ihr Sklave zu sein. Du siehst, auch wenn ich es nicht sagte, daß daraus eine beständige Gemütsruhe und Freiheit sich ergeben und daß alles verschwinden muß, was uns reizt oder schreckt. Denn statt der kleinlichen, flüchtigen, in ihrer Gemeinheit schädlichen sinnlichen Genüsse wird uns eine hohe, unangefochtene, sich gleichbleibende Freude zuteil: Friede und Eintracht im Herzen, Größe mit Sanftmut im Bunde. Denn alles unbändige Wesen ist ein Zeichen von Schwäche. –

Was hinderte uns, zu sagen, ein glückliches Leben bestehe darin, daß der Geist frei und hochgesinnt sei, unerschrocken und fest, erhaben über Furcht und über Begierde, der nur *ein* Gut kennt, die Sittlichkeit, und nur *ein* Übel, die Unsittlichkeit, dem alles andere wertlos ist, nicht imstande, das glückselige Leben zu fördern oder es zu schmälern, und ohne Gewinn oder Schaden für das höchste Gut kommen oder scheiden. Wer einen solchen guten Grund in sich hat, den muß notwendig beständige Heiterkeit begleiten und eine hohe himmlische Freude, die sich ihres Eigentums freut und nichts Größeres wünscht, als was sie in sich hat. Wiegt so etwas nicht die kleinlichen, nichtswürdigen, vergänglichen Triebe des Körpers reichlich auf? Jeden Tag, den man dem Sinngenuß frönt, muß man ja auch Schmerz erdulden.
Du siehst, welch schlimme und schädliche Knechtschaft der erduldet, den Sinnenlust und Schmerz, zwei schwankende und maßlose Gebieter, wechselweise beherrschen. Darum muß man sich durchringen zur Freiheit; diese aber erlangt man nur durch Gleichgültigkeit gegen das Schicksal. Daraus erwächst jenes unschätzbare Gut: die Ruhe und Erhabenheit einer Seele, die ihren festen Standpunkt gefunden hat, die frei von Furcht aus der Erkenntnis der Wahrheit eine hohe, bleibende Freude gewinnt, Freundlichkeit und Heiterkeit des Gemüts; an diesen Gütern wird sie eine besondere Freude haben, weil sie gleichsam auf ihrem eigenen Boden gewachsen, nicht ihr nur zugefallen sind. Glücklich kann – weil ich nun doch schon einmal weitschweifig geworden bin – derjenige genannt werden, der, von der Vernunft geleitet, nichts mehr wünscht und nichts mehr fürchtet. Steine und Tiere sind zwar auch frei von Furcht und Traurigkeit; glücklich wird sie aber niemand nennen, weil ihnen das Bewußtsein des Glücks fehlt. Auf derselben Stufe stehen Menschen, die infolge von

Stumpfsinn und Mangel an Selbstbewußtsein zum Vieh herabgesunken sind. Zwischen Vieh und Mensch ist in solchen Fällen kein Unterschied; dort ist gar keine Vernunft, hier eine verkehrte, die zu ihrem eigenen Schaden wirkt. Glücklich kann niemand genannt werden, der keinen Begriff von der Wahrheit hat; ein glückseliges Leben ist also dasjenige, das auf einem richtigen festen Urteil ruht und daran unveränderlich festhält. Dann ist die Seele rein und frei von allen Übeln, wenn sie nicht nur über Beschädigungen, sondern auch über kleinere Quälereien hinweggekommen ist, fest sich da behauptend, wo sie einmal steht, und ihren Platz verteidigend auch gegen zorniges Andrängen des Schicksals.

Ohne gesunden Verstand ist niemand glücklich, und gesunden Verstand besitzt der nicht, der Schlechtes erstrebt statt des Guten. Glücklich ist daher, wer ein richtiges Urteil hat, glücklich, wer mit dem Bestehenden, es sei, wie es wolle, zufrieden ist und an die eigenen Verhältnisse sich gern gewöhnt hat; glücklich ist der, dessen ganze Lage von seiner Vernunft gutgeheißen werden kann.

Denjenigen aber nenne ich keinen Weisen, der von irgend etwas, und nun vollends gar vom Vergnügen abhängig ist.

„Warum soll denn aber", fragt man weiter, „Tugend und Vergnügen nicht eins sein und das höchste Gut darin bestehen, daß etwas zu gleicher Zeit anständig und angenehm sei?" Darum nicht, weil ein Teil der Tugend nur wieder etwas Tugendhaftes sein kann und weil das höchste Gut nicht vollkommen rein wäre, wenn es einen unedlen Bestandteil in sich hätte. Auch die Freude, die aus der Tugend entsteht, ist, obwohl etwas Gutes, kein Teil des absolut Guten, sowenig wie Fröhlichkeit und Ruhe, mögen diese auch aus den besten Ursachen entstehen. Es sind das zwar Güter, aber solche, die eine Folge des höchsten Gutes sind, nicht die sein Wesen ausmachen.

Wahrlich, ebenso ist es Torheit und Verkennung der eigenen Lage, sich über hartes Geschick zu betrüben oder sich zu wundern und mit Widerstreben zu tragen, was Gute und Böse gleichmäßig trifft: Krankheiten, Todesfälle, Gebrechen und was sonst Widriges im Menschenleben sich ereignet. Was man nach den allgemeinen Gesetzen der Weltordnung zu erdulden hat, das erdulde man hochherzig. Darauf sind wir verpflichtet, zu tragen, was im Leben eines Sterblichen vorkommen mag, und uns nicht irremachen zu lassen durch etwas, was zu vermeiden nicht in unserer Macht steht. Wir sind in einem Königreiche geboren; Gott gehorchen, ist die wahre Freiheit.

Aus: Lucius Annaeus Seneca: Vom glückseligen Leben. Übersetzt von L. Rumpel. Stuttgart: Reclam 1969

3.6

JEREMY BENTHAM

Über das Prinzip der Nützlichkeit

1. Die Natur hat die Menschheit unter die Herrschaft zweier souveräner Gebieter – *Leid* und *Freude* – gestellt. Es ist an ihnen allein aufzuzeigen, was wir tun sollen, wie auch zu bestimmen, was wir tun werden. Sowohl der Maßstab für Richtig und Falsch als auch die Kette der Ursachen und Wirkungen sind an ihrem Thron festgemacht. Sie beherrschen uns in allem, was wir tun, was wir sagen, was wir denken: jegliche Anstrengung, die wir auf uns nehmen können, um unser Joch von uns zu schütteln, wird lediglich dazu dienen, es zu beweisen und zu bestätigen. Jemand mag zwar mit Worten vorgeben, ihre Herrschaft zu leugnen, aber in Wirklichkeit wird er ihnen ständig unterworfen bleiben. Das *Prinzip der Nützlichkeit* erkennt dieses Joch an und übernimmt es für die Grundlegung jenes Systems, dessen Ziel es ist, das Gebäude der Glückseligkeit durch Vernunft und Recht zu errichten. Systeme, die es in Frage zu stellen versuchen, geben sich mit Lauten anstatt mit Sinn, mit einer Laune anstatt mit der Vernunft, mit Dunkelheit anstatt mit Licht ab. Doch genug des bildlichen und pathetischen Sprechens: Durch solche Mittel kann die Wissenschaft der Moral nicht verbessert werden.

2. Das Prinzip der Nützlichkeit ist die Grundlage des vorliegenden Werkes; es wird daher zweckmäßig sein, mit einer ausdrücklichen und bestimmten Erklärung dessen zu beginnen, was mit ihm gemeint ist. Unter dem Prinzip der Nützlichkeit ist jenes Prinzip zu verstehen, das schlechthin jede Handlung in dem Maß billigt oder mißbilligt, wie ihr die Tendenz innezuwohnen scheint, das Glück der Gruppe, deren Interesse in Frage steht, zu vermehren oder zu vermindern, oder – das gleiche mit anderen Worten gesagt – dieses Glück zu befördern oder zu verhindern. Ich sagte: schlechthin jede Handlung, also nicht nur jede Handlung einer Privatperson, sondern auch jede Maßnahme der Regierung.

3. Unter Nützlichkeit ist jene Eigenschaft an einem Objekt zu verstehen, durch die es dazu neigt, Gewinn, Vorteil, Freude, Gutes oder Glück hervorzubringen (dies alles läuft im vorliegenden Fall auf das gleiche hinaus) oder (was ebenfalls auf das gleiche hinausläuft) die Gruppe, deren Interesse erwogen wird, vor Unheil, Leid, Bösem oder Unglück zu bewahren; sofern es sich bei dieser Gruppe um die Gemeinschaft im allgemeinen handelt, geht es um das Glück der Gemeinschaft; sofern es sich um ein bestimmtes Individuum handelt, geht es um das Glück dieses Individuums.

4. „Das Interesse der Gemeinschaft ist einer der allgemeinsten Ausdrücke, die in den Redeweisen der Moral vorkommen können; kein Wunder, daß sein Sinn oft verloren geht. Wenn er einen Sinn hat, dann diesen: Die Gemeinschaft ist ein fiktiver *Körper,* der sich aus den Einzelpersonen zusammensetzt, von denen man annimmt, daß sie sozusagen seine *Glieder* bilden. Was also ist das

Interesse der Gemeinschaft? – Die Summe der Interessen der verschiedenen Glieder, aus denen sie sich zusammensetzt.

5. Es hat keinen Sinn, vom Interesse der Gemeinschaft zu sprechen, ohne zu wissen, was das Interesse des Individuums ist. Man sagt von einer Sache, sie sei dem Interesse förderlich oder *zugunsten* des Interesses eines Individuums, wenn sie dazu neigt, die Gesamtsumme seiner Leiden zu vermindern.

6. Man kann also von einer Handlung sagen, sie entspreche dem Prinzip der Nützlichkeit oder – der Kürze halber – der Nützlichkeit (das heißt in bezug auf die Gemeinschaft insgesamt), wenn die ihr innewohnende Tendenz, das Glück der Gemeinschaft zu vermehren, größer ist als irgendeine andere ihr innewohnende Tendenz, es zu vermindern.

7. Von einer Maßnahme der Regierung (die nichts anderes ist als eine von einer einzelnen oder von mehreren Personen ausgeführte einzelne Handlungsweise) kann man sagen, sie entspreche dem Prinzip der Nützlichkeit oder sei von diesem geboten, wenn in analoger Weise die ihr innewohnende Tendenz, das Glück der Gemeinschaft zu vermehren, größer ist als irgendeine andere ihr innewohnende Tendenz, es zu vermindern.

8. Wenn jemand von einer Handlung oder insbesondere von einer Maßnahme der Regierung annimmt, sie entspräche dem Prinzip der Nützlichkeit, dürfte es, was die Ausdrucksweise anbelangt, zweckmäßig sein, sich eine Art Gesetz oder Gebot vorzustellen, das man als ein Gesetz oder Gebot der Nützlichkeit bezeichnet, und von der fraglichen Handlung zu sagen, sie entspreche einem solchen Gesetz oder Gebot.

9. Man kann von jemandem sagen, er sei ein Anhänger des Prinzips der Nützlichkeit, wenn die Billigung oder Mißbilligung, die er mit einer Handlung oder einer Maßnahme verbindet, durch die Tendenz bestimmt ist und der Tendenz entspricht, die ihr nach seiner Ansicht innewohnt, um das Glück der Gemeinschaft zu vermehren oder zu vermindern; oder mit anderen Worten, wenn seine Billigung oder Mißbilligung von der Übereinstimmung oder Nichtübereinstimmung der Handlung mit den Gesetzen oder Geboten der Nützlichkeit abhängt.

10. Von einer Handlung, die mit dem Prinzip der Nützlichkeit übereinstimmt, kann man stets entweder sagen, sie sei eine Handlung, die getan werden soll, oder zum mindesten, sie sei keine Handlung, die nicht getan werden soll. Man kann auch sagen, es sei richtig zu sagen, daß sie getan werden sollte; es sei zum mindesten nicht falsch zu sagen, daß sie getan werden sollte: sie sei eine richtige Handlung; zum mindesten sei sie keine falsche Handlung. So verstanden haben die Wörter *sollen, richtig* und *falsch* sowie andere Wörter dieser Art einen Sinn; werden sie anders verstanden, haben sie keinen Sinn.

Aus: Höffe, Otfried (Hrsg.): Einführung in die utilitaristische Ethik. Klassische und zeitgenössische Texte. München: Beck 1975

3.7
JOHN STUART MILL

Was heißt Utilitarismus?

Welcherart Beweis sich für das Nützlichkeitsdenken führen läßt

Was heißt Utilitarismus?

Nur beiläufiger Erwähnung bedarf hier das auf bloßer Unkenntnis beruhende Mißverständnis, daß die, die für Nützlichkeit als den Maßstab für Recht und Unrecht eintreten, dies Wort nur in jener beschränkten und lediglich umgangssprachlichen Bedeutung gebrauchen, in der man die Nützlichkeit der Lust entgegensetzt. Ich muß die philosophischen Gegner des Utilitarismus um Nachsicht bitten, wenn es auch nur einen Moment so aussehen sollte, als verwechselte ich sie mit denen, die zu einem so widersinnigen Mißverständnis fähig sind, einem Mißverständnis, das um so unglaublicher ist, als die genau entgegengesetzte Anschuldigung, nämlich daß er alles auf die Lust beziehe und obendrein in ihrer rohesten Form, ebenfalls zu den gängigen Vorwürfen gegen den Utilitarismus gehört, und daß, wie ein geistreicher Autor treffend bemerkt hat, derselbe Schlag von Leuten und oft sogar dieselben Leute an der Theorie bemängeln, „daß sie unbrauchbar trocken sei, wenn das Wort Nützlichkeit vor dem Wort Lust zu stehen kommt, und daß sie allzu brauchbar sinnlich sei, wenn das Wort Lust dem Wort Nützlichkeit vorangeht". Wer in dieser Sache nur einigermaßen bewandert ist, wird wissen, daß alle Autoren von Epikur bis Bentham, die die Nützlichkeitstheorie vertreten haben, unter Nützlichkeit nicht etwas der Lust Entgegengesetztes, sondern die Lust selbst und das Freisein von Schmerz verstanden haben, und daß sie, statt das Nützliche dem Angenehmen oder Gefälligen entgegenzusetzen, stets erklärt haben, daß sie unter dem Nützlichen unter anderem auch das Angenehme und Gefällige verstehen. Dennoch verfällt die große Menge, eingeschlossen die große Menge der Schriftsteller – nicht nur in Zeitungen und Zeitschriften, sondern auch in Büchern von gewichtigem Anspruch – immer wieder in diesen geistlosen Fehler. Nachdem sie das Wort „utilitaristisch" einmal aufgegriffen haben, ohne außer seinem Klang irgendetwas darüber zu wissen, haben sie es sich zur Gewohnheit gemacht, damit die Verwerfung oder Vernachlässigung einiger Formen des Lustvollen: des Schönen, des Gefälligen oder des Vergnüglichen auszudrücken. Nicht nur in abträglichem, gelegentlich auch in lobendem Sinn wird der Ausdruck fehlerhaft gebraucht, so als impliziere er eine Erhebung über das Frivole und die Lust des bloßen Augenblicks. Diese falsche Verwendungsweise ist sogar die einzige, in der das Wort allgemein bekannt ist, und die einzige, aus der die neue Generation seine Bedeutung lernt. Die, welche das Wort eingeführt hatten, es dann aber jahrelang nicht mehr als spezifische Bezeichnung gebrauchten, mögen sich mit Recht veranlaßt sehen, es wieder aufzugreifen, vorausgesetzt, daß sie überhaupt noch Hoffnungen haben, dadurch zur Rettung des ursprünglichen Begriffs beitragen zu können. Die Auffassung, für die die Nützlichkeit oder das Prinzip des größten Glücks die Grundlage der Moral ist, besagt, daß Handlungen insoweit und in dem Maße moralisch richtig sind, als sie die Tendenz haben, Glück zu befördern, und insoweit moralisch falsch, als sie die Tendenz haben, das Gegenteil von Glück zu bewirken. Unter ‚Glück' ist dabei Lust (pleasure) und das Freisein von Unlust (pain), unter ‚Unglück' Unlust und das Fehlen von Lust verstanden. Damit die von dieser Theorie aufgestellte Norm deutlich wird, muß freilich noch einiges mehr gesagt werden, insbesondere darüber, was die Begriffe Lust und Unlust einschließen sollen und inwieweit dies von der Theorie offengelassen wird. Aber solche zusätzlichen Erklärungen ändern nichts an der Lebensauffassung, auf der diese Theorie der Moral wesentlich beruht: daß Lust und das Freisein von Unlust die einzigen Dinge sind, die als Endzwecke wünschenswert sind, und daß alle anderen wünschenswerten Dinge (die nach utilitaristischer Auffassung ebenso vielfältig sind wie nach jeder anderen) entweder deshalb wünschenswert sind, weil sie selbst lustvoll sind oder weil sie Mittel sind zur Beförderung von Lust und zur Vermeidung von Unlust. [...]

Im weiteren Verlauf untersucht Mill die unterschiedliche Qualität von Freuden:

Ich bin auf diesen Punkt näher eingegangen, weil er für ein angemessenes Verständnis der Begriffe Nützlichkeit oder Glück, als Leitvorstellungen des menschlichen Handelns verstanden, absolut unerläßlich ist. Zur Annahme der utilitaristischen Norm ist er dagegen nicht unbedingt erforderlich; denn die Norm des Utilitarismus ist nicht das größte Glück des Handelnden selbst, sondern das größte Glück insgesamt; und wenn es vielleicht auch fraglich ist, ob ein edler Charakter durch seinen Edelmut glücklicher wird, so ist doch nicht zu bezweifeln, daß andere durch ihn glücklicher sind und daß die Welt insgesamt durch ihn unermeßlich gewinnt. Der Utilitarismus kann sein Ziel daher nur durch die allgemeine Ausbildung und Pflege eines edlen Charakters erreichen, selbst wenn für jeden Einzelnen der eigene Edelmut eine Einbuße an Glück und nur jeweils der Edelmut der anderen einen Vorteil bedeuten würde. Aber man braucht einen widersinnigen Gedanken wie diesen nur auszusprechen, um zu sehen, daß er jede Widerlegung überflüssig macht. [...]

Welcherart Beweis sich für das Nützlichkeitsprinzip führen läßt

Es ist bereits bemerkt worden, daß Fragen nach letzten Zwecken einen Beweis im üblichen Sinne des Wortes nicht zulassen. Die Unmöglichkeit eines Vernunftbeweises ist allen ersten Prinzipien gemeinsam, den Grundvoraussetzungen der Erkenntnis ebenso wie denen des praktischen Handelns. Doch da es sich bei den ersteren um Tatsachen handelt, wird man sich zu ihrer Begründung unmittelbar auf die Vermögen berufen können, mit denen wir über

Tatsachen urteilen, nämlich unsere Sinne und unser inneres Bewußtsein. Kann man sich in der Frage der praktischen Zwecke auf dieselben Vermögen berufen? Oder welche anderen Vermögen sind es, durch die wir von ihnen Kenntnis erlangen?

Fragen nach Zwecken sind (mit anderen Worten) Fragen danach, welche Dinge wünschenswert sind. Die utilitaristische Lehre sagt, daß Glück wünschenswert ist, daß es das einzige ist, das als Zweck wünschenswert ist, und daß alles andere nur als Mittel zu diesem Zweck wünschenswert ist. Welchen Kriterien muß diese Lehre genügen – welche Bedingungen muß sie erfüllen –, um ihrem Anspruch, zu überzeugen, gerecht zu werden?

Der einzige Beweis dafür, daß ein Gegenstand sichtbar (visible) ist, ist, daß man ihn tatsächlich sieht. Der einzige Beweis dafür, daß ein Ton hörbar (audible) ist, ist, daß man ihn hört. Und dasselbe gilt für die anderen Quellen unserer Erfahrung. Ebenso wird der einzige Beweis dafür, daß etwas wünschenswert (desirable) ist, der sein, daß die Menschen es tatsächlich wünschen. Wäre der Zweck, den sich die utilitaristische Theorie setzt, nicht schon in Theorie und Praxis als Zweck anerkannt, könnte einen nichts davon überzeugen, daß dies der Zweck ist. Dafür, daß das allgemeine Glück wünschenswert ist, läßt sich kein anderer Grund angeben, als daß jeder sein eigenes Glück erstrebt, insoweit er es für erreichbar hält. Da dieses jedoch eine Tatsache ist, haben wir damit nicht nur den ganzen Beweis, den der Fall zuläßt, sondern alles, was überhaupt als Beweisgrund dafür verlangt werden kann, das Glück ein Gut ist: nämlich daß das Glück jedes einzelnen für diesen ein Gut ist und daß daher das allgemeine Glück ein Gut für die Gesamtheit der Menschen ist. Damit hat das Glück seinen Anspruch begründet, *einer* der Zwecke des Handelns und folglich eines der Kriterien der Moral zu sein.

Damit ist allerdings noch nicht bewiesen, daß es das einzige Kriterium ist. Offenbar müßte, derselben Regel entsprechend, dazu nicht nur gezeigt werden, daß die Menschen Glück wollen, sondern auch, daß sie niemals etwas anderes wollen. Nun liegt es aber auf der Hand, daß die Menschen vieles wollen, was dem gewöhnlichen Sprachgebrauch nach von Glück eindeutig verschieden ist. So streben sie z. B. nach Tugend und dem Freisein von Lastern ebenso aufrichtig wie nach Lust und dem Freisein von Schmerz. Der Wunsch nach Tugend findet sich zwar nicht so allgemein wie der Wunsch nach Glück, aber daß es ihn gibt, ist eine unbestreitbare Tatsache. Und daraus meinen die Gegner des utilitaristischen Prinzips schließen zu können, daß es außer dem Glück noch weitere Zwecke des menschlichen Handelns gibt und daß Glück nicht der Maßstab von Billigung und Mißbilligung schlechthin sein kann.

Aber bestreitet der Utilitarismus etwa, daß die Menschen nach Tugend streben oder behauptet er etwa, daß Tugend nicht erstrebenswert sei? Im Gegenteil. Er behauptet nicht nur, daß Tugend erstrebenswert ist, sondern daß sie uneigennützig, um ihrer selbst willen erstrebt werden sollte. Was auch immer die Auffassung der Utilitaristen über die Entstehungsbedingungen [original conditions.] der Tugend sein mag, ob sie auch meinen (wie es der Fall ist), daß

Handlungen und Charaktereigenschaften nur deshalb tugendhaft sind, weil sie einem anderen Zweck als der Tugend selbst dienen – dies zugestanden und angenommen, daß aufgrund solcher Erwägungen entschieden worden ist, was tugendhaft *ist,* so setzen die Utilitaristen die Tugend nicht nur an die Spitze der Dinge, die als Mittel zu jenem letzten Zweck gut sind, sondern erkennen es auch als eine psychologische Tatsache an, daß sie für den einzelnen ein an sich selbst und ohne äußeren Zweck wertvolles Gut werden kann, und behaupten sogar, daß sich das menschliche Bewußtsein nicht im richtigen – dem Nützlichkeitsprinzip gemäßen, dem allgemeinen Glück am förderlichsten – Zustand befindet, wenn es die Tugend nicht in dieser Weise liebt – als etwas, das um seiner selbst willen erstrebenswert ist, selbst wenn sie im einzelnen Fall nicht die wünschenswerten Folgen haben sollte, die sie der Tendenz nach hat und deretwegen sie als Tugend gilt. Diese Auffassung stellt in keiner Weise eine Abweichung vom Prinzip des Glücks dar. Die Bestandteile des Glücks sind sehr verschiedenartig, und jeder einzelne Bestandteil ist um seiner selbst willen erstrebenswert und nicht nur insofern, als sich die Gesamtsumme durch ihn erhöht. Das Nützlichkeitsprinzip ist nicht so zu verstehen, als ob eine bestimmte Freude wie z. B. die Musik oder ein bestimmtes Freisein von Schmerz wie die Gesundheit als Mittel zu einem umfassenden Etwas, genannt Glück, betrachtet werden soll und deshalb erstrebenswert ist. Vielmehr werden sie an sich selbst und um ihrer selbst willen erstrebt und sind an sich selbst und um ihrer selbst willen erstrebenswert. Sie sind nicht nur Mittel zum Zweck, sie sind auch Teile des Zwecks. Nach utilitaristischer Auffassung ist die Tugend zwar nicht ursprünglich, von Natur aus, Teil des Zwecks, aber sie kann dazu werden; und bei denen, die die Tugend ohne eigennützige Motive lieben, ist sie dazu geworden und wird von ihnen nicht als Mittel zum Glück, sondern als Teil des Glücks erstrebt und geschätzt.
[...]

Einen ähnlichen Beweis führt Mill am Beispiel „Geld" durch und fährt dann fort:

Nach utilitaristischer Auffassung ist Tugend ein Gut dieser Art. Ursprünglich begehrte man sie nur deshalb, weil sie ein Mittel war, Lust zu erlangen, und insbesondere, vor Unlust bewahrt zu werden. Doch die gedankliche Verknüpfung, die sich auf diese Weise herstellte, bewirkte, daß sie als selbständiges Gut empfunden und als solches mit derselben Intensität begehrt werden kann wie jedes andere Gut auch – wobei sie sich von der Liebe zum Geld, zur Macht und zum Ruhm insofern unterscheidet, als diese den Menschen dazu bringen können, den übrigen Mitgliedern seiner Gesellschaft zu schaden, und dies auch immer wieder tun, während nichts so sehr den andern zur Wohltat gereicht wie die Ausbildung einer uneigennützigen Liebe zur Tugend. Deshalb gebietet die utilitaristische Norm, die zwar auch jene anderen erworbenen Strebungen duldet und billigt (wiewohl nur solange, als sie dem allgemeinen Glück nicht eher abträglich als zuträglich sind), die größtmögliche Ausbildung der Liebe zur Tugend als das, was in seiner Bedeutung für das allgemeine Glück von nichts übertroffen wird.

Es ergibt sich aus den vorangehenden Überlegungen, daß in Wirklichkeit nichts anderes begehrt wird als Glück. Alles, was nicht als Mittel zu einem Zweck und letztlich als Mittel zum Glück begehrt wird, ist selbst ein Teil des Glücks und wird erst dann um seiner selbst willen begehrt, wenn es dazu geworden ist. Wer die Tugend um ihrer selbst willen erstrebt, erstrebt sie entweder deshalb, weil das Bewußtsein, sie zu besitzen, lustvoll ist oder weil das Bewußtsein, sie nicht zu besitzen, unlustvoll ist oder aus beiden Gründen zugleich – wie sich ja überhaupt Lust und Unlust nur selten allein, sondern fast immer gemeinsam finden, insofern man zugleich befriedigt ist, einen bestimmten Grad von Tugend erreicht zu haben, und unbefriedigt, nicht noch mehr erreicht zu haben. Empfände man das eine nicht als lustvoll, das andere nicht als unlustvoll, hätte man keinen Grund, nach Tugend zu streben, es sei denn um irgendwelcher anderer Vorteile willen, die sie einem selbst oder anderen, an denen einem gelegen ist, verschafft.

Damit haben wir also eine Antwort auf die Frage, welcherart Beweis für das Nützlichkeitsprinzip geführt werden kann. Wenn die Auffassung, die ich soeben dargelegt habe, psychologisch richtig ist – wenn die menschliche Natur so beschaffen ist, daß sie nichts begehrt, was nicht entweder ein Teil des Glücks oder ein Mittel zum Glück ist, dann haben wir keinen anderen und benötigen keinen anderen Beweis dafür, daß dies die einzigen wünschenswerten Dinge sind. In diesem Fall ist Glück der einzige Zweck menschlichen Handelns und die Beförderung des Glücks der Maßstab, an dem alles menschliche Handeln gemessen werden muß – woraus notwendig folgt, daß es das Kriterium der Moral sein muß, da ja der Teil im Ganzen enthalten ist.

Wollen wir nun aber entscheiden, ob es sich tatsächlich so verhält, ob die Menschen tatsächlich nur das um seiner selbst willen begehren, was ihnen Lust und dessen Abwesenheit ihnen Unlust bereitet, so sehen wir uns offensichtlich einer empirischen Frage gegenübergestellt, die wie alle Fragen dieser Art von Erfahrungsevidenz abhängt. Sie kann nur durch geübte Selbstwahrnehmung und Selbstbeobachtung, unter Mithilfe der Beobachtung anderer, entschieden werden. Ich bin sicher, daß die unvoreingenommene Prüfung dieser Evidenzquellen ergeben würde, daß etwas zu begehren und es lustvoll zu finden, vor etwas zurückzuweichen und es für unlustvoll zu halten, gänzlich untrennbare Phänomene oder vielmehr jeweils zwei Seiten desselben Phänomens sind – genaugenommen: zwei verschiedene Formulierungen für die eine psychologische Tatsache, daß etwas (abgesehen von seinen Folgen) für wünschenswert zu halten und es für lustvoll zu halten ein und dasselbe sind, und daß es eine physische und metaphysische Unmöglichkeit ist, etwas anderes als in dem Maße zu begehren, indem die Vorstellung von ihm lustvoll ist. [...]

Aus: Mill, John Stuart: Der Utilitarismus. Übersetzt v. D. Birnbacher. Stuttgart: Reclam 1976

3.8

HERBERT MARCUSE

Hedonismus und Ideologie

Der Hedonismus ist unbrauchbar zur Ideologie, und er läßt sich in keiner Weise zur Rechtfertigung einer Ordnung verwenden, die mit der Unterdrückung der Freiheit und mit der Opferung des Individuums verbunden ist. Dazu muß er erst moralisch verinnerlicht werden oder utilitaristisch umgedeutet werden. Der Hedonismus verweist alle Individuen gleichermaßen auf das Glück; er hypostasiert keine Allgemeinheit, in der ohne Rücksicht auf die einzelnen das Glück aufgehoben sei. Es ist sinnvoll, von dem Fortgang der allgemeinen Vernunft zu sprechen, die sich bei allem Unglück der Individuen durchsetzt, aber das allgemeine Glück getrennt von dem Glück der Individuen ist eine sinnlose Phrase.

Aus: Marcuse, Herbert: Zur Kritik des Hedonismus. In: Kultur und Gesellschaft. Frankfurt/M.: Suhrkamp 1965

3.9

ERNST BLOCH

Das Dunkel des gelebten Augenblicks

Das Leben des Jetzt, das eigentlichst intensive, ist noch nicht vor sich selbst gebracht, als gesehen, als aufgeschlossen zu sich selbst gebracht; so ist es am wenigsten Da-Sein, gar Offenbar-Sein. Das Jetzt des Existere, das alles treibt und worin alles treibt, ist das Unerfahrenste, was es gibt; es treibt noch ständig unter der Welt. Es macht das Realisierende aus, das sich am wenigsten realisiert hat – ein tätiges Augenblicks-Dunkel seiner selbst.
Woraus auch das Seltsame aufgeht, daß noch kein Mensch richtig da ist, lebt. Denn Leben heißt doch Dabeisein, heißt nicht nur Vorher oder Nachher, Vorgeschmack oder Nachgeschmack. Es heißt den Tag pflücken, im einfachsten wie gründlichen Sinn, heißt sich zum Jetzt konkret verhalten. Aber indem gerade unser nächstes eigentlichstes, unaufhörliches Dabeisein keines ist, lebt noch kein Mensch wirklich, gerade von dieser Seite her nicht. Carpe diem im raschen, gedankenlosen Genuß, es scheint so einfach, auch verbreitet, ist jedoch so selten, daß es als wirkliches Pflücken gar nicht vorkommt. Nichts ist gerade gegenwartsflüchtiger als jenes übliche Carpe diem, das ganz im Genuß des Jetzt aufzugehen scheint, nichts weniger seinsmächtig, nichts mehr Banalität ante rem. So rasch also läßt sich das Pflücken des Tags nicht vollziehen, es sei denn, das Verweile doch, zum Augenblick gesprochen, wird in der Tat mit einem Faulbett verwechselt. So sehr urkräftiges Behagen seine Ehre hat, so ist es doch nur scheinbar in Auerbachs Keller oder gar in philisterhafter Besitzeslust zu Hause.

Über das bloße Impressible, über die Oberfläche des Lust- und Schmerzmoments kommt das übliche Carpe diem nicht hinaus, ja es ist – konträr zu seiner Horazischen Lesart – das Zerstreute, das Unverweilende, das Gegenwartlose selber. Kurz: so wenig wie die Neugier utopisch ist, so wenig ist das übliche Carpe diem, das doch gerade von einem „Augenblick" zum anderen springende, den Tag im Tag vertuende, seinsmächtig. Echtere Berührung des Moments gibt es einzig in starken Erlebnissen und an scharfen Wendestellen des Daseins, sei es des eigenen, sei es der Zeit, sofern sie von geistesgegenwärtigem Auge bemerkt werden. Außerordentliche Tatmenschen scheinen ein echtes Carpe diem zu bieten, als Entscheidung im geforderten Augenblick, als Kraft, dessen Gelegenheit nicht zu versäumen. Mommsen exemplifiziert diese Kraft an Cäsar, nennt sie „geniale Nüchternheit" und fährt bedeutsam fort: „Ihr verdankte er das Vermögen, unbeirrt durch Erinnern und Erwarten energisch im Augenblick zu leben; ihr die Fähigkeit, in jedem Augenblick mit gesammelter Kraft zu handeln." Aber hat Cäsar, haben die meisten Täter der Klassengesellschaft, das heißt hier: der *undurchschauten* Geschichte, den Augenblick, den sie taten, auch ebenso nach seinem geschichtlichen Inhalt erfaßt? Dieser Fall ist so selten, daß sich als einziges Beispiel fast nur das Goethesche anbietet, eines Mannes zudem, der kein Täter war, wohl aber ein Konkretblick ohnegleichen. So gehört Goethes Satz am Tag der Kanonade von Valmy hierher: „Von hier ab und heute geht eine neue Epoche der Weltgeschichte aus, und ihr könnt sagen, ihr seid dabei gewesen"; es gibt aber dergleichen Vergegenwärtigungen nicht viele. Nicht viele solcher Bemerkungen eines sonst unbemerkten Augenblicks: als eines transitorischen, mit fruchtbarstem Motiv, als einer Treffstelle weitverzweigter Vermittlungen zwischen Vergangenheit und Zukunft – mitten im unsichtigen.

Aus: Bloch, Ernst: Das Prinzip Hoffnung. Band 1. Frankfurt/M.: Suhrkamp 1967

3.10

GÜNTHER PATZIG

Utilitarismus Pro und Contra

Der Utilitarismus, von Jeremy Bentham (1789) begründet, von *J. St. Mill* (1863) verfeinert, ist im angelsächsischen Sprachbereich auch heute noch die einflußreichste ethische Theorie. Da die ethische Theorie *Kants* fast gleichzeitig mit der von Bentham (nämlich 1785 und 1788) veröffentlicht wurde, haben beide Theorien in ihrem Ursprung einander nicht beeinflussen können. Sie werden seither meist als unversöhnliche Gegensätze aufgefaßt, so daß, wie es so oft geht, den Anhängern der einen Theorie das Wahre an der anderen fast verschlossen blieb. Insbesondere in Deutschland ist der Utilitarismus als eine platte Nützlichkeitsethik, die auf einem oberflächlichen Verständnis menschlicher Existenz beruhe, mehr abgelehnt als ernstlich widerlegt worden. Die üblichen gegen den Utilitarismus vorgebrachten Argumente halten aber näherer Prüfung nicht stand:

a) So hat man sich von dem bloßen Namen, der ja von lat. ‚utile' = ‚nützlich' abgeleitet ist, zu der falschen Meinung inspirieren lassen, der Utilitarismus kenne keine Ziele und Zwecke, denn nützlich könnten ja immer nur Mittel zu einem Zwecke sein. Man spricht deshalb von einem „Wertnihilismus" (N. Hartmann). Aber natürlich kennt auch der Utilitarismus einen höchsten Wert: nämlich menschliches Glück im weitesten Sinne; und sein Name besagt nicht, daß er als Wert nur den *Nützlichkeits*wert von Mitteln anerkennt, sondern daß nach seiner Auffassung *sittliche* Werte nur wegen ihrer Tendenz, das höchste Ziel, menschliches Glück, zu fördern, mit Recht so hoch geschätzt werden.

b) Ein weiterer oft gegen den Utilitarismus vorgebrachter Einwand betrifft die Unmöglichkeit der sicheren Voraussicht des Erfolges unserer Handlungen. Wenn aber der sittliche Wert unserer Handlungen in ihren Konsequenzen für das Glück der Menschheit liegen soll, so würde jedem eine solche Voraussicht zugemutet, zu der er als Mensch nicht fähig sei. Hiergegen ist zu sagen, daß auch ein Utilitarist von niemandem das Unmögliche verlangt, die *tatsächlichen* Konsequenzen seines Verhaltens vorauszusehen. Wohl aber wird erwartet, daß man die *wahrscheinlichen* Folgen mit Sorgfalt prüft. Und genau das erwarten wir ja von jedem Menschen auch in anderen Lebensbereichen. Unsere gesamte Praxis beruht auf der Fähigkeit, voraussichtliche Folgen von Handlungen mit hinreichender Sicherheit zu erkennen. Absolute Sicherheit erreichen wir nicht; aber wir brauchen sie auch nicht. Es ist falsch, im Feld der sittlichen Entscheidungen einen unfehlbaren Standard zu verlangen (etwa die „Stimme des Gewissens"). Alle menschliche Existenz schließt Wagnisse ein, und es wäre seltsam, wenn gerade für die sittliche Entscheidung dies Risiko zum Verschwinden gebracht werden könnte.

c) Mit Nachdruck wird oft gegenüber dem Utilitarismus behauptet, das Glück verschiedener Individuen sei nicht vergleichbar, und daher könne „das größte Glück aller beteiligten Personen" keinen Maßstab für unser Verhalten abgeben. Dieser Einwand ist berechtigt, solange er sich gegen Bentham richtet, der sich allerdings das Glück wie eine Substanz vorstellte, die man an die Mitglieder eines Gemeinwesens möglichst gleichmäßig verteilen kann. Jedoch ist schon Mill von dieser zu einfachen Lehre weit entfernt, und die neueren Autoren des Utilitarismus sehen die Schwierigkeiten deutlich genug. Jedoch weisen sie mit vollem Recht auch darauf hin, daß wir alltäglich das Glück verschiedener Personen gegeneinander abwägen müssen; daß es uns oft gelingt, die Reaktion bestimmter Menschen auf ein bestimmtes Ereignis im voraus auch dann richtig einzuschätzen, wenn wir selbst von dem Ergebnis nicht berührt werden können. Der Utilitarismus verlangt also weiter nichts, als daß wir *immer* tun, was wir auch sonst schon gelegentlich zu tun gewohnt sind.

d) Der wohl häufigste Einwand gegen den Utilitarismus ist der, es handle sich hier um eine bloße *Erfolgsethik;* der sittlichen Würde des Menschen könne aber nur eine *Gesinnungsethik* gerecht werden. Man beruft sich dabei gern auf *Kant,* der unwiderleglich soll dargetan haben, warum nur eine Gesinnungsethik den Namen einer Ethik sinnvoll führen könne. Jedoch, wenn der Erfolg einer Handlung für den Utilitarismus den Ausschlag für ihren sittlichen Wert gibt, so hat doch noch kein Utilitarist behauptet, es sei der *tatsächliche Erfolg* das Kriterium des sittlichen Wertes. Natürlich ist auch hier nur der *beabsichtigte Erfolg* das sittliche Kriterium, wobei allerdings noch hinzugesetzt wird, daß bloße gute Absichten, ohne Anstrengung, sie in die Tat zu übersetzen, nichts wert sind, und daß, wer mögliche Folgen leichtfertig nicht mit in Rechnung stellt, auch den tatsächlichen Erfolg mitzuverantworten hat, der vom beabsichtigten Erfolg abweicht. Wer z. B. bedürftige Kinder aus eigenen Mitteln in ein Erholungsheim schickt, handelt anerkennenswert, auch wenn der Omnibus, mit dem sie fahren, verunglücken sollte – vorausgesetzt freilich, daß er bei der Auswahl des Transportmittels usw. alle Sorgfalt hat walten lassen. Viele Menschen leiden, wie die Erfahrung zeigt, schwer an einer vermeintlichen Schuld, die nur darin besteht, daß etwas Schlimmes nicht geschehen wäre, wenn sie nicht, in bester Absicht, dies oder jenes getan hätten. Vielleicht hängt damit die Tatsache zusammen, daß die begriffliche Trennung von Ursache und Schuld den Menschen immer schwergefallen ist, wie schon die Namen für „Ursache", „causa", „αιτία (aitia)" bezeugen, die ja sämtlich aus der Rechtssphäre stammen.

Allerdings haben die Vertreter des Utilitarismus den tatsächlichen Erfolg gelegentlich zu sehr betont. Aber dies ist eine Übertreibung des Utilitarismus, für die auf seiten der Gesinnungsethik jener Fanatismus des sittlichen Prinzips ein genaues Analogon bietet, der sich um die möglichen Folgen einer Handlungsweise gar nicht kümmert und meint, seine Gleichgültigkeit gegen menschliches Glück, ja, seinen Menschenhaß unter dem Namen der „Gesinnungsethik" als eine moralische Stärke ausgeben zu können. Beispiele eines solchen unsittlichen Fanatismus der Pflicht und der Gesinnung bietet die neuere Geschichte in reichem Maße.

Aus: Patzig, Günther: Ethik ohne Metaphysik. Göttingen: Vandenhoeck & Ruprecht 1971

3.11

LUDWIG WITTGENSTEIN

Reflexionen über das glückliche Leben

29.7.16

An einen Gott glauben heißt sehen, daß es mit den Tatsachen der Welt noch nicht abgetan ist.
An Gott glauben heißt sehen, daß das Leben einen Sinn hat.
Die Welt ist mir *gegeben*, d. h. mein Wille tritt an die Welt ganz von außen als an etwas Fertiges heran.
(Was mein Wille ist, das weiß ich noch nicht.)
Daher haben wir das Gefühl, daß wir von einem fremden Willen abhängig sind.
Wie dem auch sei, jedenfalls *sind* wir in einem gewissen Sinne abhängig und das, wovon wir abhängig sind, können wir Gott nennen.
Gott wäre in diesem Sinne einfach das Schicksal oder, was dasselbe ist: die – von unserem Willen unabhängige – Welt.
Vom Schicksal kann ich mich unabhängig machen.
Es gibt zwei Gottheiten: die Welt und mein unabhängiges Ich.
Ich bin entweder glücklich oder unglücklich, das ist alles. Man kann sagen: gut oder böse gibt es nicht.
Wer glücklich ist, der darf keine Furcht haben. Auch nicht vor dem Tode.
Nur wer nicht in der Zeit, sondern in der Gegenwart lebt, ist glücklich.
Für das Leben in der Gegenwart gibt es keinen Tod.
Der Tod ist kein Ereignis des Lebens. Er ist keine Tatsache der Welt.
Wenn man unter Ewigkeit nicht unendliche Zeitdauer, sondern Unzeitlichkeit versteht, dann kann man sagen, daß der ewig lebt, der in der Gegenwart lebt.
Um glücklich zu leben, muß ich in Übereinstimmung sein mit der Welt. Und dies *heißt* ja „glücklich sein".
Ich bin dann sozusagen in Übereinstimmung mit jenem fremden Willen, von dem ich abhängig erscheine. Das heißt: ‚ich tue den Willen Gottes'.
Die Furcht vor dem Tode ist das beste Zeichen eines falschen, d. h. schlechten Lebens.
Wenn mein Gewissen mich aus dem Gleichgewicht bringt, so bin ich nicht in Übereinstimmung mit Etwas. Aber was ist das? Ist es *die Welt*?
Gewiß ist es richtig zu sagen: Das Gewissen ist die Stimme Gottes.

30.7.16.

Der erste Gedanke bei der Aufstellung eines allgemeinen ethischen Gesetzes von der Form „Du sollst..." ist: „Und was dann, wenn ich es nicht tue?"
Es ist aber klar, daß die Ethik nichts mit Strafe und Lohn zu tun hat. Also muß diese Frage nach den Folgen einer Handlung belanglos sein. Zum mindesten dürfen diese Folgen nicht Ereignisse sein. Denn etwas muß doch an jener

Fragestellung richtig sein. Es muß zwar eine *Art* von ethischem Lohn und ethischer Strafe geben, aber diese müssen in der Handlung selbst liegen.
Und das ist auch klar, daß der Lohn etwas Angenehmes, die Strafe etwas Unangenehmes sein muß.
Immer wieder komme ich darauf zurück, daß einfach das glückliche Leben gut, das unglückliche schlecht ist. Und wenn ich mich *jetzt* frage: aber *warum* soll ich gerade glücklich leben, so erscheint mir das von selbst als eine tautologische Fragestellung; es scheint, daß sich das glückliche Leben von selbst rechtfertigt, daß es das einzig richtige Leben *ist*.
Alles dies ist eigentlich in gewissem Sinne tief geheimnisvoll! *Es ist klar,* daß sich die Ethik nicht aussprechen *läßt!*
Man könnte aber so sagen: Das glückliche Leben scheint in irgendeinem Sinne *harmonischer* zu sei als das unglückliche. In welchem aber?
Was ist das objektive Merkmal des glücklichen, harmonischen Lebens? Da ist es wieder klar, daß es kein solches Merkmal, das sich *beschreiben* ließe, geben kann.
Dies Merkmal kann kein physisches, sondern nur ein metaphysisches, ein transcendentes sein.
Die Ethik ist transcendent.

1.8.16.

Wie sich alles verhält, ist Gott.
Gott ist, wie sich alles verhält.
Nur aus dem Bewußtsein der *Einzigkeit meines Lebens* entspringt Religion – Wissenschaft – und Kunst.

2.8.16.

Und dieses Bewußtsein ist das Leben selber.
Kann es eine Ethik geben, wenn es außer mir kein Lebewesen gibt?
Aus: Wittgenstein, Ludwig: Tagebücher 1914–1916. Frankfurt: Suhrkamp 1960

3.12

BERGPREDIGT

Seligpreisungen

Als Jesus die Volksmenge sah, ging er auf einen Berg und setzte sich, und seine Freunde, die wir „Jünger" nennen, traten zu ihm. Und er redete zu ihnen über den Weg zum wirklichen Leben.

Glücklich – mehr noch: selig sind,
die arm sind vor Gott und sich nicht einbilden,
selbst stark genug zu sein, ohne Ihn.

Glücklich, die Gottes Barmherzigkeit brauchen
und alles von seiner Liebe erwarten,
denn Gott liebt sie und macht sie reich
und tut ihnen zu seinem Reich die Tür auf.

Glücklich, die Leid tragen,
denn Gott wird sie trösten.
Glücklich, die behutsam und freundlich sind,
denn diese Erde wird ihnen gehören.
Glücklich, die nach Gerechtigkeit hungern und dürsten,
denn Gott wird sie satt machen.
Glücklich zu preisen die Barmherzigen,
denn Gott wird ihnen barmherzig sein.
Glücklich die Menschen, denen Gott ein reines Herz gibt,
denn sie werden ihn schauen.
Glücklich, die Frieden machen, wo Streit ist,
denn sie sind die Kinder Gottes.

Glücklich zu nennen, die verfolgt werden,
weil sie die Gerechtigkeit lieben
und weil Gottes Wille ihnen wichtig ist,
denn Gottes Welt steht ihnen offen.
Glücklich seid ihr, wenn man euch verleumdet und verfolgt,
weil ihr zu mir gehört.
Glücklich seid ihr,
wenn man euch Böses nachsagt und dabei lügt.
Freut euch und seid unbekümmert,
denn Gott legt euch einen reichen Lohn bereit.
Glücklich seid ihr,
denn es geschieht euch nur,
was vorher den Dienern und Kindern Gottes,
den Propheten, geschehen ist.

Mt 5,1–12
Aus: Das Neue Testament. Übers. v. Jörg Zink. Stuttgart: Kreuz Verlag

3.13

JESAJA UND JOHANNES

Ein neuer Himmel und eine neue Erde: vom Ende der Geschichte und vom endgültigen Heil

Das endzeitliche Heil

Ja, vergessen sind die früheren Nöte, / sie sind meinen Augen entschwunden.
¹⁷Denn schon erschaffe ich einen neuen Himmel / und eine neue Erde.
Man wird nicht mehr an das Frühere denken, / es kommt niemand mehr in den Sinn.
¹⁸Nein, ihr sollt euch ohne Ende freuen und jubeln / über das, was ich erschaffe.
Denn ich mache aus Jerusalem Jubel / und aus seinen Einwohnern Freude.
¹⁹Ich will über Jerusalem jubeln / und mich freuen über mein Volk.
Nie mehr hört man dort lautes Weinen / und lautes Klagen.
²⁰Dort gibt es keinen Säugling mehr, / der nur wenige Tage lebt,
und keinen Greis, / der nicht das volle Alter erreicht;
wer als Hundertjähriger stirbt, gilt noch als jung, / und wer nicht hundert Jahre alt wird, / gilt als verflucht.
²¹Sie werden Häuser bauen und selbst darin wohnen, / sie werden Reben pflanzen / und selbst ihre Früchte genießen.
²²Sie bauen nicht, / damit ein anderer in ihrem Haus wohnt,
und sie pflanzen nicht, / damit ein anderer die Früchte genießt.
In meinem Volk werden die Menschen so alt / wie die Bäume.
Was meine Auserwählten mit eigenen Händen erarbeitet haben, / werden sie selber verbrauchen.
²³Sie arbeiten nicht mehr vergebens, / sie bringen nicht Kinder zur Welt für einen jähen Tod.
Denn sie sind die Nachkommen der vom Herrn Gesegneten / und ihre Sprößlinge zusammen mit ihnen.
²⁴Schon ehe sie rufen, gebe ich Antwort, / während sie noch reden, erhöre ich sie.
²⁵Wolf und Lamm weiden zusammen, / der Löwe frißt Stroh wie das Rind / [doch die Schlange nährt sich von Staub].
Man tut nichts Böses mehr / und begeht kein Verbrechen / auf meinem ganzen heiligen Berg, spricht der Herr.
Jes 65, 16e–25

Die Tausendjährige Herrschaft

Dann sah ich einen Engel vom Himmel herabsteigen, auf seiner Hand trug er den Schlüssel zum Abgrund und eine schwere Kette. ²Er überwältigte den

Drachen, die alte *Schlange* – das ist *der Teufel* oder *der Satan* –, und er fesselte ihn für tausend Jahre. ³Er warf ihn in den Abgrund, verschloß diesen und drückte ein Siegel darauf, damit der Drache die Völker nicht mehr verführen konnte, bis die tausend Jahre vollendet sind. Danach muß er für kurze Zeit freigelassen werden. *Offb 20,1–3*

Der endgültige Sieg über den Satan

⁷Wenn die tausend Jahre vollendet sind, wird der Satan aus seinem Gefängnis freigelassen werden. ⁸Er wird ausziehen, um die Völker an den vier Ecken der Erde, den Gog und den Magog, zu verführen und sie zusammenzuholen für den Kampf; sie sind so zahlreich wie die Sandkörner am Meer. ⁹Sie schwärmten aus über *die weite Erde* und umzingelten das Lager der Heiligen und Gottes geliebte Stadt. Aber *Feuer fiel vom Himmel und verzehrte sie.* ¹⁰Und der Teufel, ihr Verführer, wurde in den See von *brennendem Schwefel* geworfen, wo auch das Tier und der falsche Prophet sind. Tag und Nacht werden sie gequält, in alle Ewigkeit. *Offb 20,7–10*

Gottes Wohnen unter den Menschen

Dann sah ich *einen neuen Himmel und eine neue Erde;* denn der erste Himmel und die erste Erde sind vergangen, auch das Meer ist nicht mehr. ²Ich sah *die heilige Stadt, das neue Jerusalem,* von Gott her aus dem Himmel herabkommen; sie war bereit *wie eine Braut, die sich* für ihren Mann *geschmückt hat.* ³Da hörte ich eine laute Stimme vom Thron her rufen: *Seht, die Wohnung* Gottes unter den Menschen! *Er wird in ihrer Mitte wohnen, und sie werden sein Volk sein; und er, Gott, wird bei ihnen sein.* ⁴*Er wird alle Tränen von ihren Augen abwischen:* Der Tod wird nicht mehr sein, keine *Trauer,* keine *Klage,* keine Mühsal. Denn was früher war, ist vergangen. *Offb 21,1–4*

Offenbarung, griech.: Apokalypse: Vorstellung vom Weltende durch ein Eingreifen Gottes in die Geschichte. Damit verbunden ist im jüdisch-christlichen Denken die Überzeugung von einem endgültigen Strafgericht und der Vernichtung des Bösen. In säkularisierter (verweltlichter) Form beeinflußten diese Ideen die modernen totalitären Weltanschauungen, z. B. Kommunismus und Nationalsozialismus (Paradies auf Erden, Tausendjähriges Reich).

Die verwendeten Bibelstellen sind der Einheitsübersetzung entnommen. (c) Katholische Bibelanstalt, Stuttgart.

3.14 Das Glück des Christen

3.14.1 Kann man glücklich sein ohne Glauben?

Macht die Religion die Menschen glücklicher? Zumindest bei jenen, die Nordamerikaner sind, im US-Bundesstaat Minnesota wohnen und im Jahr weniger als 85 000 Mark verdienen, scheint das so zu sein. Aus einer in Minneapolis veröffentlichten Umfrage geht hervor, daß viel weniger Menschen der mittleren Einkommensklasse, die sich selbst als nicht sehr gläubig bezeichnen, sich so glücklich fühlen wie die tief gläubigen Christen. In Kreisen mit höheren Einkommen scheint das Glücksgefühl auch ohne die Bindung an die Religion ausgeprägter zu sein; jedenfalls wurde durch die Umfrage ermittelt, daß es begüterten Christen subjektiv auch nicht besser geht als begüterten Nichtchristen.

Aus: Süddeutsche Zeitung vom 19. 4. 1983

3.14.2 Glücklich nur in der Gemeinschaft mit Gott?

Nach christlichem Glauben älterer Prägung (also bis etwa ins 19. Jahrhundert) war Glück nichts Irdisches und rein Menschliches. Es war eine Funktion des Verhältnisses zwischen dem einen Gott und dem Menschen. *Glücklich konnte dieser nur werden in der Gemeinschaft mit Gott,* nie ohne, geschweige denn gegen ihn. 1623, mit 31 Jahren, nach dem Verlust der Frau und der Söhne durch die Pest, geflüchtet ins Adlergebirge vor den katholischen Häschern, überblickt der große tschechische Pädagoge Comenius[1] „das Labyrinth der Welt" und erkennt, daß hier „nichts herrscht als Irrung und Verwirrung, Unsicherheit und Bedrängnis, Lug und Trug, Angst und Elend und zuletzt Ekel an allem und Verzweiflung". [...]
Über das Glück des wahren Christen lesen wir unter anderem folgendes: „Der wahre Christ will ferner einen Unterschied zwischen den Namen Glück und Unglück, Reichtum und Armut, Ehre und Schande, wie sie im Leben gang und gäbe sind, nicht anerkennen, er behauptet, daß alles was aus der Hand Gottes komme, gut, heilsam und glückbringend sei. Darum kennt er weder Kummer und Zweifel und Bedenken, ob er nun herrschen oder dienen, befehlen oder gehorchen, lehren oder lernen, im Überflusse leben oder darben solle; er geht, ohne nur eine Miene zu verziehen, gelassen seines Weges, nur darauf bedacht, allein Gott zu gefallen". Im Herzen der Frommen „wohnt jedoch nicht bloß der Friede, sondern auch Freude und Frohlocken ohne Ende, da sie die Gegenwart und die lebendige Wirksamkeit der Liebe Gottes sich empfinden. Denn so Gott ist, da ist der Himmel, da ist ewige Freude, wo aber ewige Freude ist, da bleibt dem Menschen nichts zu wünschen übrig. Ein bloßer

---
[1] s. Anhang

Schatten, ein schlechter Scherz, ein Nichts sind alle Freuden der Welt gegen diese Freude; ich kann nicht genug Worte finden, dies auszudrücken oder auch nur anzudeuten."

Aus: Schulz-Hageleit, Peter: Jugend - Glück - Gesellschaft. Heidelberg: Quelle & Meyer 1979

3.14.3

BLAISE PASCAL

Das ganze Unglück – nicht ruhig in einem Zimmer bleiben zu können

Wenn ich es mitunter unternommen habe, die mannigfaltige Unruhe der Menschen zu betrachten, sowohl die Gefahren wie die Mühsale, denen sie sich, sei es bei Hofe oder im Krieg, aussetzen, woraus so vielerlei Streit, Leidenschaften, kühne und oft böse Handlungen usw. entspringen, so habe ich oft gesagt, daß alles Unglück der Menschen einem entstammt, nämlich daß sie unfähig sind, in Ruhe allein in ihrem Zimmer bleiben zu können. Kein Mensch, der genug zum Leben hat, würde sich, wenn er es nur verstünde, zufrieden zu Haus zu bleiben, aufmachen, um die Meere zu befahren oder eine Festung zu belagern. Die Charge im Heer würde man nicht so teuer bezahlen, wenn man es nicht unerträglich fände, nicht aus der Stadt herauszukommen, und die Unterhaltungen und Zerstreuungen des Spiels sucht man nur, weil man nicht mit Vergnügen zu Haus bleiben kann.

Als ich dies des Näheren bedacht und den Grund all unserer Leiden erkannt hatte, wollte ich die Gründe hierfür finden. Ich fand, daß es einen überaus wirkungsvollen gibt; er liegt in dem natürlichen Unglück unserer schwachen, sterblichen und so elenden Seinslage, daß uns nichts zu trösten vermag, sobald wir nur genauer darüber nachdenken.

Elend. Das einzige, was uns in unserem Elend tröstet, ist die Zerstreuung, und dabei ist sie die Spitze unseres Elends; denn sie ist es, die uns grundsätzlich hindert, über uns selbst nachzudenken, die uns unmerklich verkommen läßt. Sonst würden wir uns langweilen, und diese Langeweile würde uns antreiben, ein besseres Mittel zu suchen, um sie zu überwinden. Die Zerstreuungen aber vergnügen uns und geleiten uns unmerklich bis zum Tode.

Trotz dieses Elends will der Mensch glücklich sein und nichts als glücklich sein, und er ist nicht fähig, zu wollen, daß er es nicht sei; wie aber könnte er es sein? Er müßte, um es wirklich zu sein, sich unsterblich machen; da er dies aber nicht vermag, verfiel er darauf, nicht daran zu denken.

Aus: Pascal, Blaise: Pensées. Über die Religion und über einige andere Gegenstände. Übertragen und herausgegeben von Ewald Wasmuth. Heidelberg: Lambert Schneider 1954

3.15 Das Paradies[1] – wie es der Koran[2] sieht

„Sie werden auf Kissen ruhen, welche mit Gold und edlen Steinen geschmückt sind, sie lehnen einander gegenüber. Jünglinge in ewiger Jugendblüte werden, um ihnen aufzuwarten, sie mit Bechern und Schalen voll fließenden Weines umkreisen, der den Kopf nicht schmerzen und den Verstand nicht trüben wird, und mit Früchten, von welchen sie nur wählen, und mit Fleisch von Geflügel, wie sie es nur wünschen können. Und Jungfrauen mit großen schwarzen Augen, gleich Perlen, die noch in ihren Muscheln verborgen sind, bekommen sie als Lohn ihres Tuns. Weder eitles Geschwätz noch irgendeine sündige Rede werden sie dort hören, sondern nur den Ruf: „Friede! Friede!" " *Sure 56, 16–27*

Aus: Der Koran. Das heilige Buch des Islam. Nach der Übertragung von Ludwig Ullmann neu bearbeitet und erläutert v. L. W. Winter. München: Goldmann 1959

3.16 Das Glück des Buddhisten

3.16.1

BUDDHA

Das reine, glückliche Land

Und jene Flüsse fließen dahin voll von herrlich duftendem Wasser und mit schönen Blumen bedeckt, widerhallend von den Tönen vieler Vögel, ... leicht zu durchwaten, frei von Schlamm und mit goldenem Sand auf dem Grunde. Und alle Wünsche, ... sie alle werden erfüllt, soweit sie ziemlich sind.
Und der liebliche Ton, der aus dem Wasser dieser Flüsse hervorkommt, der reicht bis in alle Teile dieses Buddhalandes hin. Und ein jeder hört den lieblichen Ton, den er zu hören wünscht, d. h. er hört von dem Buddha, den (sechs) Vollkommenheiten, den (zehn) Stufen, den Kräften, den Gründen zum Selbstvertrauen, den besonderen Dharmas eines Buddha, den analytischen Kenntnissen, von der Leere, dem Zeichenlosen und dem Wunschlosen, dem Unbewirkten, dem Ungeborenen, der Nicht-Erzeugung, Nicht-Existenz, Nicht-Aufhebung, der Ruhe, Stille und dem Frieden, der großen Freundlichkeit, dem großen Mitleid, der großen Mitfreude, dem großen Gleichmut, dem geduldigen Sichzufriedengeben mit der Tatsache, daß nie irgend etwas erzeugt wird, und der Erinnerung der Stufe, wo man geweiht wird. Und beim Hören

---

1 Paradies: Garten; allgemein: in vielen Religionen der Name für den glücklichen Ur- oder Endzustand der Menschen an einem Ort des Friedens
2 Koran: die „heilige Schrift" der Moslems, Grundlage der Weltreligion Islam, eine Sammlung von Offenbarungen Mohammeds aus den Jahren 610–632, eingeteilt in 114 „Suren" (Kapitel)

gewinnt man den erhabenen Eifer und die Freudigkeit, die mit Unverhaftetheit, Leidenschaftslosigkeit, Ruhe, Aufhören und Dharma verbunden ist und die die geistige Einstellung herbeiführt, die zur Erlangung der Erleuchtung führt. Und nirgends in diesem Weltsystem hört man von irgend etwas Ungesundem, nirgends von den Hindernissen, nirgends von den Strafzuständen, den Elendslagen und den schlimmen Schicksalen, nirgends vom Leiden. Selbst von Gefühlen, die weder angenehm noch unangenehm sind, hört man hier nicht, wieviel weniger vom Leiden! Und das ist der Grund, warum das Weltsystem das „Glückliche Land" genannt wird. Doch dies alles beschreibt es nur kurz, nicht in Einzelheiten. Ein Weltalter könnte wohl sein Ende erreichen, während man die glückbringenden Zustände im Weltsystem verkündet, und selbst dann würde man noch nicht mit der Aufzählung zu Ende gekommen sein.

Aus: Conze, Edward (Hrsg.): Im Zeichen Buddhas. Buddhistische Texte. Frankfurt/M.: Fischer 1957, © Verlag Bruno Cassirer, Oxford

3.16.2

HANS-JOACHIM SCHOEPS

Das Erlöschen des Durstes – Nirwana

Vom Lebensdurst, der nur Leid schafft und doch die Quelle alles Lebens ist, zu erlösen, d. h. durch Erkenntnis der Leidhaftigkeit allen Lebens den Lebensdurst zum Erlöschen zu bringen und die *Skandhas,* d. h. die Arten des Anklammerns an das Irdische, immer schwächer zu machen, ist das Ziel der buddhistischen Lehre. Buddha wußte wohl, daß der Durst aus den Empfindungen stammt und diese leid- und freudvoll sein können, die Menschen sich aber dauernd über die leidvollen hinwegtäuschen und die Gedanken an Not und Tod und das Schwere immer wieder zurückdrängen oder diese Dinge gar zu vergessen suchen. So entsteht der Wahn, als bringe das Leben mehr Glück und Freude als Leid. Haben die Menschen wirklich Schweres zu erdulden, so sehnen sie sich nach Freude; sind sie aber teilhaftig der Freude, so hoffen sie auf ihre Dauer und Steigerung. So kommt es, daß das Leben beherrscht wird von dem Durst nach Lebenslust und Freude. – Wer aber das Leben durchschaut, der unterscheidet Wahrheit und Schein, der sieht, wie aus Geburt nur Alter und Tod entstehen, der wird die Fackel auszulöschen wünschen und die Erlösung vom Leben begehren. Begehrt er dieses wahrhaft, dann geht es darum, daß er die vier Grundübel der Welt: Sinnenlust, Werdelust, Irrglaube, Unwissenheit, entwurzelt, wie das Buddha von sich selber ausgesagt hat: „Das, wodurch ich als ein Gott wieder erstehe oder zu einem Menschen würde, nämlich die (vier) Grundübel, sie sind in mir vernichtet, zerstört, entwurzelt. Wie der liebliche Lotus im Wasser nicht befleckt wird, so werde ich von der Welt nicht befleckt. Deshalb, Brahmane, bin ich ein Buddha."
Wer gleich Buddha eine solche Erkenntnis erlangt hat, die von allem Welthaften frei geworden ist, für den gibt es kein neues Werden, keine Wiedergeburt

und kein neues Karma[1] mehr. Er wird ein *Arhat,* kommt in den Stand der Heiligkeit. Dem geht insofern ein menschlicher Willensakt voraus, als der Buddhist sich von allen Eindrücken und Gemütsbewegungen willentlich frei gemacht hat. Nach diesem Vollzug aber bietet sich ihm die Aufhebung des Leidens, wovon die *dritte* heilige Wahrheit redet: die Aufhebung des Leidens durch die Aufhebung des Durstes.

Wenn aber kein neues Werden mehr entsteht, dann gelangt der Mensch ins *Nirwana.* Dieses ist als Ende der Samsara, des Kreislaufes (Rades) der Wiedergeburten, das Endziel, das summum bonum, dem die alte Buddhalehre zustrebt. „Gleichwie, ihr Mönche", sagt der Buddha, „der große Ozean nur einen Geschmack hat, den des Salzes, so hat diese Lehre und Ordnung nur einen Geschmack, den der Erlösung." [...]

Das Nirwana ist als Erlöschen des Durstes nicht auch unbedingt zugleich ein Aufhören des Lebens. Denn das Nirwana läßt sich als ein Heraustreten aus der karmischen Kausalverknüpfung schon *im* Leben erreichen und Buddha wird als immerfort lebend gedacht. Buddha hat die Frage, ob das Nirwana ein Sein oder Nichtsein sei, nicht beantwortet, und die buddhistische Theologie hat sowohl die positive als auch die negative Beantwortung verketzert. Definitionsmäßig läßt es sich aber nur negativ ausdrücken: nicht Begehren, nicht Bewußtsein, nicht Leben, aber auch nicht Tod. Nur *das* läßt sich positiv sagen, daß Nirwana der Zustand ist, wo man von der Seelenwanderung befreit ist, und nur vom Gesichtspunkt der endlosen Geburten mit ihrem Kreislauf von Leben und Tod ist es überhaupt möglich, mit dem Worte Nirwana einen Begriff zu verbinden. Im übrigen ist auch vom späteren Buddhismus die absolute Unbestimmtheit des Begriffes nicht festgehalten worden. Man denkt sich Nirwana als eine Seligkeit, die in Freiheit und Vergeistigung besteht. Aber wichtig ist gar nicht das Begriffliche, sondern das Bildliche, daß die von Buddha erreichte Seelenruhe („Meeresstille des Gemüts") eine so vollständige ist, daß sie in absoluter Gleichgültigkeit besteht – nicht nur aller Lust und allem Schmerz gegenüber, sondern, daß auch das eigene Leben so gleichgültig wird wie Glück und Besitz.

Aus: Schoeps, Hans-Joachim: Die großen Religionsstifter und ihre Lehren. München: List 1967, © Verlag Helmut Kossodo, Genf

---

[1] Karma: Zentralbegriff des Hinduismus und Buddhismus: das gute oder böse Handeln eines Menschen, bestimmend für die Wiedergeburt nach dem Tod

(Meditierender) Zen¹-Mönch

---

1 Zen: Meditationslehre des Buddhismus, verbreitet vor allem in Japan. Die religiöse Praxis zeigt sich z. B. in einer der Meditation dienenden Körperhaltung, aber auch in der Teezeremonie oder der Kunst des Blumensteckens. Ziel ist eine unmittelbare, nicht mehr logisch vermittelte Wahrnehmung der Welt.

3.17 Nichthandeln als wahres Glück – Taoismus[1]

Wahres Glück

Gibt es überhaupt wahres Glück? Gibt es etwas, das unser Leben erhalten kann? Was soll ich tun und was soll ich glauben? Was soll ich meiden und wem soll ich folgen? Was soll ich annehmen und was zurückweisen? Was soll ich lieben und was soll ich hassen? Was die Welt schätzt, ist Reichtum, Rang, langes Leben und Güte. Was die Leute genießen, ist Gesundheit, gutes Essen, feine Kleidung, Schönheit und Musik. Was sie hassen, ist Armut, Niedrigkeit, jung sterben und häßliche Krankheit. Worüber sich die Leute sorgen machen, ist, daß ihr Leib nicht gesund bleibt, und daß sie nicht imstande sein könnten, schmackhafte Speisen zu genießen, feine Kleider zu tragen, schöne Dinge zu sehen und gute Musik zu hören. Wenn sie diese Dinge nicht erhalten können, verfallen sie in tiefe Trauer und Sorge. Solches Haften an Äußerlichkeiten ist wirklich töricht. Die Reichen laufen geschäftig herum, um Reichtum aufzuhäufen, den sie nicht gebrauchen können. Ihre Art, sich an äußere Bequemlichkeit zu klammern, ist oberflächlich. Die, welche Stellungen bekleiden, planen und sorgen Tag und Nacht und fragen: „Soll ich das tun oder nicht?" Ihre Art, sich an die Äußerlichkeiten des Lebens zu halten, ist nicht verläßlich. Wenn ein Mensch geboren wird, kommt der Kummer mit ihm. Die alten Leute leben in greisenhaftem Verfall, von Kummer gebeugt, und können doch nicht sterben! Welch ein trauriger Anblick! Sind sie nicht in ihrem Streben nach Sichtbarem weit in die Irre gegangen? Märtyrer gelten in der Weltmeinung als gut. Aber ihre Güte hindert sie nicht, ihr Leben zu verlieren, und ich weiß nicht, ob das, was gut ist, in Wirklichkeit gut ist oder schlecht. Wenn jenes der Fall ist, hilft es dennoch nicht, das Leben zu bewahren; wenn aber dieses, so ermöglicht ihnen ihr Märtyrertum doch, andere zu retten...
Und was das betrifft, was die Welt tut, und die Art, wie die Leute jetzt ihr Glück suchen, weiß ich wirklich nicht, ob ein solches Glück wirklich Glück ist oder nicht vielmehr Unglück. Ich betrachte die Welt, wie sie mit der Menge herumfährt, um dem Glücke nachzujagen, als ob etwas sie dazu antriebe. Freilich sagen sie alle, sie seien glücklich. Ich habe an ihrem Glück oder Unglück keinen Anteil. Gibt es überhaupt so etwas wie Glück oder Unglück? Ich betrachte Untätigkeit als das wahre Glück, während die Welt sie als großes Unglück ansieht. Es ist gesagt worden: „Vollkommenes Glück ist das Nichtvorhandensein des (Strebens nach) Glück; vollkommenes Ansehen ist das Nichtvorhandensein (der Sorge um) Ansehen."

Aus: Yutang, Lin (Hrsg.): Laotse. Frankfurt/M.: Fischer 1956

---

[1] Taoismus: von Lao-Tse (6. Jahrhundert v. Chr.) begründete chinesische Philosophie. Das „Tao" ist der Weg, aus dem das Weltgeschehen seinen Anfang nimmt und wohin es wieder zurückkehrt, ähnlich wie die Sterne am Himmel ihre Bahn ziehen.

4. Utopien

4.1 Utopische Entwürfe und Versuche

(1) Mein Schlußsatz ist, daß der wirkliche Mensch einen viel höheren Wert darstellt als der „wünschbare" Mensch irgend eines bisherigen Ideals.

Nietzsche

(2) Wenn er nicht hofft, so wird er das Unverhoffte nicht finden.   *Heraklit*

(3) Ein neues Lied, ein besseres Lied,
O Freunde, will ich euch dichten!
Wir wollen hier auf Erden schon
Das Himmelreich errichten.

Wir wollen auf Erden glücklich sein
Und wollen nicht mehr darben;
Verschlemmen soll nicht der faule Bauch,
Was fleißige Hände erwarben.

Es wächst hinieden Brot genug
Für alle Menschenkinder,
Auch Rosen und Myrten, Schönheit und Lust,
Und Zuckererbsen nicht minder.

Ja, Zuckererbsen für jedermann
Sobald die Schoten platzen!
Den Himmel überlassen wir
Den Engeln und den Spatzen.

Und wachsen uns Flügel nach dem Tod,
So wollen wir euch besuchen
Dort oben, und wir, wir essen mit euch
Die seligsten Torten und Kuchen.

Ein neues Lied, ein besseres Lied,
Es klingt wie Flöten und Geigen!
Das Miserere ist vorbei,
Die Sterbeglocken schweigen.

...

Aus: Heine, Heinrich: Deutschland. Ein Wintermärchen. Frankfurt: Insel 1983

4.1.1

OVID

Das goldene Zeitalter

Und es entstand die erste, die goldene Zeit: ohne Rächer,
Ohne Gesetz, von selber bewahrte man Treue und Anstand.
Strafe und Angst waren fern; kein Text von drohenden Worten
Stand an den Wänden auf Tafeln von Erz; es fürchtete keine
Flehende Schar ihren Richter: man war ohne Rächer gesichert.
Fichten fällte man nicht, um die Stämme hernieder von ihren
Höhn in die Meere zu rollen, nach fremden Ländern zu fahren;
Außer den ihrigen kannten die Sterblichen keine Gestade.
Keinerlei steil abschüssige Gräben umzogen die Städte;
Keine geraden Posaunen, nicht eherne Hörner, gekrümmte,
Gab es, nicht Helme noch Schwert, des Soldaten bedurften die Völker
Nicht: sie lebten dahin sorglos in behaglicher Ruhe.
Selbst die Erde, vom Dienste befreit, nicht berührt von der Hacke,
Unverwundet vom Pflug, so gewährte sie jegliche Gabe,
Und die Menschen, zufrieden mit zwanglos gewachsenen Speisen,
Sammelten Früchte des Erdbeerbaums, Erdbeeren der Berge,
Kornelkirschen, in stachligen Brombeersträuchern die Früchte
Und die Eicheln, die Jupiters Baum, der breite, gespendet.
Ewiger Frühling herrschte, mit lauem und freundlichem Wehen
Fächelten Zephyrlüfte die Blumen, die niemand gesäet.
Ja, bald brachte die Erde, von niemand bepflügt, das Getreide:
Ungewendet erglänzte das Feld von gewichtigen Ähren.
Hier gab's Ströme von Milch, dort ergossen sich Ströme von Nektar,
Und es troff von der grünenden Eiche der gelbliche Honig.

Aus: Publius Ovidius Naso: Verwandlungen. Übersetzt v. H. Breitenbach. Zürich: Artemis 1958

4.1.2

THOMAS MORUS

Utopia

Arbeitsverteilung, Kleidung und Wohlstand

An dieser Stelle müssen wir jedoch, um einen Irrtum zu vermeiden, einen bestimmten Punkt genauer betrachten. Weil sie nämlich nur sechs Stunden an der Arbeit sind, könnte man vielleicht auf den Gedanken kommen, es müsse sich daraus ein Mangel an lebensnotwendigen Dingen ergeben. Weit gefehlt! Diese Arbeitszeit genügt vielmehr zur Erzeugung aller Dinge, die lebensnotwendig sind oder zur Bequemlichkeit dienen, ja, es bleibt sogar noch Zeit übrig. Auch ihr werdet das begreifen, wenn ihr bedenkt, ein wie großer Teil des Volkes bei anderen Völkern untätig dahinlebt: zunächst einmal fast alle Frauen, die Hälfte der Gesamtbevölkerung; oder, wo die Frauen werktätig sind, dort faulenzen an ihrer Stelle meistenteils die Männer; dazu kommen dann noch die Priester und sogenannten Geistlichen – welch riesige, welch faule Gesellschaft! Nimm all die reichen Leute hinzu, vor allem die Großgrundbesitzer, die man gewöhnlich Vornehme und Adlige nennt! Zähle dazu deren Dienerschaft, jenen ganzen Haufen bewaffneter Taugenichtse! Füge dazu endlich die gesunden und arbeitsfähigen Bettler, die irgendeine Krankheit zum Vorwand ihrer Faulenzerei nehmen! Sicherlich wirst du dann viel weniger Leute finden, als du geglaubt hättest, von deren Arbeit all das herrührt, was die Menschen brauchen. Und nun erwäge noch, wie wenige selbst von diesen ein lebensnotwendiges Gewerbe betreiben, weil ja doch, da wir alles nach Geld und Geldeswert messen, viele völlig unnütze und überflüssige Tätigkeiten ausgeübt werden, die nur der Genußsucht und dem Vergnügen dienen! Wenn nämlich diese ganze Menge der Werktätigen auf die wenigen Gewerbe verteilt würde, die eine zweckmäßige Verwendung der Naturgüter fordert, so wären bei dem dann natürlich bestehenden Überfluß an Waren die Preise zweifellos niedriger als daß die Handwerker davon ihr Leben fristen könnten. Wenn aber alle, die jetzt mit unnützen Gewerben beschäftigt sind, wenn dazu noch das ganze Heer der schlaffen Nichtstuer und Faulenzer, von denen jeder einzelne von den Dingen, die auf Grund der Arbeit der anderen zur Verfügung stehen, so viel verbraucht wie zwei, die sie herstellen, wenn also diese alle zur Arbeit, und zwar zu nützlicher Arbeit herangezogen würden, dann könntest du leicht feststellen, wie wenig Zeit reichlich genug, ja überreichlich wäre, um alles das bereitzustellen, was unentbehrlich oder nützlich ist – ja, setze ruhig noch hinzu, was zum Vergnügen, mindestens zu einem natürlichen und echten Vergnügen, dient.

Gerade das machen die Verhältnisse in Utopien klar. Denn dort sind in der ganzen Stadt mitsamt ihrer nächsten Umgebung von der Gesamtzahl der Männer und Frauen, die ihrem Lebensalter und Gesundheitszustand nach arbeitsfähig sind, kaum fünfhundert Menschen von der Arbeit freigestellt. Unter ihnen erlauben sich selbst die Syphogranten, obgleich sie gesetzlich von der Arbeitsleistung befreit sind, keine Ausnahme, um durch ihr Beispiel die übrigen um so mehr zur Arbeit anzuspornen. Derselben Vergünstigung erfreuen sich die, denen auf Empfehlung der Priester das Volk durch geheime Abstimmung der Syphogranten dauernde Arbeitsbefreiung zum gründlichen Studium der Wissenschaften gewährt. Enttäuscht einer von ihnen die auf ihn gesetzten Erwartungen, so wird er wieder zu den Handwerkern versetzt. Umgekehrt kommt es nicht selten vor, daß irgendein Handwerker seine Freizeit so emsig zum Studium benützt und dank seines Fleißes solche Fortschritte macht, daß er von seinem Handwerk befreit und in die Klasse der Wissenschaftler befördert wird.

Aus diesem Stande der wissenschaftlich Gebildeten werden die Gesandten, die Priester, die Traniboren gewählt, und schließlich auch der Staatspräsident selbst, den sie in ihrer älteren Sprache ‚Barzanes', in der neueren ‚Adernos' nennen.

Da nun fast die ganze übrige Bevölkerung weder untätig ist noch mit unnützen Arbeiten beschäftigt, kann man leicht berechnen, wie wenige Stunden ausreichen, um eine Menge guter Arbeit zu leisten.

Zu allem, was ich erwähnt habe, kommt noch die weitere Erleichterung hinzu, daß sie in den meisten lebensnotwendigen Gewerben mit weniger Arbeit auskommen als andere Völker. Denn zunächst erfordert überall der Bau oder die Ausbesserung der Häuser deswegen die ständige Arbeit so vieler, weil der liederliche Erbe allmählich zerfallen läßt, was der Vater gebaut hat, so daß sein Nachfolger gezwungen wird, mit großen Kosten von Grund aus wieder zu erneuern, was er selber mit geringem Aufwand hätte erhalten können. Ja, oft verschmäht der verwöhnte Geschmack des einen ein Haus, das ein anderer unter ungeheuren Kosten errichtete; er vernachlässigt es daher, läßt es in kurzer Zeit verfallen und baut sich anderswo mit nicht geringeren Kosten ein anderes.

Bei den Utopiern aber kommt es seit der Regelung aller dieser Dinge und der Begründung des Gemeinwesens sehr selten vor, daß neues Gelände zum Häuserbau gesucht wird; und nicht nur sichtbaren Schäden wird rasch abgeholfen, sondern auch drohenden vorgebeugt. So kommt es, daß ihre Gebäude bei geringstem Arbeitsaufwand sehr lange erhalten bleiben und die Bauhandwerker zeitweise kaum etwas zu tun haben, außer daß sie derweilen zu Hause Bauholz zuzurichten und Steine zuzuhauen und anzupassen geheißen werden, damit im Bedarfsfalle der Bau rascher voranschreiten kann.

Sieh ferner, wie weniger Mühe die Kleidung bedarf! Zunächst einmal tragen sie bei der Arbeit einen einfachen Anzug aus Leder oder Fellen, der bis zu sieben Jahren hält. Wenn sie ausgehen, ziehen sie ein Obergewand darüber, das jene gröbere Kleidung verdeckt; seine Farbe ist auf der ganzen Insel dieselbe, und zwar die Naturfarbe. Daher genügt nicht nur viel weniger Wollstoff als irgendwo sonst, sondern dieser selbst ist auch viel billiger. Aber noch geringer ist die Mühe mit dem Leinen, das daher noch häufiger getragen wird. Man sieht aber bei der Leinwand nur auf die Weiße, bei der Wolle nur auf die Sauberkeit; auf feinere Webart legt man keinen Wert.

So kommt es denn, daß, während nirgends sonst für eine Person vier oder fünf verschiedenfarbige Tuchanzüge und ebenso viele seidene Unterkleider ausreichen – für anspruchsvolle Leute nicht einmal zehn –, dort jeder sich mit einem einzigen Anzug, meist für zwei Jahre, begnügt. Es liegt ja auch kein Grund für ihn vor, mehr Kleider zu wünschen; bekäme er sie, so wäre er weder gegen die Kälte besser geschützt, noch sähe er in seiner Kleidung auch nur um ein Haar vornehmer aus.

Weil nun aber alle nützliche Gewerbe betreiben und dabei wiederum mit weniger Arbeit auskommen, ist es verständlich, daß sie Überfluß an allen

Erzeugnissen haben und zeitweise eine gewaltige Menge von Arbeitern zur Ausbesserung der Staatsstraßen, wenn diese überholungsbedürftig sind, heranziehen können, sehr oft auch, wenn kein Bedarf an derartigen Arbeiten vorliegt, von Staats wegen die Verkürzung der Arbeitszeit verkünden. Denn die Behörden plagen die Bürger nicht gegen ihren Willen mit überflüssiger Arbeit, da die Verfassung dieses Staates vor allem nur das eine Ziel vor Augen hat, soweit es die öffentlichen Belange zulassen, allen Bürgern möglichst viel Zeit von der körperlichen Fron für die Freiheit und Pflege des Geistes sicherzustellen. Darin liegt nämlich nach ihrer Meinung das Glück des Lebens. [...]

Nichtigkeit des Besitzes

Diese nämlich wundern sich, daß es einen Menschen gibt, den das trübselige Funkeln eines winzigen Splitters oder Steinchens Spaß macht, wo er doch die Sterne oder sogar die Sonne selbst betrachten kann, oder der so unsinnig ist, daß er sich wegen eines feineren Wollfadens für vornehmer dünkt, während doch diese Wolle selbst, wie fein auch der Faden sein mag, einst ein Schaf getragen hat, das dabei doch nichts anderes gewesen ist als ein Schaf. Sie verstehen es genausowenig, daß das von Natur aus so unnütze Gold heutzutage überall in der Welt so hoch geschätzt wird, daß selbst der Mensch, durch den und vor allem für den es diesen Wert erhalten hat, viel weniger gilt als das Gold, ja daß irgendein Bleischädel, der nicht mehr Geist als ein Holzklotz besitzt und ebenso schlecht wie dumm ist, dennoch viele kluge und wackere Männer in seinem Dienst haben kann, nur deshalb, weil ihm ein großer Haufen Goldstücke zugefallen ist. Spielt diesen aber das Schicksal oder die Tücke der Gesetze, die nicht weniger als das Schicksal selber das Unterste zu oberst kehrt, von dem Besitzer dem verworfensten Taugenichts seines ganzen Gesindes zu, so gerät jener natürlich im Handumdrehen wie ein Anhängsel und eine Zugabe zu den Goldstücken in den Dienst seines eigenen Dieners. Noch viel mehr aber wundern und empören sie sich über den Unverstand derer, die jenen Reichen, ohne ihnen etwas zu verdanken oder zu schulden, aus keinem anderen Grunde, als weil sie eben reich sind, geradezu göttliche Ehren erweisen und das, obwohl sie jene genau als so schmutzige Geizhälse kennen, daß sie mit völliger Gewißheit von dem riesigen Haufen Goldes zu ihren Lebzeiten niemals auch nur einen einzigen Groschen bekommen werden. [...]

Lob der utopischen Staatsverfassung

Ich habe euch so wahrheitsgetreu wie möglich die Verfassung dieses Staatswesens beschrieben, das nach meiner festen Überzeugung nicht nur das beste, sondern auch das einzige ist, das mit Recht den Namen eines ‚Gemeinwesens‘ für sich beanspruchen kann. Denn wo man sonst vom Gemeinwohl spricht, haben es alle nur auf den eigenen Nutzen abgesehen; hier, wo es nichts Eigenes gibt, berücksichtigt man ernstlich die Belange der Allgemeinheit. Hier wie da handelt man mit gutem Grund. Denn wie wenige gibt es anderswo, die nicht wissen, daß sie, falls sie nicht für sich selbst sorgen, trotz noch so großer Blüte des Staates Hungers sterben müßten? Und deshalb drängt jeden die Not, mehr sich selbst als das Volk, das heißt: die anderen, zu berücksichtigen. Hier dagegen, wo allen alles gehört, ist jeder sicher, daß keinem etwas für seine persönlichen Bedürfnisse fehlt, sofern nur dafür gesorgt wird, daß die öffentlichen Speicher gefüllt sind. Es gibt nämlich keine mißgünstige Güterverteilung, es gibt weder Arme noch Bettler dort, und obwohl keiner etwas besitzt, sind doch alle reich. Denn welch größeren Reichtum kann es geben, als wenn man, jeder Sorge ledig, frohen und ruhigen Herzens leben kann, ohne um sein tägliches Brot zu bangen, ohne von der jammernden Ehefrau um Geld geplagt zu werden, ohne die Verarmung des Sohnes fürchten zu müssen und sich um die Mitgift der Tochter zu sorgen, sondern des eigenen Auskommens und Glückes genauso sicher zu sein wie dessen aller seiner Angehörigen: Frau, Kinder, Enkel, Urenkel, Ururenkel, kurz wie lang sich die Reihe seiner Nachkommen ein Edelmann vorstellt? Zumal nicht weniger für die gesorgt ist, die jetzt arbeitsunfähig sind, einst aber geschafft haben, als für die, die jetzt arbeiten.

Aus: Heinisch, Klaus J. (Hrsg.): Der utopische Staat. Reinbek: Rowohlt 1960

4.1.3

TOMMASO CAMPANELLA

Sonnenstaat

Gemeinbesitz und Brüderlichkeit

Der Genuese: Die Menschen sind von Indien in jenes Land gekommen. Sie flohen vor der Geißel der Zauberer, Räuber und Tyrannen, die dort hausten, und beschlossen, gemeinsam ein philosophisches Leben zu führen.
Wenn es nun auch bei den übrigen Einwohnern des Landes keinen gemeinsamen Besitz der Frauen gibt, so ist er bei ihnen doch gebräuchlich, und zwar aus folgendem Grunde: Alles bei ihnen ist Gemeinbesitz. Die Verteilung aber liegt in den Händen der Behörden. Die Wissenschaften jedoch, die Ehrungen und Vergnügungen sind so Gemeinbesitz, daß sich keiner etwas davon vorbehalten kann.
Sie behaupten, daß der Eigentumsbegriff daher komme, daß wir unsere eigenen Wohnungen und eigene Kinder und Frauen haben. Daraus entsteht die Selbstsucht. Denn um den Sohn zu Reichtum und Würden zu bringen und als Erben eines großen Vermögens zu hinterlassen, werden wir alle zu Räubern an dem Gemeinwesen, insofern wir, infolge unserer Herkunft und durch Reichtum mächtig, jegliche Rücksicht und Scheu ablegen oder aber, gering an Kräften, Vermögen und Herkommen, geizig, hinterhältig und heuchlerisch werden. Wenn wir aber die Selbstsucht aufgeben, so bleibt bloß noch die Liebe zur Gemeinschaft übrig.

Der Großmeister: Dann will also niemand arbeiten. Jeder erwartet, daß die anderen arbeiten, damit er selbst leben kann. Das bringt bereits Aristoteles gegen Platons Staatsidee vor.

Der Genuese: Ich habe das Disputieren nicht gelernt. Indessen sage ich dir, daß sie von einer kaum glaublichen Vaterlandsliebe beseelt sind; und genauso, wie es die Geschichte von den Römern erzählt, die freiwillig für ihr Vaterland starben, werfen diese ihr Eigentum von sich. Ich glaube übrigens, daß auch unsere Brüder, Mönche und Kleriker, wenn sie nicht aus Liebe zu ihren Verwandten und Freunden oder aus Eifer, zu höheren Würden aufzusteigen, zu Fall kämen, bei weitem heiligmäßiger, weniger eigensüchtig und mehr von Liebe zu ihren Nächsten beseelt sein könnten, wie es zu Zeiten der Apostel und auch jetzt noch viele Menschen sind.

Der Großmeister: Der heilige Augustinus scheint mir jedoch der Ansicht zu sein, und auch ich glaube es, daß unter dieser Art von Menschen die Freundschaft nichts gilt, weil sie nichts besitzen, womit sie sich gegenseitig eine Wohltat erweisen könnten.

Der Genuese: Aber sicher! Es lohnt sich tatsächlich, es zu beobachten: Zwar kann keiner vom anderen Geschenke annehmen, denn was sie benötigen, bekommen sie von der Gemeinschaft, und die Behörden achten streng darauf, daß keiner mehr erhält, als er verdient, jedoch auch keinem etwas Notwendigeres vorenthalten wird. Aber die Freundschaft tritt unter ihnen zu Tage im Krieg, in Krankheitsfällen oder auch beim Wettstreit in den Wissenschaften, wo sie sich gegenseitig mit Rat und Belehrung unterstützen. Mitunter erweisen sie sich auch gegenseitig Lob, Ehre, Dienstleistungen und Geschenke aus ihrer eigenen Zuteilung. [...]

Ehrungen, Dienst, Gemeinschaftsarbeit

Vermögen und Vorräte achten sie gering, da ja jedem das geliefert wird, was er braucht, abgesehen von Ehrengaben. Man pflegt nämlich Helden und Heldinnen zu beschenken, das heißt, ihnen kleine Geschenke ehrenhalber bei Festlichkeiten während des Mahles in Form von schönen Kränzen, prächtigen Gewändern oder ausgesuchten Speisen zu überreichen.

Tagsüber und innerhalb der Stadt tragen sie alle weiße Kleider; nachts aber und außerhalb der Stadt ziehen sie rote aus Wolle oder Seide an. Die schwarze Farbe verabscheuen sie als den Auswurf der Dinge und hassen deshalb die Japaner, die Freunde der schwarzen Farbe sind.

Den Hochmut halten sie für das fluchwürdigste Laster, und ein stolzes Gehaben wird durch die tiefste Erniedrigung gestraft.

Darum sieht es auch niemand für eine niedere Betätigung an, bei Tische oder in der Küche oder bei Kranken usw. Dienste zu verrichten. Sie nennen vielmehr jede Beschäftigung ‚Dienst‘ und meinen, es sei ebenso ehrenhaft, mit den Füßen zu gehen und sich durch den Darm zu entleeren wie mit dem Auge zu sehen und mit der Zunge zu sprechen; denn jenes scheidet Tränen, dieses

Speichel als Absonderung aus, wenn es nötig ist. Deshalb erfüllt jeder jeden Dienst, zu dem er bestellt wird als einen durchaus ehrenhaften. Die sittenlose Sklaverei kennen sie nicht. Sie sind sich selbst genug und mehr als genug. Bei uns ist das leider anders! 70 000 Menschen leben in Neapel, und von ihnen arbeiten kaum zehn- oder fünfzehntausend. Diese kommen durch übermäßige, andauernde, tägliche Arbeit herunter und gehen zugrunde. Die restlichen Müßiggänger aber verderben gleichfalls, und zwar durch Faulheit, Geiz, körperliche Gebrechen, Ausschweifung, Wucher usw. Dabei verführen und verderben sie den größten Teil des Volkes, indem sie es in Armut und knechtischer Kriecherei halten und die eigenen Laster auf es übertragen. Somit fehlt die öffentliche Dienstleistung und der gemeinnützige Arbeitseinsatz. Feldarbeit, Kriegsdienst und Handwerk werden nur schlecht und mit größtem Widerwillen von einigen wenigen ausgeübt.

In der Sonnenstadt dagegen werden die öffentlichen Dienste und Arbeiten jedem einzelnen zugeteilt; deshalb genügt es auch, wenn jeder kaum vier Stunden arbeitet. Die übrige Zeit verbringt er auf angenehme Weise mit Lernen, Disputieren, Lesen, Erzählen, Schreiben, Spazierengehen, geistigen und körperlichen Übungen und Vergnügungen. Jedoch ist ihnen kein Spiel erlaubt, das im Sitzen gespielt wird, weder Würfel- noch Schach- noch andere Brett- oder ähnliche Spiele. Sie belustigen sich vielmehr mit Bällen, Ledersäkken, Reifen und Ringen, mit Pfahlwerfen, Pfeil- und Armbrustschießen usw. Weiterhin behaupten sie, daß die harte Armut die Menschen feil, hinterlistig, verschlagen, diebisch, hinterhältig, landflüchtig, lügnerisch, meineidig usw. mache, der Reichtum aber unmäßig, hochmütig, unwissend, verräterisch, grundlos eingebildet, prahlerisch, gefühllos, streitsüchtig usw. Die echte Gemeinschaft aber mache alle zugleich reich und arm: reich, weil sie alles haben, arm, weil sie nichts besitzen; und dabei dienen sie nicht den Dingen, sondern die Dinge dienen ihnen. Deshalb loben sie auch die christlichen Mönche, besonders aber das Leben der Apostel.

Aus. Heinisch, Klaus J. (Hrsg.): Der utopische Staat. Reinbek: Rowohlt 1960

4.1.4

JONATHAN SWIFT

Gullivers Reise in das Land der Hauyhnhnms

Gulliver stellt bald fest, daß er in einer Art „verkehrter Welt" gelandet ist: die Insel wird von Pferden, den Hauyhnhnms, regiert; als Last- und Zugtiere werden die Yähus gehalten, die den Menschen, allerdings auf einer sehr archaischen Stufe, entsprechen.

Begriff der Hauyhnhnms von Wahrheit und Falschheit

Ich gestand ein, daß ich den Yähus in jedem Teile meines Körpers gleiche, daß ich mir jedoch ihre entartete und viehische Natur nicht erklären könne. Ich sagte ferner: Wenn das Glück mich jemals in mein Vaterland zurückführe, und wenn ich dann, wie ich beschlossen habe, meine Reise hierher erzähle, so würde jeder glauben, ich habe etwas berichtet, was nirgends existiere, und habe eine Geschichte ins Blaue hinein erfunden; ich müsse bei aller Achtung, die ich gegen ihn, seine Familie und Freunde hege, und unter der Bedingung, daß er sich nicht beleidigt fühle, offen eingestehen, daß meine Landsleute mir schwerlich glauben würden, ein Hauyhnhnm sei das herrschende Geschöpf einer Nation und der Yähu das Vieh.

Mein Herr hörte mich mit Zeichen des Ärgers in seinen Zügen an, denn Bezweifeln oder Nichtglauben ist in diesem Lande so wenig bekannt [...]. Seine Schlußfolgerung war nämlich so: Der Gebrauch der Rede ist uns zum gegenseitigen Verständnis und zur Erkenntnis der Tatsachen gegeben. Sagt nun jemand irgend etwas, das nicht existiert, so wird der Zweck verfehlt, weil man ja von mir nicht sagen kann, daß ich den Sinn seiner Rede begreife [...]. Während dieser Unterredung hatte mein Herr mehreremal die Güte, mich zu unterbrechen. Ich mußte häufige Umschreibungen gebrauchen, um ihm die Natur der verschiedenen Verbrechen darzustellen, wegen derer ein Teil meiner Schiffsmannschaft gezwungen war, aus dem Vaterlande zu fliehen. Diese Arbeit erforderte ein Gespräch von mehreren Tagen, bevor er mich verstehen konnte. Er war durchaus nicht imstande zu begreifen, wozu die Ausübung dieser Laster notwendig und nützlich sei. Um ihm dieses klarzumachen, suchte ich ihm einen Begriff von dem Wunsche, Reichtümer und Macht zu erwerben, beizubringen; ferner auch von den furchtbaren Folgen der Wollust, Unmäßigkeit, der Bosheit und des Neides. Alles dies mußte ich ihm durch Beispiele und durch erfundene Fälle erläutern [...].

Für Macht, Regierung, Krieg, Gesetz, Strafe und für tausend andere Dinge fand sich kein Ausdruck in seiner Sprache [...].

Da die edlen Hauyhnhnms von der Natur mit einer allgemeinen Anlage zu allen Tugenden begabt sind und keine Begriffe und Ideen von dem Bösen bei vernünftigen Geschöpfen besitzen, so besteht ihr Hauptgrundsatz in Ausbildung der Vernunft, um allein von dieser geleitet zu werden. Auch gilt die Vernunft bei ihnen nicht als problematischer Begriff, wie dies bei uns der Fall ist, wo man plausible Gründe für und gegen ihre Existenz angeben kann, sondern sie erweckt bei ihnen augenblickliche Überzeugung, wie dies überall notwendig ist, wo sie durch Leidenschaft und Interesse nicht verfälscht, verdunkelt oder entfärbt wird [...].

Freundschaft und Wohlwollen sind die zwei hauptsächlichsten Tugenden der Hauyhnhnms, und diese werden nicht auf einzelne Individuen beschränkt, sondern über das ganze Geschlecht hin ausgedehnt. Ein Fremder aus dem entferntesten Teile des Landes wird ebenso wie der nächste Nachbar behandelt; wohin er auch kommt, benimmt er sich sogleich, als sei er zu Hause. Die Hauyhnhnms beobachten Anstand und Höflichkeit im höchsten Grade, sind aber mit Komplimenten gänzlich unbekannt. Sie hegen keine Zärtlichkeit für ihre Füllen; die Sorgfalt, die sie trotzdem auf ihre Erziehung verwenden, entspringt ausschließlich aus den Vorschriften der Vernunft. Ich bemerkte auch, daß mein Herr dieselbe Neigung zu den Kindern seines Nachbarn hatte wie für seine eigenen. Sie glauben, die Natur erfordere, daß man die ganze Gattung liebe; es sei ferner vernünftig, daß man bloß diejenigen Individuen auszeichne, die einen höheren Grad der Tugend besitzen.

Wenn eine Hauyhnhnms-Frau je ein Füllen beiderlei Geschlechtes hat, so kommt sie mit ihrem Gatten nur dann noch zusammen, wenn durch irgendeinen Zufall ein Füllen ihrer Nachkommenschaft verloren geht [...].

Diese Vorsicht ist notwendig, damit das Land nicht zu sehr bevölkert werde. Die Rasse der niedern Hauyhnhnms muß sich jedoch nicht so genau auf diese Zahl beschränken; ihre Füllen dürfen von jedem Geschlechte drei betragen, die dann später als Bediente in den adligen Familien angestellt werden [...].

Das junge Paar kommt zusammen und wird ganz allein deshalb verbunden, weil dies der Wille seiner Eltern und Verwandten ist. Die jungen Leute betrachten dies als etwas ganz Selbstverständliches und als eine Handlung, die vernünftigen Wesen natürlich ist. Eine Verletzung der Ehe und eine andere unmoralische Handlung ist jedoch unerhört, und das verheiratete Paar verbringt sein Leben in derselben gegenseitigen Freundschaft und mit demselben Wohlwollen, wie es anderen, die mit ihnen zusammenkommen, erwiesen wird; Eifersucht, Zärtlichkeit, Zänkerei oder Unzufriedenheit sind unbekannte Begriffe.

In Erziehung der Jugend beider Geschlechter ist die Methode der Hauyhnhnms bewunderungswürdig und verdient große Nachahmung. Die Füllen dürfen kein Korn Hafer berühren, mit Ausnahme gewisser Tage, bis sie das achtzehnte Jahr erreicht haben; Milch erhalten sie nur selten; im Sommer grasen sie zwei Stunden des Morgens und dieselbe Zeit am Abend, wobei sie von ihren Eltern beaufsichtigt werden. Den Dienern ist nicht mehr als die Hälfte dieser Zeit zugestanden, und ein großer Teil des Grases, wovon sie sich nähren, wird nach Hause gebracht. Sie essen dieses in passenden Stunden, wenn man sie am besten bei der Arbeit entbehren kann.

Mäßigkeit, Fleiß, Körperbewegung und Reinlichkeit werden den Füllen beider Geschlechter als immerwährende Lehren gegeben. Auch hielt es mein Herr für ein unnatürliches Verfahren, daß wir den weiblichen Personen unserer Art eine andere Erziehung als den männlichen geben, mit Ausnahme einiger Punkte, welche die Verwaltung des Hauswesens betreffen. Er bemerkte mit vollkommenem Recht, die Hälfte unserer Staatsbürger sei deshalb zu nichts anderem zu brauchen als zum Hervorbringen von Kindern. Der Umstand jedoch, daß man die Erziehung der Kinder solchen nutzlosen Personen anvertraue, sei ein noch größerer Beweis unserer tierischen Natur.

Die Hauyhnhnms erziehen ihre Jugend zur Kraft, Schnelligkeit und Abhärtung; sie müssen auf steilen Anhöhen und steinigem Boden öfters Wettrennen laufen. Sind die Füllen in Schweiß geraten, so müssen sie sich bis über die Ohren in einen Teich oder Fluß tauchen. Viermal des Jahres kommt die Jugend eines bestimmten Distrikts zusammen, um ihre Fortschritte im Laufen,

Springen und anderen Beweisen ihrer Fertigkeit und Behendigkeit zu zeigen; der Sieger oder die Siegerin wird dabei mit einem Lobgedichte belohnt. Bei dieser Festlichkeit treiben die Bedienten eine Herde Yähus auf das Feld, die mit Heu, Hafer und Milch beladen sind, zur Bewirtung der Hauyhnhnms bestimmt. Dann aber werden diese Tiere sogleich wieder zurückgetrieben, damit sie der Gesellschaft nicht lästig werden.

Alle vier Jahre wird im Frühlingsäquinoktium eine Repräsentantenversammlung der ganzen Nation gehalten auf einer Ebene, die ungefähr zehn Stunden von unserem Hause entfernt liegt. Hier untersuchen die Hauyhnhnms den Zustand der verschiedenen Distrikte, ob sie Überfluß an Heu, Hafer, Kühen und Yähus besitzen oder daran Mangel leiden. Findet sich irgendwo ein Mangel (ein Fall, der jedoch nicht häufig vorkommt), so wird er sogleich durch einmütig gewährte Beisteuer wieder ausgeglichen.

Die allgemeine Versammlung der Hauyhnhnms und was darin beschlossen wird. Die Gelehrsamkeit der Hauyhnhnms. Ihre Gebäude. Ihre Begräbnisart. Die Mangelhaftigkeit ihrer Sprache.

Einmütigkeit herrscht allgemein in den Entscheidungen der Versammlungen der Hauyhnhnms, sogar dann, wenn die Mitglieder mit verschiedenen Ansichten zusammenkommen, denn kein Hauyhnhnm schämt sich, zur besseren Einsicht und Vernunft bekehrt zu werden. [...]
Die Hauyhnhnms kennen keine Schrift, und deshalb beruht ihr ganzes Wissen auf Tradition. Da jedoch bei einem Volke, wo alle befreundet und von Natur aus zu jeder Tugend geneigt sind, das ferner ausschließlich durch Vernunft regiert wird und keinen Verkehr mit anderen Völkern hat; da sich bei einem solchen Volke nur wenige Ereignisse zutragen können, so wird der historische Teil des Wissens durch das Gedächtnis sehr leicht bewahrt. Ich bemerkte schon, daß die Hauyhnhnms keinen Krankheiten ausgesetzt sind und deshalb keine Ärzte brauchen. Sie haben jedoch ausgezeichnete Arzneimittel, die aus Kräutern bestehen, um zufällige Beulen und Risse im Fußgelenk oder in der Hufgabel, die durch scharfe Steine verursacht werden, sowie auch andere Verletzungen und Lähmungen an den verschiedenen Körperteilen zu heilen.
Das Jahr berechnen sie nach den Umlaufzeiten des Mondes und der Sonne, gebrauchen jedoch keine Unterabteilungen in Wochen. Sie sind mit den Bewegungen dieser beiden lichtgebenden Körper genau bekannt, sowie auch mit den Ursachen ihrer Verfinsterungen. Hierauf aber beschränken sich alle ihre Erkenntnisse in der Astronomie.
Man muß zugestehen, daß sie in der Poesie alle übrigen Sterblichen übertreffen; die Richtigkeit ihrer Gleichnisse sowie die Genauigkeit ihrer Beschreibungen sind wirklich unübertrefflich. Ihre Verse haben an diesen beiden Eigenschaften Überfluß und behandeln gewöhnlich erhabene Begriffe von Freundschaft und Wohlwollen oder den Ruhm der Sieger beim Wettrennen oder bei anderen körperlichen Übungen.

Die Hauyhnhnms leben gewöhnlich bis zum siebzigsten oder fünfundsiebzigsten, selten bis zum achtzigsten Lebensjahre. Einige Wochen vor ihrem Tode fühlen sie eine allmähliche Abnahme ihrer Kräfte, jedoch ohne Schmerz zu empfinden. Während dieser Zeit werden sie häufig von ihren Freunden besucht, weil sie nicht mehr mit der gewöhnlichen Bequemlichkeit und Heiterkeit ausgehen können. Zehn Tage vor ihrem Tode, dessen Augenblick sie mit ziemlicher Sicherheit vorhersagen können, erwidern sie die Besuche den nächsten Nachbarn, indem sie von Yähus in einem bequemen Sessel getragen werden. Diese Sessel gebrauchen sie nicht allein bei dieser Gelegenheit, sondern überhaupt, wenn sie alt werden, oder auf großen Reisen, oder wenn sie durch Zufall gelähmt sind. Die sterbenden Hauyhnhnms, die diesen Besuch abstatten, nehmen feierlichen Abschied von ihren Freunden, als ob sie sich in einen entfernten Teil des Landes begäben, wo sie die letzte Zeit ihres Lebens zubringen wollten.

Ich weiß nicht, ob es der Mühe wert ist, hier noch zu bemerken, daß es kein Wort in ihrer Sprache für den Begriff „böse" gibt, mit Ausnahme einiger Ausdrücke, die von der Häßlichkeit oder den schlechten Eigenschaften der Yähus hergenommen sind. So bezeichnen sie die Dummheit eines Bedienten, die Unart eines Kindes, einen Stein, der ihren Fuß ritzt, lange Dauer des schlechten Wetters und ähnliche Dinge durch die Hinzufügung des Beiwortes Yähu. Zum Beispiel hhnm Yähu, whnaholm Yähu, ylnhmndwihlma Yähu; ein schlecht gebautes Haus heißt ynholmhnmrohlnw Yähu.

Aus: Swift, Jonathan: Gullivers Reisen. Übersetzt v. F. Kottenkamp. Leipzig: Reclam 1948

4.1.5

GEORG BÜCHNER

Der Traum der Blumenkinder

Leonce. Nun, Lena, siehst du jetzt, wie wir die Taschen voll haben, voll Puppen und Spielzeug? Was wollen wir damit anfangen? Wollen wir ihnen Schnurrbärte machen und ihnen Säbel anhängen? Oder wollen wir ihnen Fräcke anziehen und sie infusorische Politik und Diplomatie treiben lassen und uns mit dem Mikroskop danebensetzen? Oder hast du Verlangen nach einer Drehorgel, auf der die milchweißen ästhetischen Spitzmäuse herumhuschen? Wollen wir ein Theater bauen? (*Lena lehnt sich an ihn und schüttelt den Kopf.*) Aber ich weiß besser, was du willst: wir lassen alle Uhren zerschlagen, alle Kalender verbieten und zählen Stunden und Monden nur nach der Blumenuhr, nur nach Blüte und Frucht. Und dann umstellen wir das Ländchen mit Brennspiegeln, daß es keinen Winter mehr gibt und wir uns im Sommer bis Ischia und Capri hinaufdestillieren, und das ganze Jahr zwischen Rosen und Veilchen, zwischen Orangen und Lorbeer stecken.

Valerio. Und ich werde Staatsminister, und es wird ein Dekret erlassen, daß, wer sich Schwielen in die Hände schafft, unter Kuratel gestellt wird; daß, wer sich krank arbeitet, kriminalistisch strafbar ist; daß jeder, der sich rühmt, sein Brot im Schweiße seines Angesichts zu essen, für verrückt und der menschlichen Gesellschaft gefährlich erklärt wird; und dann legen wir uns in den Schatten und bitten Gott um Makkaroni, Melonen und eine commode Religion!

Aus: Büchner, Georg: Leonce und Lena. Stuttgart: Reclam 1975

Pieter Breughel d. Ä.: Schlaraffenland

4.1.6

ROBERT OWEN

New Harmony

Ihr Begründer war ein anderer geistiger Ziehvater von Karl Marx, der Wegbereiter der Konsumgenossenschaften und der englischen Gewerkschaftsbewegung: der Baumwollspinnereibesitzer *Robert Owen*. Er schaffte in seiner schottischen Fabrik die Arbeit für Kinder unter zehn Jahren ab, errichtete für sie eine Schule, führte eine Krankenversicherung ein und baute seinen Arbeitern Wohnungen, die er ihnen zu Selbstkosten vermietete. Da dabei auch sein Geschäftserfolg noch zunahm, wurde er ein berühmter Mann – und fühlte sich nunmehr berufen, seine Ideen und seine bisherigen Erfahrungen zum System eines glücklichen Gemeinwesens überall auf Erden zu formen, die er 1813 in dem Buch „Eine neue Auffassung von der Gesellschaft" vorstellte. Darin versicherte Owen, *das größtmögliche Glück der größten Zahl,* wie zuerst Hutcheson es 87 Jahre zuvor gefordert hatte, werde sich erreichen lassen durch eine vernunftgemäße, maßvolle Lebensführung, insbesondere durch ein einheitliches Schulsystem, Verbot der Kinderarbeit, Abschaffung der Arbeitslosigkeit, Bekämpfung der religiösen Intoleranz sowie eine grundlegende Justiz- und Strafvollzugsreform.

Diese Reform war für Owen ein Angelpunkt. Er vertrat eine These, die später von Marx aufgegriffen wurde und noch heute in allen Diskussionen über Chancengleichheit und nicht anders in den Debatten über die Ursachen des Terrorismus lebendig ist: daß der Mensch allein das Produkt seiner Umwelt sei, von Natur weder gut noch schlecht, also *für nichts verantwortlich,* weder zu loben oder zu belohnen noch zu tadeln und zu strafen; nicht einmal dem Zuchthäusler dürfe mit Verachtung begegnet werden, da das Verbrechen nur eine besondere Form von sozialer Krankheit sei. Die Gleichheit aller, das Wohlwollen gegen alle und die richtige Erziehung würden alle Menschen gut und glücklich machen. Das war starker Tobak, jedenfalls nach Ansicht der anglikanischen Kirche, die sich durch die Lehre von der Nichtverantwortlichkeit des Menschen herausgefordert fühlte. Owen provozierte die Kirche seinerseits, indem er sich öffentlich zum Atheismus bekannte. Die Anfeindungen, die ihm dies eintrug, veranlaßten ihn 1824, sich nach Amerika zu wenden. Dort nun wollte er der Menschheit demonstrieren, wie sie mit Hilfe der Vernunft und seiner Ideen glücklich werden könnte. Sie sollte sich in *absolute Gemeinden* von 500 bis 3000 Menschen gliedern, die jeweils allesamt in einem großen quadratischen Gebäude mit Schule und Großküche wohnen sollten (wie bei Fourier), um dort ohne Arbeitsteilung (auch wie bei Fourier) und mit gleichem Einkommen (wie bei den meisten Utopisten) die Landwirtschaft und genügend Kleinindustrie für ihre wirtschaftliche Unabhängigkeit zu betreiben. Die Kinder dürften nur bis zum dritten Lebensjahr in der Familie bleiben (länger als bei Platon, immerhin), damit die Gemeinschaftserziehung früh genug ansetze. Solche Gemeinden würden sich in Gruppen zu zehn, hundert, tausend zusammenschließen und eines Tages die ganze Erde umspannen – wie die *Phalangen* bei Fourier und die Proletarier *aller* Länder bei Marx; darunter macht's kein Utopist.

Zur Demonstration wählte Owen *Harmony,* die Siedlung einer deutschen Sekte im US-Staat Indiana. Er kaufte sie auf, taufte sie *New Harmony* und rief alle Menschen guten Willens auf, dorthin zu ziehen und nach seinen Grundsätzen zu leben – auch auf seine Kosten, bis sie genügend erwirtschaftet haben würden. Es kamen tausend: eine Minderheit von Schwarmgeistern und Philanthropen, eine Mehrheit von Abenteurern, Tagedieben und verkrachten Existenzen. Hatte Owen schon auf das quadratische Gemeinschaftshaus verzichten müssen, weil er eine Streusiedlung vorfand, so nötigten seine Jünger ihm nun noch schlimmere Konzessionen ab: Whisky zugelassen – Neger nicht!

Beim Anblick seiner ersten Gemeinde erklärte Owen betreten, es könne sich hier nur um einen Versuch handeln, um eine Einübung in das künftige Modell, den wahren „Bund der Gleichen". Das einzige Ziel dieser Gemeinschaft sei, allen Mitgliedern *das größte Maß von Glück* zu schenken und es ihnen zu sichern bis zu den Kindeskindern.

Ja, sie ließen sich's gut gehen, die tausend Erwählten: Sie hatten gutes Essen und schöne Zimmer, sie trugen antike Gewänder, veranstalteten Bälle und Gelage, und vor allem debattierten sie endlos über die Vorzüge von Owens System. Zwar entzweiten sie sich rasch nach Konfessionen und Nationalitäten, auch entstanden Parteiungen über die richtige Zukunft der Menschheit; aber da sie bei alldem in göttlicher Faulheit Owens Vermögen verzehrten, war ihrem Glück in der Tat gedient – nicht allerdings dem ihrer Kindeskinder: Denn 1827, kurz vor dem Bankrott, trat Owen erschüttert vor seine Jünger hin und erklärte das Experiment für beendet.

Was man daraus lernen kann: Erstens, selbst ein Sozialreformer von welthistorischen Verdiensten muß noch lange nicht das richtige Rezept zur Veränderung und Beglückung der gesamten Menschheit besitzen. Und zweitens, hier war ein Utopist, der unter dem Anprall der Wahrheit *aufgegeben* hat. Das ist mehr, als andere Utopisten von sich sagen können.

Aus: Schneider, Wolf: Glück – was ist das? München: Piper 1978

4.1.7

KARL MARX

Die kommunistische Gesellschaft

In einer höheren Phase der kommunistischen Gesellschaft, nachdem die knechtende Unterordnung der Individuen unter die Teilung der Arbeit, damit auch der Gegensatz geistiger und körperlicher Arbeit verschwunden ist; nachdem die Arbeit nicht nur Mittel zum Leben, sondern selbst das erste Lebensbedürfnis geworden; nachdem mit der allseitigen Entwicklung der Individuen auch die Produktionskräfte gewachsen sind und alle Springquellen des genossenschaftlichen Reichtums voller fließen – erst dann kann der enge bürgerliche Rechtshorizont ganz überschritten werden und die Gesellschaft auf ihre Fahnen schreiben: Jeder nach seinen Fähigkeiten, jedem nach seinen Bedürfnissen!

Aus: Goldenberg, Boris (Hrsg.): Karl Marx. Ausgewählte Schriften. München: Kindler 1962

Karl Marx: Kritik des Gothaer Programms

4.1.8

FEDOR MICHAIJLOVIČ DOSTOJEWSKI

Traum eines lächerlichen Menschen

[...]
Träume sind bekanntlich eine überaus sonderbare Sache: manches sieht man mit erschreckender Deutlichkeit, mit einer Ausarbeitung der Einzelheiten, als wären sie von einem Juwelier ziseliert, anderes dagegen überspringt man vollkommen, als wäre es überhaupt nicht vorhanden, zum Beispiel Raum und Zeit. [...] Doch genug. Ich will jetzt von meinem Traum erzählen. Ja, damals hatte ich jenen Traum, meinen Traum vom dritten November! Jetzt neckt man mich damit, daß es ja nur ein Traum gewesen sei. Aber ist es denn wirklich nicht ganz gleich, ob es ein Traum war oder nicht, wenn dieser Traum mir die Wahrheit offenbart hat? Denn wenn man einmal die Wahrheit erkannt und sie gesehen hat, so weiß man doch, daß sie die einzige Wahrheit ist und es außer ihr eine andere überhaupt nicht geben kann, gleichviel ob man schläft oder lebt. [...]

III

Ich habe schon gesagt, daß ich einschlief, ohne es zu merken, und es war mir sogar, als führe ich fort, über dieselben Dinge nachzudenken. Auf einmal nahm ich den Revolver, das heißt: mir träumte, daß ich ihn nahm, und richtete ihn im Sitzen auf mein Herz. – Ich drückte schnell ab. [...]
Einen Schmerz fühlte ich nicht, aber es war mir, als ob durch meinen Schuß alles in mir erschüttert werde und plötzlich erlösche, und um mich herum war alles schwarz. [...]
Ich weiß nur, daß ich von einem dunklen, mir unbekannten Wesen aufgenommen wurde, und wir befanden uns in freiem Raum. Und plötzlich ward ich sehend: Es war tiefe Nacht, und niemals, noch niemals hatte es eine solche Dunkelheit gegeben! Wir schwebten durch den Weltenraum schon weit entfernt von der Erde. Ich fragte den, der mich trug, nach nichts, ich wartete und war stolz. Ich versicherte mir, daß ich mich nicht fürchte, und erstarb fast vor Entzücken bei dem Gedanken, daß ich mich nicht fürchtete. Ich weiß nicht,

wie lange wir so schwebten, und ich kann es mir auch nicht recht vorstellen: es geschah alles so, wie es gewöhnlich im Traum zu geschehen pflegt, wenn man Raum und Zeit und die Gesetze des Seins und der Vernunft überspringt und nur an den Punkten verweilt, von denen das Herz träumt. Ich erinnere mich noch, daß ich plötzlich in der Dunkelheit einen kleinen Stern erblickte.

„Ist das der Sirius?" fragte ich mit einem Mal ganz gegen meinen Willen, da ich doch nichts fragen wollte.

„Nein, das ist derselbe Stern, den du zwischen den Wolken erblicktest, als du nach Hause gingst", antwortete mir das Wesen, das mich trug. Ich wußte nur, daß es ein menschenartiges Antlitz hatte. [...]

Plötzlich fühlte ich, daß unser Flug sogar ein Ziel hatte, ein unbekanntes und geheimnisvolles. Und die Angst wuchs in meinem Herzen. Von meinem schweigenden Gefährten ging etwas aus, das sich mir stumm, aber qualvoll mitteilte und mich gleichsam durchdrang. Wir schwebten in dunklen und unbekannten Räumen. Schon längst waren die meinen Augen vertrauten Sternbilder verschwunden. Ich wußte, daß es in den Himmelsräumen Sterne gibt, deren Strahlen erst in Jahrtausenden oder Jahrmillionen die Erde erreichen. Wir aber hatten vielleicht schon diese Entfernungen durchmessen. Ich wartete auf irgend etwas in einer furchtbaren Spannung, in der mein Herz vor Qual zu ermatten drohte. Und auf einmal überkam mich ein bekanntes, unendlich anziehendes Gefühl, das mich erschütterte: ich erblickte plötzlich unsere Sonne! Ich wußte, daß es nicht *unsere* Sonne sein konnte, die *unsere* Erde geboren hat, und daß wir uns von unserer Sonne in einer unendlichen Entfernung befanden, trotzdem aber erkannte ich irgendwie mit dem ganzen Spürsinn meines Daseins, daß es genau die gleiche Sonne war wie die unsrige, ihre Wiederholung und ihre Doppelgängerin. Ein süßes belebendes Gefühl des Entzückens erklang in meiner Seele: die vertraute Kraft desselben Lichts, das mich hervorgebracht, fand einen Widerhall in meinem Herzen und belebte es von neuem, und ich fühlte wieder Leben, das frühere Leben in mir, zum erstenmal nach meinem Begräbnis.

„Aber wenn das die Sonne ist, wenn das die gleiche Sonne ist wie die unsrige", rief ich aus, „wo ist dann die Erde?" Mein Gefährte wies auf einen kleinen Stern, der in der Dunkelheit in smaragdgrünem Glanz strahlte. Wir schwebten gerade auf ihn zu.

„Wie ist es möglich, daß es solche Wiederholungen im Weltall gibt, ist denn wirklich derart das Naturgesetz? ... Und wenn das dort die Erde ist, ist es dann die gleiche Erde wie die unsrige? ... eine genauso unglückliche, arme und doch so teure und ewig geliebte Erde, die ebenso qualvolle Liebe selbst in ihren undankbarsten Kindern zu sich erweckt, wie unsere Erde? ..." rief ich zitternd vor unbezwingbarer, begeisterter Liebe zu jener früheren Heimaterde, die von mir verlassen worden war. Und die Gestalt des kleinen Mädchens, das ich angeschrien hatte, tauchte für einen Augenblick in meiner Erinnerung auf.

„Du wirst es selbst sehen", antwortete mein Gefährte, und eine gewisse Trauer klang aus seinen Worten. Wir näherten uns schnell dem Planeten. Er wuchs vor meinen Augen, ich konnte schon die Ozeane unterscheiden, dann die Konturen Europas und plötzlich lohte eine große, heilige Eifersucht in meinem Herzen auf:

„Wie darf es eine solche Wiederholung geben und wozu? Ich liebe und *kann* ja nur jene Erde lieben, die ich verlassen habe, auf der die Tropfen meines verspritzten Blutes blieben, als ich, ich Undankbarer, durch den Schuß in mein Herz mein Leben auslöschte. Aber niemals, niemals habe ich aufgehört, unsere Erde zu lieben, und selbst in jener Nacht, als ich sie verließ, habe ich sie vielleicht heißer, qualvoller denn je geliebt! Gibt es auch auf dieser neuen Erde Qual? Auf unserer Erde können wir nur mit Qual oder durch Qualen wahrhaft lieben! Anders verstehen wir nicht zu lieben, und wir kennen keine andere Liebe. Ich will Qual, um lieben zu können. Ich will, oh, ich lechze in diesem Augenblick danach, tränenüberströmt einzig und allein die Erde küssen zu können, die ich verlassen habe, und ich will kein Leben auf einer anderen Erde, ich nehme es nicht an!..."

Mein Gefährte aber hatte mich schon verlassen. Plötzlich stand ich, ohne gemerkt zu haben, wie es geschah, auf jener anderen Erde, im grellen Sonnenlicht eines paradiesisch schönen Tages. Ich stand, glaube ich, auf einer jener Inseln, die auf unserer Erde den Griechischen Archipel bilden, oder vielleicht war es irgendwo an der Küste des Festlandes dort am Ägäischen Meer. Oh, alles war ganz so wie bei uns, nur schien alles in einer Feststimmung zu sein, und in einem großen, heiligen, endlich erreichten Triumph zu strahlen. Das freundliche smaragdene Meer plätscherte leise an das Gestade und drängte sich zu ihm wie in unendlicher, sichtbarer, fast bewußter Liebe. Die hohen schattigen Bäume standen in der ganzen Pracht ihrer Blüten, und ich bin überzeugt, daß mich ihre unzähligen Blättchen mit ihrem sanften, freundlichen Rauschen willkommen hießen und mir unbekannte Worte der Liebe zuflüsterten. Das Gras war voll leuchtender, duftender Blüten, die Vögel durchzogen in Schwärmen die Luft und die kleinen setzten sich mir furchtlos auf die Schultern und auf die Hände und schlugen mich fröhlich mit ihren lieben flatternden Flügelchen. Und schließlich erblickte und erkannte ich auch die Menschen dieser glücklichen Erde. Sie kamen von selbst zu mir, umringten und küßten mich. Es waren Kinder der Sonne, Kinder ihrer Sonne, – oh, wie schön sie waren! Noch nie hatte ich auf unserer Erde solche Schönheit im Menschen gesehen. Höchstens in unseren Kindern hätte man in ihren ersten Lebensjahren einen entfernten, wenn auch schwachen Widerschein dieser Schönheit finden können. Die Augen dieser glücklichen Menschen strahlten in klarem Glanz. Aus ihren Gesichtern sprach Vernunft und eine schon bis zu vollkommener Ruhe gelangte Einsicht, aber diese Gesichter waren heiter; in den Worten und Stimmen dieser Menschen lag der Klang kindlichen Frohsinns. Oh, sofort, schon beim ersten Blick auf diese Gesichter begriff ich alles, alles! Das war eine durch keinen Sündenfall entweihte Erde, auf ihr lebten Menschen, die nicht gesündigt hatten, lebten im gleichen Paradies wie das, in dem nach den Überlieferungen der ganzen Menschheit auch unsere in Sünde gefallenen Ureltern gelebt haben, nur mit dem Unterschied, daß hier die ganze Erde überall ein und dasselbe Paradies war. Diese Menschen drängten sich freudig zu mir und streichelten mich; sie führten mich zu sich, und ein jeder von ihnen suchte mich zu beruhigen. Oh, sie fragten mich nach nichts, sie schienen schon alles zu wissen, und sie wollten nur schneller das Leid aus meinem Gesicht verscheuchen.

IV

Sehen Sie, wiederum: Nun gut, mag das nur ein Traum gewesen sein! Aber die Empfindung der Liebe dieser unschuldigen und schönen Menschen ist für alle Zeiten in mir geblieben, und ich fühle, wie ihre Liebe sich auch jetzt von dorther auf mich ergießt. Ich habe sie selbst gesehen, habe sie kennen und lieben gelernt, und habe später um sie gelitten. Oh, ich begriff sofort, sogar damals schon, daß ich sie in vielem überhaupt nicht würde verstehen können; es schien mir als zeitgenössischem russischem Fortschrittlicher und als garstigem Petersburger unbegreiflich, warum sie, die doch so viel wußten, nicht auch unsere Wissenschaft hatten. Aber ich begriff bald, daß ihr Wissen durch andere Einsichten ergänzt und genährt wurde als das Wissen auf unserer Erde, und daß ihre Bestrebungen gleichfalls ganz anderer Art waren. Sie wünschten nichts und waren ruhig, sie rangen nicht nach der Erkenntnis des Lebens so, wie wir es tun, denn ihr Leben war vollkommen erfüllt. Aber ihr Wissen war ein tieferes und höheres Wissen als das unserer Wissenschaft; denn unsere Wissenschaft sucht zu erklären, was das Leben ist, sie will es selbst ergründen, um die anderen zu lehren, wie sie leben sollen; jene aber wußten auch ohne Wissenschaft, wie sie zu leben hatten, und das begriff ich, aber ihr Wissen konnte ich nicht begreifen. Sie wiesen auf ihre Bäume hin, ich aber konnte diesen Grad der Liebe, mit dem sie sie betrachteten, nicht nachfühlen: sie taten, als ob die Bäume Menschen ihresgleichen wären. Und wissen Sie, vielleicht täuschte ich mich nicht, wenn ich sage, daß sie auch mit ihnen sprachen! Ja, sie hatten deren Sprache entdeckt, und ich bin überzeugt, daß die Bäume sie verstanden. Und so sahen sie auch auf die ganze übrige Natur, auch auf die Tiere, die friedlich mit ihnen zusammenlebten, sie nicht angriffen, sondern liebten, da sie durch ihre Liebe besiegt waren. Sie wiesen auf die Sterne, und sagten mir etwas von ihnen, was ich nicht verstehen konnte, aber ich bin überzeugt, daß sie durch irgend etwas mit den Sternen des Himmels in Verbindung standen, nicht nur durchs Denken, sondern durch irgendeine lebendige Fühlungnahme. Oh, diese Menschen bemühten sich gar nicht darum, daß ich sie verstünde, sie liebten mich auch so; dafür aber wußte ich, daß sie mich niemals verstehen würden, und darum erzählte ich ihnen auch so gut wie nichts von unserer Erde. Ich küßte nur in ihrer Gegenwart die Erde, auf der sie lebten, und betete sie selbst wortlos an. Sie aber sahen es und ließen es geschehen, ohne sich deswegen zu schämen, daß ich sie anbetete, weil sie selbst so viel liebten. Sie litten nicht mit mir, wenn ich ihnen manchmal unter Tränen die Füße küßte, da mein Herz voll Freude wußte, welch eine Liebeskraft mir von ihnen dafür zuteil wurde. Manchmal fragte ich mich verwundert: Wie konnten sie nur einen Menschen wie mich kein einziges Mal beleidigen, und wie kam es nur, daß sie in mir kein einziges Mal das Gefühl der Eifersucht oder des Neides hervorriefen? Mehrmals fragte ich mich, weshalb ich, solch ein Prahler und Lügner, ihnen nicht von meinen Kenntnissen einiges mitteilte, von denen sie natürlich keine Ahnung hatten, um sie in Erstaunen zu setzen oder auch nur aus Liebe zu ihnen? – Sie waren munter und fröhlich wie Kinder. Sie schweiften in ihren herrlichen Hainen und Wäldern umher, sie sangen ihre schönen Lieder, nährten sich von leichter Kost, von den Früchten ihrer Bäume, vom Honig ihrer Wälder und von der Milch der sie liebenden Tiere. Um ihre Ernährung und Kleidung machten sie sich nur wenig Mühe und nur so nebenbei. Sie kannten die Liebe, und es wurden Kinder geboren, aber nie bemerkte ich bei ihnen Ausbrüche jener *grausamen* Wollust, die fast alle Menschen auf unserer Erde überkommt, alle und jeden, und die die einzige Quelle fast aller Sünden unserer Menschheit ist. Sie freuten sich der Neugeborenen als neuer Teilhaber ihrer Glückseligkeit. Sie kannten weder Streit noch Eifersucht untereinander und wußten nicht einmal, was das bedeutete. Ihre Kinder waren die Kinder aller, denn alle bildeten eine einzige Familie. Es gab bei ihnen fast überhaupt keine Krankheiten, obschon es den Tod gab; aber ihre Greise schieden so sanft hin, als ob sie einschliefen, umringt von den sie liebenden Menschen, sie segnend, ihnen zulächelnd und von ihnen mit klaren, heiteren Blicken begleitet. Niemals sah ich Trauer oder Tränen an einem Sterbelager, nur eine bis zur Verzücktheit gesteigerte Liebe, eine stille abgeklärte Versenkung vor dem Naturgesetz. Man hätte glauben können, sie stünden mit ihren Toten sogar noch nach dem Tode in Verbindung und ihr irdischer Zusammenhang werde auch durch den Tod nicht unterbrochen. Sie verstanden mich kaum, als ich sie nach dem ewigen Leben fragte, aber sie waren offenbar dermaßen fest von ihm überzeugt, daß für sie überhaupt kein Zweifel daran bestehen könnte. Sie hatten keine Tempel, aber es war in ihnen irgend so was wie ein greifbar gegenwärtiges, ununterbrochen lebendiges Einssein mit dem All; sie hatten keinen Glauben, dafür aber das überzeugte Wissen, daß dann, wenn ihre irdische Freude die Grenze der irdischen Natur erreicht haben würde, für sie, für die Lebenden wie für die Verstorbenen, eine noch größere Erweiterung ihrer Teilhaftigkeit am Weltall eintreten werde. Sie erwarteten diesen Augenblick freudig, aber ohne Ungeduld, sie litten auch nicht vor Sehnsucht nach ihm, sondern hatten ihn gleichsam als Vorgefühl in ihren Herzen, und von diesen Vorahnungen sprachen sie miteinander. Abends vor dem Schlafengehen sangen sie gern in harmonischen Chören. In diesen Abendgesängen gaben sie die Gefühle wieder, die der vergangene Tag ihnen gebracht hatte, und sie lobten und priesen ihn und nahmen Abschied von ihm. Sie priesen die Natur, die Erde, das Meer, die Wälder. Sie besangen einander in Liedern und lobten sich, wie Kinder sich loben; es waren einfache Lieder, aber sie ergossen sich aus dem Herzen und gingen zu Herzen. Und nicht nur in Liedern, nein, im ganzen Leben taten sie nichts anderes als einander lieben.

Das war geradezu eine gegenseitige Verliebtheit, ein großes allgemeines Verliebtsein. Einige aber ihrer Lieder, die triumphierend und begeistert klangen, konnte ich fast überhaupt nicht verstehen. Obgleich ich die Worte begriff, konnte ich doch nicht ihre ganze Bedeutung erfassen. Sie waren meinem Verstand unzugänglich, dafür aber wurde mein Herz mehr und mehr von ihnen durchdrungen, ohne daß ich mir von dem Vorgang hätte Rechenschaft geben können. Ich sagte ihnen oft, daß ich das alles schon früher vorausgeahnt, daß diese ganze Freude und Herrlichkeit mir schon auf unserer Erde als eine verlockende Sehnsucht, die sich mitunter bis zu unerträglichem Kummer steigern konnte, vertraut gewesen sei; daß ich sie alle und ihre Herrlichkeit in den Träumen meines Herzens und in den Phantasien meines Denkens schon geahnt hätte, und oft hätte ich auf unsrer Erde nicht ohne Tränen zusehen können, wie die Sonne unterging... Daß in meinem Haß auf die Menschen unserer Erde immer ein seelischer Schmerz gewesen war: warum konnte ich sie denn nicht hassen, wenn ich sie doch nicht liebte, warum konnte ich ihnen nicht verzeihen, wenn doch in meiner Liebe zu ihnen Leid war, warum konnte ich sie nicht hassend lieben? Sie hörten mir zu, und ich sah, daß sie sich das gar nicht vorstellen konnten, was ich sprach, aber ich bereute es nicht, daß ich ihnen davon gesprochen hatte: ich wußte, sie begriffen doch die ganze Macht meiner Sehnsucht nach denen, die ich verlassen hatte. Ja, wenn ich ihren klaren, liebedurchdrungenen Blick auf mir ruhen fühlte, wenn ich fühlte, wie unter ihnen auch mein Herz so unschuldig und rein wurde, gleich ihren Herzen, so tat es mir weiter nicht leid, daß ich sie nicht verstehen konnte. Vor lauter Empfinden der Lebensfülle stockte mir der Atem, und schweigend betete ich sie an.
Oh, jetzt lachen mir alle ins Gesicht und versichern mir, solche Einzelheiten, wie ich sie jetzt wiedergebe, könne man gar nicht träumen; ich hätte in meinem Traum nur ein von meinem eigenen Herzen im Fieber erzeugtes Empfinden erlebt oder durchfühlt, die Einzelheiten aber hätte ich erst später, nach dem Erwachen, hinzugedichtet. Und als ich ihnen gestand, daß es vielleicht in der Tat so gewesen sei – Gott, welch ein Gelächter sie da anstimmten, welch eine Heiterkeit meine Worte hervorriefen!
Trotzdem aber – warum soll ich nicht glauben, daß alles wirklich so war? Vielleicht war es noch tausendmal besser, lichter und freudevoller, als ich es schildere? Mag es auch ein Traum gewesen sein, aber all das kann doch nicht einfach gar nicht gewesen sein. Wissen Sie, ich werde Ihnen ein Geheimnis sagen: Das alles war vielleicht überhaupt kein Traum! Denn hier geschah etwas Derartiges, etwas bis zu solch einem Entsetzen Wahres, daß es einem ja gar nicht hätte träumen können, *nur* träumen! Mag mein Traum von meinem Herzen erzeugt worden sein, aber wäre denn mein Herz allein überhaupt fähig gewesen, jene entsetzliche Wahrheit zu erzeugen, die ich dann nachher erlebte? Wie hätte ich sie mir allein ausdenken oder mein Herz sie erträumen können? Wäre es möglich, daß mein seichtes Herz und mein launischer, nichtiger Verstand sich zu einer solchen Offenbarung der Wahrheit hätten

erhöhen können! Oh, urteilen Sie selbst: ich habe es bisher verheimlicht, jetzt aber werde ich auch diese Wahrheit zu Ende aussprechen. Die Sache ist die, daß ich ... sie alle verdarb!

V

Ja, ja, es endete damit, daß ich sie alle verdarb! Wie das geschehen konnte – weiß ich nicht, aber an die Tatsache erinnere ich mich deutlich. Der Traum durchflog Jahrtausende und hinterließ in mir nur eine Gesamtempfindung. Ich weiß nur, daß ich die Ursache des Sündenfalles war. Wie eine abscheuliche Trichine, wie ein Pestatom, das ganze Reiche verseucht, so verseuchte ich mit meiner Gegenwart diese ganze glückliche, vor meinem Erscheinen sündenlose Erde. Sie lernten lügen und gewannen die Lüge lieb und erkannten die Schönheit der Lüge. Oh, das begann vielleicht ganz *unschuldig,* mit einem harmlosen Scherz, aus Tändelei, mit einem Liebesspiel, vielleicht in der Tat mit einem Atom, aber dieses Atom Lüge drang in ihre Herzen ein und gefiel ihnen. Danach kam schnell die Sinnenlust auf, und die Wollust erzeugte Eifersucht, und die Eifersucht Grausamkeit ... Oh, ich weiß nicht, ich erinnere mich nicht mehr, doch bald, sehr bald ward das erste Blut vergossen: sie waren zuerst nur erstaunt, dann erschraken sie und begannen, auseinander zu gehen und sich zu entzweien. Es entstanden Bündnisse, doch waren es bereits Bündnisse gegen einander. Es kam zu Vorwürfen und Beschuldigungen. Sie erkannten die Scham und erhoben die Scham zur Tugend. Es entstand der Begriff der Ehre, und jede Gruppe sammelte sich unter einer besonderen Fahne. Sie fingen an, die Tiere zu quälen, und die Tiere entfernten sich von ihnen und verkrochen sich in den Wäldern und wurden ihnen feind. Es begann der Kampf um die Entzweiung, um die Absonderung, um die Persönlichkeit, um Mein und Dein. Sie fingen an, in verschiedenen Sprachen zu sprechen. Sie lernten das Leid kennen und gewannen es lieb, sie lechzten nach Qual und sagten, die Wahrheit lasse sich nur durch Martyrium erkennen. Da kam bei ihnen die Wissenschaft auf. Als sie böse geworden waren, fingen sie an, von Brüderlichkeit und Humanität zu sprechen, und sie begriffen diese Ideen. Als sie Verbrecher geworden waren, erfanden sie die Gerechtigkeit und schrieben sich ganze Kodexe vor, um sie zu erhalten, und zur Sicherstellung der Kodexe errichteten sie die Guillotine. Kaum, kaum erinnerten sie sich dessen, was sie verloren hatten, ja, sie wollten es fast nicht glauben, daß sie einmal unschuldig und glücklich gewesen waren. Sie lachten sogar über die Möglichkeit dieses ihres früheren Glücks und nannten es eine Illusion. Sie konnten sich diesen Zustand nicht einmal vorstellen, weder in Formen noch in Bildern; aber etwas war dabei doch seltsam und wunderlich: Nachdem sie allen Glauben an das gewesene Glück verloren hatten und es ein Märchen nannten, wollten sie dermaßen gern wieder unschuldig und glücklich sein, daß sie vor den Wünschen ihres Herzens niederknieten wie Kinder, dieses Wünschen vergötterten, ihm Tempel erbauten und zu ihrer eigenen Idee, ihrem eigenen „Wunsch" beteten, während sie dabei doch unerschütterlich an die Unerfüllbarkeit, Undurchführbarkeit der Idee weiter glaubten; trotzdem aber beteten sie sie weinend an und sanken sie vor ihr auf die Knie. Und doch – wenn es nur hätte geschehen können, daß sie zu diesem unschuldigen und glücklichen Zustand, den sie verloren hatten, wieder hätten zurückkehren können, wenn ihn jemand ihnen wiedergezeigt und sie gefragt hätte: Wollt ihr zu ihm zurückkehren? – so würden sie bestimmt nicht gewollt haben. Sie sagten zu mir: „Gut, mögen wir verlogen, böse und ungerecht sein, wir *wissen* es und weinen darüber, und quälen uns deswegen selbst, und martern uns und bestrafen uns dafür vielleicht strenger als jener barmherzige Richter, der uns dereinst in Zukunft richten wird, dessen Name uns jedoch unbekannt ist. Aber wir haben die Wissenschaft, und mit ihrer Hilfe werden wir die Wahrheit von neuem finden, doch werden wir sie dann bereits *bewußt* annehmen. Das Wissen steht höher als das Gefühl, die Erkenntnis des Lebens – steht höher als das Leben. Die Wissenschaft wird uns allwissend machen, die Allwissenheit wird alle Gesetze entdecken, die Kenntnis aber der Gesetze und des Glücks – steht höher als das Glück." Also sprachen sie zu mir, und nach solchen Worten wurde sich ein jeder von ihnen noch lieber, wurde sich ein jeder der liebste von allen, und wie hätte es auch anders sein können? Ein jeder wurde so eifersüchtig auf sein Ich, daß er das Ich in den anderen mit allen Mitteln zu erniedrigen und zu verringern trachtete; und nur darin sah er seinen Lebenszweck. Es kam die Sklaverei auf; es gab sogar freiwillige Sklaven: die Schwachen unterwarfen sich gern den Starken, allerdings nur unter der Bedingung, daß jene ihnen halfen, die noch Schwächeren zu unterdrücken. Es kamen Gerechte zu diesen Menschen, und ergriffen sprachen sie zu ihnen von ihrem Hochmut, von ihrem Verlust des Maßes und der Harmonie, von ihrer Einbuße des Schamgefühls. Man lachte sie aus, oder man steinigte sie. Heiliges Blut rann über die Schwellen der Tempel. Dafür aber kamen dann Menschen, die anfingen sich auszudenken: wie es möglich wäre, daß alle sich wieder vereinigten, jedoch so, daß ein jeder, ohne aufzuhören sich selbst am meisten zu lieben, zu gleicher Zeit keinen anderen störte, und daß somit wieder alle einträchtig zusammen lebten, als ob sie eine einzige friedliche Gesellschaft wären. Es kam zu ganzen Kriegen um dieser Idee willen. Dabei glaubten alle Kriegführenden gleichzeitig fest daran, daß die Wissenschaft, die Allwissenheit und der Selbsterhaltungstrieb die Menschen zu guter Letzt zwingen würden, sich mit allen zu einer vernünftigen und einmütigen Gesellschaft zusammenzuschließen, und darum trachteten die „Allwissenden", zur Beschleunigung der Sache, alle „Nichtallwissenden" und die, die ihre Idee nicht begriffen, auszurotten, damit sie den Sieg dieser Ideen nicht verhinderten. Aber der Selbsterhaltungstrieb begann bald abzunehmen, es kamen Hochmütige und Wollüstige, die offen etweder alles oder nichts verlangten. Um alles zu erlangen, griff man zum Verbrechen und, wenn es mißlang, zum Selbstmord. Es entstanden Religionen mit einem Kult des Nichtseins und der Selbstzerstörung um der ewigen Ruhe im Nichts willen. Schließlich begannen diese Menschen zu ermüden bei der sinnlosen Anstrengung, und auf ihren Gesichtern erschien das Leid, und nun verkündeten diese

Menschen, Leid sei Schönheit, denn nur im Leid läge Sinn. Und sie priesen das Leid in ihren Gesängen. Ich ging verstört unter ihnen umher, rang die Hände, aber ich liebte sie vielleicht noch mehr als früher, als auf ihren Gesichtern noch kein Leid war und sie noch unschuldig und so schön waren. Mir wurde die von ihnen entweihte Erde noch teurer denn früher als Paradies, und das nur, weil auf ihr Kummer erschienen war. Oh, ich habe immer Kummer und Gram geliebt, aber nur für mich, für mich! Als ich sie aber bei ihnen sah, da weinte ich über sie vor Mitleid. Ich streckte die Arme nach ihnen aus und in der Verzweiflung beschuldigte, verfluchte und verachtete ich mich. Ich sagte ihnen, daß ich das alles getan hatte, daß ich die Schuld an allem trug, ich, ich allein! Daß ich ihnen Verderbnis, Seuche und Lüge gebracht! Ich flehte sie an, mich zu kreuzigen; ich lehrte sie, wie man ein Kreuz zimmert. Ich konnte mich nicht selbst töten, ich hatte nicht die Kraft dazu, aber ich wollte von ihnen Qualen empfangen, ich lechzte nach Qualen; ich lechzte danach, daß in diesen Qualen mein Blut bis auf den letzten Tropfen vergossen werde. Sie aber lachten mich nur aus und hielten mich zuletzt für einen Narren. Sie verteidigten mich sogar, sie sagten, sie hätten bloß das bekommen, was sie sich selbst gewünscht, und daß alles, was sie nun besäßen, überhaupt nicht hätte ausbleiben können. Und zum Schluß erklärten sie mir, ich würde für sie gefährlich und sie würden mich in ein Irrenhaus einsperren, wenn ich nicht endlich schwiege. Da drang der Schmerz mit solcher Gewalt in meine Seele, daß mein Herz sich zusammenkrampfte und ich zu sterben glaubte, und da... da erwachte ich.

Aus: Dostojewski, Fedor Michaijlovič: Erzählungen. Übertragen von E. K. Rahsin. München: Piper 1965

4.1.9 Programmentwurf der KPdSU verkündet die wahren Menschenrechte

Kommunismus bringt der Welt Frieden, Arbeit, Freiheit, Gleichheit und Glück

Die kommunistische Gesellschaft wird der größte Sieg der Menschheit in ihrer Geschichte.
Die heutige Generation der Sowjetmenschen wird im Kommunismus leben.

Alles im Namen des Menschen	Höchste Produktion, höchster Lebensstandard, reichste Kultur, allseitige harmonische Entwicklung der menschlichen Persönlichkeit.
Alles zum Wohle des Menschen	Klassenlose Gesellschaftsordnung mit voller sozialer Gleichheit aller Mitglieder.
Die welthistorischen Ziele des Kommunismus	Jeder nach seinen Fähigkeiten! Jedem nach seinen Bedürfnissen!

Übergang vom Kapitalismus zum Kommunismus ist der Entwicklungsweg der ganzen Menschheit. Der Imperialismus ist in die Periode des Verfalls und des Untergangs eingetreten.

Monopolbourgeoisie kann sich auch mit Kernwaffen nicht vom unerbittlichen Lauf der historischen Entwicklung freischießen. Hauptziel der Außenpolitik der KPdSU: Friedliche Bedingungen für den Aufbau des Kommunismus und die Entwicklung des sozialistischen Weltsystems.

Die friedliche Koexistenz – eine objektive Notwendigkeit des Lebens der Menschheit.

Der Kommunismus ist die hochorganisierte Gesellschaft freier bewußt schaffender Menschen.

Im Kommunismus verschwinden völlig die Klassen, die Unterschiede zwischen Stadt und Land; das Dorf erreicht das Niveau der Stadt. Sieg des Kommunismus bedeutet organische Verbindung der geistigen und körperlichen Arbeit.

Arbeit verwandelt sich aus einem Mittel zur Erhaltung des Lebens in eine Quelle der Freude.

Der sozialistische Staat ist in eine neue Phase eingetreten: Es begann der Prozeß des Herüberwachsens des Staates in eine das ganze Volk umfassende Organisation der Werktätigen der sozialistischen Gesellschaft.

Die Verteidigungskraft der UdSSR muß auf einem Niveau gehalten werden, daß jeder Aggressor zerschlagen werden kann.

Die zwei Hauptetappen des Aufbaus des Kommunismus

1961 bis 1970

USA werden in der Pro-Kopf-Produktion übertroffen.
Materieller Wohlstand aller Sowjetbürger gewährleistet.
Bedarf an komfortablen Wohnungen im wesentlichen gedeckt.
Abschaffung der schweren körperlichen Arbeit.
UdSSR wird Land mit dem kürzesten Arbeitstag.
Industrieproduktion der UdSSR steigt auf das 2,5fache.
Arbeitsproduktivität wird verdoppelt.
Durchgängige Mechanisierung der Industrie, Landwirtschaft, des Bau- und Verkehrswesens, der Verlade- und Entladearbeiten und der kommunistischen Wirtschaft.
Landwirtschaftliche Produktion steigt um das 2,5fache und überholt die USA.
Stromerzeugung wächst auf 900 bis 1000 Milliarden Kilowattstunden.
Sechsstundentag oder 34- bzw. 36stündige Arbeitswoche, teilweise Fünfstundentag und 30-Stunden-Woche.
Nationaleinkommen steigt auf das 2,5fache.
Verdoppelung des Realeinkommens der Arbeiter und Angestellten.
Abschaffung der niedrigen Lohn- und Gehaltsgruppen.
Verdoppelung des Realeinkommens der Kolchosbauern.
Verdreifachung der Fleischproduktion.
Elfklassige polytechnische Oberschule für alle Kinder.

1971 bis 1980

Kommunistische Gesellschaft in der UdSSR im wesentlichen aufgebaut.
Überfluß an materiellen und kulturellen Gütern wird gesichert.
Allmählicher Übergang zum kommunistischen Prinzip der Verteilung nach Bedürfnissen.
Industrieproduktion steigt auf das mindestens 6fache.
Arbeitsproduktivität steigt auf das 4,5fache und das Doppelte gegenüber der Arbeitsproduktivität der USA.
250 Millionen Tonnen Stahl jährlich.
Stromerzeugung wächst auf 2700 bis 3000 Milliarden Kilowattstunden.
Durchgängige Automatisierung der Industrie.
Landwirtschaftliche Produktion steigt auf das 3,5fache und schneller als die Nachfrage.
Fleischproduktion wächst auf das 4fache.
Landwirtschaftliche Produktion erreicht das Niveau der Industrie.
Landwirtschaftliche Arbeit wird zu einer Art industrieller Arbeit.
Abhängigkeit der Landwirtschaft von Naturelementen geht auf Minimum zurück.
Nationaleinkommen wächst auf das 3,5fache.
Realeinkommen der Arbeiter und Angestellten steigt um das 3,5fache.
Realeinkommen der Kolchosbauern steigt um mehr als das 4fache.
Weitere Verkürzung des Arbeitstages und der Arbeitswoche.

Aus: Neues Deutschland vom 31.7.1961

4.1.10

BALDUR VON SCHIRACH

Unsre Fahne

Vorwärts! Vorwärts! schmettern die hellen Fanfaren,
Vorwärts! Vorwärts! Jugend kennt keine Gefahren.
Deutschland, du wirst leuchtend stehn,
mögen wir auch untergehn.
Vorwärts! Vorwärts! schmettern die hellen Fanfaren,
Vorwärts! Vorwärts! Jugend kennt keine Gefahren.

Ist das Ziel auch noch so hoch,
Jugend zwingt es doch!
Unsre Fahne flattert uns voran.
In die Zukunft ziehn wir Mann für Mann.
Wir marschieren für Hitler durch Nacht und durch Not
mit der Fahne der Jugend für Freiheit und Brot.
Unsre Fahne flattert uns voran.
Unsre Fahne ist die neue Zeit.

Und die Fahne führt uns
in die Ewigkeit!
Ja, die Fahne ist mehr als der Tod!
Jugend! Jugend! wir sind der Zukunft Soldaten.
Jugend! Jugend! Träger der kommenden Taten.
Ja, durch unsre Fäuste fällt,
wer sich uns entgegenstellt.
Jugend, Jugend! wir sind der Zukunft Soldaten.
Jugend! Jugend! Träger der kommenden Taten.
Führer, wir gehören dir,
wir, Kamraden, dir!
Unsre Fahne...

Aus: Wir Mädel singen. Liederbuch des Bundes Deutscher Mädel. Hrsg. v. d. Reichsjugendführung. Wolfenbüttel: Möseler

4.2 Kritik des utopischen Denkens

4.2.1

HANS FREYER

Die Gesetze des utopischen Denkens

Wer ein System von materiellen Stoffen und Kräften so ordnen will, daß es beständig im selben Gleichgewicht verbleibt oder beständig in derselben inneren Bewegung umschwingt, wird Sorge tragen müssen, daß dieses System gegenüber der Umwelt völlig isoliert ist oder daß wenigstens die Wirkungen, die von außen hereindringen, als unendlich klein betrachtet werden dürfen. Der Grund ist klar. Nur in einem ganz geschloßnen System, in das keine unberechenbare Kraft hereinreicht und aus dem keine abfließt, kann ich Ursache und Wirkung so berechnen, daß die Formel des Gleichgewichts oder der Bewegung für alle Dauer gilt. Und um in irgendeinem System Ursachen und Wirkungen mit dieser Strenge berechnen zu können, muß ich es nach außen hermetisch abschließen. [...]
Jedenfalls haben wir damit ein erstes gemeinsames, wenn auch sehr formales Merkmal gefunden. Alle Utopien liegen auf einer Insel mitten im großen Ozean oder sind sonst durch Natur oder Gesetz „geschloßne Handelsstaaten". Sie sind unzugänglich, es sei denn, einer verschreibe sich ihnen ganz. Utopus, der staatsgründende Held des Thomas Morus, hat die Halbinsel Abraxa durch gewaltige Landabtragungen zur Insel gemacht und darauf seinen Staat errichtet. [...]

Die Geschlossenheit der Utopie vollendet sich in dem, was man ihre Geometrie nennen könnte. Alle Utopien lieben es, ihre Welt nach einfachen und runden Zahlen abzumessen und zu ordnen. Das ist nicht nur ein Spiel, sondern hat mindestens eine symbolische, manchmal darüber hinaus eine praktische Bedeutung, wie die einzelnen Beispiele zeigen werden. Der Staat der platonischen „Gesetze" hat zwölf Bezirke mit 5040 (das ist 7!) Losen. Campanellas Sonnenstaat ist eine Stadt aus sieben konzentrischen Mauerringen, in deren innerstem der kreisrunde Tempel liegt. Der Kreis als die regelmäßigste und dichteste Raumgestalt ist überhaupt die Lieblingsfigur des utopistischen Denkens und sozusagen seine Urform. [...]
Ein geschloßnes System ist die Utopie nicht nur im Sinne der räumlichen Abgrenzung, sondern – zweitens – auch nach ihrem inneren Bau und Leben. Auch dieses Merkmal ist begreiflicherweise dort am leichtesten aufweisbar und am vollkommensten durchgeführt, wo die Utopie rational aufgebaut, konstruktiv aus Elementen zusammengesetzt und als geschloßnes System von Ursachen und Wirkungen zwischen diesen Elementen durchgerechnet ist. Dann hat der Utopist ein vollkommnes System der Psychologie und der Sozialwissenschaften in seinem Besitz, oder er glaubt ein solches zu haben. Er kann die psychologischen Folgen jeder politischen Einrichtung und die politischen Folgen jeder seelischen Regung berechnen. Er weiß, welche Triebe im Menschen unausrottbar sind und ihre Befriedigung haben müssen. Er weiß, welche Leidenschaften unterdrückt, welche gestaut und welche abgebogen werden können. Er kennt die Macht der Strafen und Belohnungen. Er kennt die Wirkungsbreite der Erziehung, den Wirkungskreis der Gesetze, die Wirkungstiefe der willkürlich hervorrufbaren Erlebnisse und Erfahrungen. Er weiß, wann der Hunger stärker ist und wann die Liebe. Er weiß, wann und wie stark die vernünftige Einsicht, wann und wie nachhaltig ein ästhetischer Eindruck, wann und wie tief ein autoritativer Befehl das menschliche Handeln bestimmt. Und sogar die Religion und ihre lebensbestimmende Macht, wird ihm zum Posten in seinem Kalkül. Denn auf Grund dieser Wissenschaft, die alle Korrelationen zwischen allen Elementen der Kultur zu erkennen vermag, hat er seinen Staat gebaut. Er hat wohlberechnete Kräfte so in Wirksamkeit gesetzt, daß das gewünschte Gleichgewicht resultiert. Weil nie eine neue Kraft hinzutreten kann, wirken die alten jahraus, jahrein nach dem alten Gesetz aufeinander. Der Bestand des Systems ist für alle Zeit gesichert.
Nun ist freilich der Utopist kein gottähnlicher, alles überschauender Verstand, sondern er ist gezwungen, mit einer sehr eingeschränkten Wissenschaft von den menschlichen Dingen zu arbeiten, und er weiß das auch. Aus dem exakten politischen Kalkül, der alle Faktoren restlos in sich einbeziehen könnte, wird also in der Praxis ein dichteres oder loseres Netz von kausalen Einsichten, die dem Bau der Utopie zugrunde gelegt werden. Einige Kausalbeziehungen, z B. die zwischen der Eigentumsordnung und dem Gemeinsinn, oder die zwischen dem Bildungszustand und der Fähigkeit zu vernünftigem Handeln, werden über allen Zweifel erhoben, und das übrige wird nach Wahrscheinlichkeitser-

wägungen ergänzt, nach Phantasie ausgemalt oder auch dem Gutdünken überlassen. Die meisten Utopisten, besonders die minderwertigen, neigen dazu, alle Übel der bisherigen Staaten auf eine einzige Fehlerquelle zurückzuführen; z. B. auf das Privateigentum oder auf das arbeitslose Einkommen oder auf die Monogamie oder auf die Überzahl der Geburten. Das ist sehr begreiflich, denn diese Vorstellung ermöglicht die weitere, daß durch Verstopfung der einen Fehlerquelle alle Übel aus der Welt geschafft werden könnten. Der typische Gedankengang ist dann der: man habe bisher die einzelnen Übel zwar gemerkt und auch bekämpft, aber man habe lediglich an den Symptomen kuriert. Man habe (wie Morus sagt und nach ihm viele andere) die Diebe gehenkt, statt die Ursache der Diebstähle abzuschaffen, während es gerade darauf angekommen wäre, den Herd der Übel auszubrennen. Tut man das, so muß die utopische Ordnung mit einem Schlag da sein, denn der Grund, der sie verhindert, ist ja beseitigt.

In anderen Utopien nimmt derselbe Gedanke statt der negativen die positive Form an. Dann handelt es sich nicht darum, die Quelle aller Fehler zu verstopfen, sondern es handelt sich darum, den entscheidenden Einfall zu haben, die erlösende Erfindung zu machen, den richtigen Dreh zu finden. Also statt der radikalen Kur der entscheidende Trick: irgendeine Ordnungsformel, die das bisher Verworrene ins reine bringt und das bisher Unmögliche selbstverständlich macht – irgendein Ei des Kolumbus. So windig diese Denkweise aussieht und so läppisch sie oft herauskommt, im Prinzip ist sie offenbar nichts andres als der Gedanke, die Utopie sei ein geschloßnes System von Wechselwirkungen zwischen feststellbaren Elementen, und wenn man nur genügend wisse und richtig rechne, müsse dieses System einwandfrei konstruiert werden können. Der Gedanke der völlig durchschaubaren und darum experimentell herstellbaren Ordnung hat sich also zu dem Gedanken eines Rezepts verdünnt, das auf kausalem Wege Wunder wirkt. [...]

Die Utopie ist oder sie ist nicht, und es gilt hier in aller Strenge ein Alles oder Nichts. Damit erhebt sich vor jeder Utopie die Frage, auf welchem Wege ihre Verwirklichung gedacht werden könne. Daß das Problem des Weges auf irgendeine Weise gelöst werden muß, ist das dritte Gesetz des utopistischen Denkens.

Wer die Zustände und Ereignisse der geschichtlichen Welt unter die Norm der Utopie stellt und nicht nur von der Gültigkeit dieser Norm, sondern von ihrer gestaltenden Macht und der Möglichkeit ihrer Verwirklichung überzeugt ist, dem bricht die Weltgeschichte notwendig in zwei Stücke auseinander: in die chaotische, ewig wechselnde und ewig sinnlose Wirklichkeit, die bisher war, und in die helle, sinnvolle Welt der Utopie. Es gibt keinen allmählichen Übergang von der einen zur andren. Keine allmähliche Entwicklung, keine schrittweise Reform kann zur Utopie hinführen; denn jeder Ansatz zum Guten würde von den vielen gegenläufigen Kräften, die außerdem am Werke sind, verschlungen, jede teilweise Reform von der Krankheit des Ganzen sofort infiziert werden. Es gibt nur einen absoluten Bruch zwischen Vergangenheit

und Zukunft, ein einmaliges und totales Umschlagen der empirischen Wirklichkeit in die utopische, und wenn die Utopie sein soll, muß sie mit einem absoluten Anfang beginnen. [...]
Auch hier wird sich zeigen, daß die geistige Formkraft der Utopisten von sehr verschiednem Rang ist. Das Problem des Weges ist, wie das der Utopie selbst, in der Denkgeschichte der Menschheit durch alle möglichen Grade von Tiefe und Flachheit durchgespielt worden. Zwei echte Lösungen stehen zur Verfügung: Entweder der Gedanke der Utopie gewinnt kraft seiner inneren Wahrheit die Menschen, erleuchtet oder begeistert sie und führt sie zu dem Entschluß, fortan so und nicht anders zu leben. Oder eine starke politische Macht der alten Erde, etwa ein mächtiger Fürst, leiht dem Gedanken der Utopie ihren Arm und setzt in seinem Dienst die alten Gewaltmittel zum letzten Male ein. Also entweder der Glaube an die unwiderstehliche Kraft der Wahrheit – oder der Gedanke der weise angewandten, wohl beratenen Macht und ihres letzten Krieges, nach dem die siegreichen Waffen zerschlagen werden können. Und auf niedrigerer Ebene formuliert: entweder die Überredung – oder die Kanonen. [...]
Noch eine vierte gemeinsame Eigenschaft läßt sich an allen Utopien aufweisen und durch ihre verschiedenen Niveaus hindurchverfolgen. Sie kommt gleichsam wider den Willen der Utopisten zum Ausdruck, wenn wir in allen Utopien besondre Maßnahmen ausgebildet finden, die dazu dienen, die glücklich begründete Ordnung gegen Störungen zu sichern und vor Veränderungen zu bewahren. Denn die Utopie soll unveränderlich sein. Sie kennt keine Entwicklung und duldet keine. Die Geschichte ist in ihr zum Stillstand gekommen, wie wenn der unruhige Bach in einen stillen See gemündet wäre. So muß also der Utopist sorgen, daß etwaige Störungen des Systems sofort ausbalanciert, etwa drohende Veränderungen sofort unterbunden werden, – daß also das Gleichgewicht, das bereits durch die richtige Führung des Ganzen hergestellt ist, gleichsam durch automatische Ventile noch besonders nachdrücklich gesichert wird. Die Utopie weiß freilich, daß äußere Stützen und nachträgliche Hilfen auf die Dauer nichts nützen und daß es sicherer ist, Störungen von vornherein unmöglich zu machen, als sie im einzelnen Fall zu unterdrücken. Nicht das ist ihr Stolz, daß schädliche Kräfte aufgespürt und vernichtet werden, sondern daß sie bereits im ersten Plan wohltätig gebunden und für das Wohl des Ganzen eingespannt worden sind. Nicht das ist ihr Stolz, daß der Staatsverbrecher sofort von weisen, sinnvollen Gesetzen erfaßt, sondern daß Verbrechen überhaupt nicht vorkommen. In allen Utopien herrscht ein selbstverständlicher Patriotismus, eine unbedingte Aufopferungsfreudigkeit und ein wahrhaft fanatischer Wille zur Mitarbeit. Wenn der Gegenredner zweifelnd fragt, woher auf einmal diese vorzüglichen Eigenschaften kommen, so antwortet ihm das typisch utopistische Argument, daß Utopia die Bürger, die es brauche, selbst erzeuge. Die Utopien nehmen in der Tat von ihren Menschen unbedingten Besitz. Sie überzeugen ihren Verstand, daß es das wohlverstandne Interesse eines jeden ist, den Gesetzen zu gehorchen, und ihr Gefühl, daß es gegenüber

der Erhabenheit des utopistischen Staats nur Verehrung und Liebe geben kann. Diese Besitzergreifung ist darum so unbedingt, weil sie in frühester Jugend, ja, vor der Geburt beginnt. Gesetze und Gebräuche, Ärzte und Astrologen regeln die Vereinigung der Männer und Frauen und sorgen dafür, daß Kinder geboren werden, die nicht nur zu leben, sondern utopisch zu leben fähig sind. Dann wird das Kind von dem zuverlässig wirkenden System der Erziehung ergriffen. Das gibt seinem Körper die utopische Gesundheit und seiner Seele die utopische Tugend. Es lernt die Gegenstände der Welt aus den Bildern kennen, die an den sieben Ringmauern seiner Stadt gemalt sind, und die Begriffe aller Dinge erfährt es von den Weisen des Staats. Damit ist der utopische Ring geschlossen. Der Mensch erhält seine gesamte Struktur und alle seine Antriebe von der Gesellschaft, deshalb wird er nie aus ihr herausbegehren. Er lebt bis zu Ende ganz in Utopien, weil er von Anfang an ganz in Utopien lebte. Es gibt keine liberale Utopie – höchstens eine, die sich mit dem Schein des Liberalismus umkleidet. [...]

Wir rühren hier an die unüberschreitbare Grenze des utopischen Denkens und, wenn man so will, an seinen unaufhebbaren Denkfehler. Irgendein geschichtlicher Weg muß und soll in die Utopie hineinführen. Aber kein geschichtlicher Weg – so ist die Forderung – soll aus ihr heraus und über sie hinweg führen. Die Utopie muß sich ihre Geschichtslosigkeit wahren. Sie wehrt sich daher *gegen die Geschichte,* und dieser Kampf muß verloren gehen. Neuerungssucht ist schlechthin verpönt, Sturm und Drang, wenn es nicht der vorgesehene ist, ein Staatsverbrechen. Will man eine Pointe, so sage man, daß *eine* Sorte Menschen in Utopien ganz gewiß zum Tode verurteilt würde, – nämlich die Utopisten.

Aus: Neusüss, Arnhelm (Hrsg.): Utopie. Begriff und Phänomen des Utopischen. Neuwied: Luchterhand, 2. Aufl. 1972

4.2.2

KARL R. POPPER

Der Himmel auf Erden

Aber von allen politischen Idealen ist der Wunsch, die Menschen glücklicher zu machen, vielleicht der gefährlichste... Dieser Wunsch führt zu Utopismus und Romantizismus. Wir haben alle das sichere Gefühl, daß jedermann in der schönen, der vollkommenen Gemeinschaft unserer Träume glücklich sein würde. Und zweifellos wäre eine Welt, in der wir uns alle lieben, der Himmel auf Erden. Aber... der Versuch, den Himmel auf Erden einzurichten, produziert stets die Hölle.

Aus: Popper, Karl R.: Auf der Suche nach einer besseren Welt. München: Piper 1984

Caspar David Friedrich: Die gescheiterte Hoffnung (Das Eismeer)

4.2.3

MAX HORKHEIMER

Utopie – eine zeitbedingte Fantasie

Die Utopie überspringt die Zeit. Aus den Sehnsüchten, die durch eine bestimmte Lage der Gesellschaft bedingt sind und bei einer Veränderung der jeweiligen Gegenwart sich mitverändern, weil sie mit in der Gegenwart vorgefundenen Mitteln eine vollendete Gesellschaft errichten: das Schlaraffenland einer zeitbedingten Fantasie. Die Utopie verkennt, daß der geschichtliche Entwicklungsstand, von dem aus sie zum Entwurf ihres Nirgendlandes gedrängt wird, materielle Bedingungen seines Werdens, Bestehens und Vergehens hat, die man genau kennen muß und an denen man selbst anzusetzen hat, wenn man etwas zustande bringen will. Die Utopie möchte das Leid der gegenwärtigen Gesellschaft streichen, das Gute an ihr für sich allein behalten, aber sie vergißt, daß die guten und die schlechten Momente nur verschiedene Seiten des gleichen Zustandes sind, weil sie auch auf den gleichen Bedingungen beruhen. Für sie ist die Änderung des Bestehenden nicht an die mühsame und opferreiche Umwandlung der Grundlagen der Gesellschaft geknüpft, sondern in den Kopf der Subjekte verlegt.

Aus: Horkheimer, Max: Anfänge der bürgerlichen Geschichtsphilosophie. Stuttgart 1930

4.2.4

EDITH EUCKEN-ERDSIEK

Prinzip ohne Hoffnung

Von allem Schlimmen, was dem Menschen geschehen könnte, könnte sich dies wohl als das Schlimmste erweisen, daß ihm alle seine Wünsche erfüllt würden. Denn der Mensch ist ein Nichts ohne das von ihm in harter Anstrengung zu bewältigende Objekt. Ohne Widerstand, ohne Spannungen würde er wie zu einem Haufen Asche zusammenfallen. Wenn man mit Bloch in der Hoffnung etwas sieht, was Mensch-Sein wesentlich konstituiert, führt der Gedanke an ein irdisches Paradies in eine Sackgasse. Es gibt keine Hoffnung auf Hoffnung im Paradiese. Der Mensch, in dem nichts mehr über sich selber hinauslangt, hört auf, Mensch zu sein.

Alle Erfahrung lehrt, daß jeder notwendig in die Irre geht, der sich von irgendeinem Lebensbereich – sei es die Ehe, sei es der Beruf – ein Paradies verspricht und sich vor den strengen Notwendigkeiten des Daseins in eine Traumwelt flüchtet. Ein irdisches Paradies anstreben heißt, vom Problem auf den Wunschtraum ausweichen.

Größere Schwierigkeiten als je bietet die heutige Welt. Von allen Seiten drängen die Probleme an uns heran: die kaum zu hemmende Übervölkerung der Erde, die immer von neuem geforderte Anpassung an eine allzu rasch entwickelte Technik und – nicht zuletzt – die Bedrohung durch totalitäre Mächte. In dieser Lage möchte man mit Jacob Burckhardt „an das Schicksal die Bitte richten, daß, wenn die Fragen der Existenz auf uns zukommen, uns eine klare unzweideutige Stellung derselben beschieden sein möge". Wunschträume verschleiern unsere wahre Lage. Sie ziehen die Energien von den gegebenen Aufgaben ab.

Das bedeutet nicht, daß wir auf Hoffnung im großen Stile verzichten sollen. Nichts ist uns nötiger als sie. Der Mensch braucht ein großes Bild, um darauf hinzuleben. Er braucht eine starke Hoffnung im Sinne einer Idee, die uns auf unserem Wege vorleuchten kann – „eine Wolkensäule am Tage, eine Feuersäule bei Nacht". Aber was er nicht braucht, ist eine Utopie, die weniger unsere Schritte erhellt als unsere Probleme verhüllt. Dann wird nicht Wirklichkeit mit ihrer Hilfe bewältigt, sondern im Wunschtraum überflogen.

Es ist nicht nur verständlich, es ist schön, daß Bloch für viele ratlose Menschen von heute eine Hoffnung aufrichten will. Aber das Paradies, das er uns zeigt, ist irreal. Auch werden wir nicht eigentlich an einer Idee ausgerichtet, sondern auf ein Wunschland hingezogen, das man in Besitz nehmen kann. Der Akzent verlegt sich vom Sein aufs Haben.

Einig sind wir in dem Wunsch nach einer besseren Welt. Aber wenn alle an dieser besseren Welt bauen sollten, so darf doch niemand für ein Paradies geopfert werden. Darauf aber läuft es hinaus. Die versprochenen Paradiese haben eine furchtbare Seite, die denen, die so liebenswert von ihnen träumen, nicht vor Augen steht. Im Lichte dieser Verheißung können ganzen unglücklichen Generationen Opfer auferlegt werden, so groß, daß sie sich auf keine andere Art rechtfertigen lassen.

Pascal sagt, daß der Mensch, weder Engel noch Tier, zum Tier herabsinkt, wenn er Engel sein will. So ist die Welt weder Hölle noch Paradies, aber man bereitet die Hölle vor, wenn man sie zum Paradies machen will.

Aus: Euken-Erdsiek, Edith: Die Macht der Minderheit. Freiburg: Herder 1970

Hinweise, Arbeitsanweisungen und Fragen zu den Texten

1. **Vielfalt menschlicher Glücksvorstellungen**

1.1 Welche Alltagserfahrungen spiegeln die Glücksmomente der zitierten Personen?

Welche Voraussetzungen sind für diese Glückserfahrungen nötig? Mögliche Diskussion: Ist Glück durch Anweisung oder Hilfestellung erreichbar?

1.2 Versuchen Sie, gemeinsame Bezüge zwischen mehreren Zitaten herzustellen und sie zu gruppieren!

1.3 Ermitteln Sie die in der Collage genannten Sehnsüchte, und überlegen Sie, welche Glücksvorstellungen Menschen damit verbinden!

1.4 Auf welche grundsätzlichen Bedeutungsunterschiede des Wortes „Glück" verweisen die Lexikondefinitionen? Ziehen Sie noch andere Lexika heran!

1.5 Welche unerläßlichen Voraussetzungen verbindet M. Walser mit dem Glück? Welche Ausdrücke für diesen Glückszustand untersucht M. Walser?

1.6 Diskutieren Sie den Unterschied zwischen Darwins und Burckhardts Glückserlebnis!

Welche Glücksvorstellungen Messners teilen Sie, welche erscheinen Ihnen problematisch?

1.7/1.8 Verdeutlichen Sie die Unterschiede in der Auffassung vom Glück in den Carmina Burana und in dem Text von Herodot!

1.9 Fassen Sie kurz die gegensätzlichen Glücksvorstellungen von Vätern und Söhnen zusammen! Äußern Sie sich kritisch zu den jeweiligen Aspekten!

1.10.1/2 Welche Glücksvorstellungen liegen den Heiratsanzeigen zugrunde? Untersuchen Sie besonders die Formulierung!

1.10.3 Welche falschen Glücksvorstellungen wecken die Werbeanzeigen?

1.11 Welche Absichten verbergen sich hinter den falschen Glücksverheißungen? Mit welcher Methode wird der Konsument manipuliert?

1.12 Welche Probleme stellen sich für eine wissenschaftliche Glücksforschung? Interpretieren Sie die Umfrageergebnisse!

1.13.1 Vergleichen Sie Lenaus Glück mit Ihrer eigenen Erfahrung! Suchen Sie weitere Beispiele, die Lenau bestätigen!

1.13.2 Erläutern Sie Benns „Glück" und „Gegenglück"!

1.13.3 Welche fragwürdigen Glücksvorstellungen parodiert Fendrich? Inwieweit ist die angesprochene „Zweierbeziehung" ein Ersatzglück? Worin liegen die Ursachen für dieses Fehlverhalten? Untersuchen Sie die Glücksvorstellungen im Schlager und in der Operette!

2. Psychologische Aspekte

2.1 Bringen Sie die lexikalischen Auskünfte über die Bedürfnisse in übersichtliche Schaubilder (evtl. auf Folien), und diskutieren Sie diese!

2.2 Welche Zusammenhänge zwischen Bedürfnisbefriedigung und Glückserfahrung lassen sich erkennen?

Ist der Mensch stets in der Lage, die eigenen Bedürfnisse klar zu erkennen?

Sehen Sie Probleme bei der Befriedigung menschlicher Bedürfnisse hinsichtlich der Glückserfahrung?

Entspricht der hierarchischen Ordnung der Bedürfnisse auch eine „Glückshierarchie"? Wo sehen Sie Probleme? Spielen die sog. falschen Bedürfnisse hinsichtlich der Glückserfahrung des Menschen dieselbe Rolle wie die wahren Bedürfnisse?

Vergleichen Sie die Bedürfnispyramide nach Maslow mit einem anderen Bedürfnissystem.

Überlegen Sie, was für Sie das „Existenzminimum", was das „Zivilisations- oder Kulturminimum" ist!

2.3 Inwieweit konnte Bedürfnislosigkeit früher, inwieweit kann sie heute Grundlage menschlichen Glücks sein?

Stellen Sie Überlegungen an zu einem Menschenbild, dessen wesentliches Element die Bedürfnisbefriedigung ist!

Bedürfnislos und glücklich zugleich?

Diskutieren Sie soziologische, anthropologische und psychologische Aspekte dieser Frage!

Untersuchen Sie Lebensstandard und Lebenqualität daraufhin, wieweit sie heute Glück vermitteln können! Welcher Anteil am Glück des Menschen wurde ihnen früher, welcher wird ihnen heute zugesprochen?

Hat die Abwendung vom Lebensstandard als Gradmesser des Glücks und die Hinwendung zur Lebensqualität als einem solchen Maßstab des Glücks auch Ursachen im Wandel der Bedürfnisse?

Lassen sich Lebensstandard und Lebensqualität und damit das durch sie vermittelte Glück beliebig steigern?

Lebensstandard und Lebensqualität können bis zu einem gewissen Grad gemessen werden. Wann ist aber Lebensstandard und Lebensqualität angemessen: einem Menschen, einem Volk, einer gesellschaftlichen Gruppe?

Welche Rolle kann bzw. soll der Staat spielen, wenn es um die Lebensqualität seiner Bürger – der einzelnen und der Gesamtheit – geht?

2.4 Arbeiten Sie heraus, inwieweit die kommerzielle Werbung an der Bedürfnissteuerung in der Konsumgesellschaft beteiligt ist!

Kann man sagen, daß die Werbung und die „Bewußtseinsindustrie" das Glückserleben und die Glücksmöglichkeiten des Menschen grundlegend verändert haben?

Wo wird Ihr persönliches Leben und Glück von der Werbung und der „Bewußtseinsindustrie" berührt, ja beeinflußt?

Welche Bedürfnisse des Menschen sprechen die Werbung und die „Bewußtseinsindustrie" ganz besonders an?

2.5 Diskutieren Sie die psychologischen und soziologischen Wurzeln dessen, was man „Konsumzwang" nennt!

Sehen Sie Möglichkeiten für den Menschen, diesem Konsumzwang zu entgehen?

Warum kann man Glück nicht kaufen?

Kann man Glück konsumieren?

Bestimmt die „Bewußtseinsindustrie" auch unser Verhältnis zu unseren Partnern in Familie und Gesellschaft? Analysieren Sie das Problem anhand des Textes „Glück mit dem Herrenhemd"!

Welcher Zusammenhang besteht nach Plack zwischen dem Erfolg als Wert und der allgemeinen Vorstellung von Glück?

Welche Folgen für das Glücklichsein des Menschen ergeben sich aus der Tatsache, daß der Erfolg als Leitwert gilt? Denken Sie über die besondere Situation des Jugendlichen in der von Bedürfnissteuerung geprägten Konsumgesellschaft nach!

Welche Bereiche der Werbung und der „Bewußtseinsindustrie" betreffen bzw. beeinflussen ganz besonders Jugendliche auf ihrer Suche nach dem Glück?

2.6 Warum läßt sich nach Frankl das Glück nicht direkt anstreben? Vergleichen Sie mit Hartmann!
Was ist nach Frankl notwendig, damit man glücklich wird, und was verhindert vor allem heute das Glücklichsein?
Erklären Sie die Begriffe „Hyperintention", „Hyperreflexion" und „existentielles Vakuum"!
Vergleichen Sie die Überlegungen Frankls mit Maslows Motivationstheorie!
Wie heißt Hartmanns Leitfrage?
Wie beantwortet er sie?
Wie und wann entsteht Glück!
Glück – nur ein „Begleitwert"? Setzen Sie sich mit N. Hartmanns These auseinander! Suchen Sie Beispiele für Hartmanns Behauptungen!
Inwiefern ist das Problem der abnehmenden Glücksfähigkeit eine „psychologische" Frage?
Stimmen Sie Lermers zum Glücklichsein notwendigen Kategorien zu?
Vergleichen Sie mit Maslow und Frankl!

2.7 Prüfen Sie Schenk-Danzingers These bezüglich der „Grundbedürfnisse des Kindes", indem Sie einzelne Grundbedürfnisse und die Möglichkeiten ihrer Erfüllung an aktuellen Fallbeispielen veranschaulichen!
Inwieweit bietet der Text von Lenz Beispiele für die Folgen nicht erfüllter Grundbedürfnisse?
Setzen Sie sich mit den Thesen Lenz' auseinander!
Suchen Sie Bereiche, die ein positives Gegenbeispiel bilden und Möglichkeiten der Selbstverwirklichung eröffnen!
Stellen Sie am Text von J. Liedloff die psychologische Qualität der Selbstverwirklichung fest, und zeigen Sie die psychischen und gesellschaftlichen Schwierigkeiten auf, die bei der Sinnfindung heute auftauchen!
Analysieren Sie die Ursachen für den Verlust einer kindlichen Glückserfahrung im späteren Alter, der zur Resignation führt!
Diskutieren Sie Möglichkeiten und Voraussetzungen, die heute erforderlich sind, um einen solchen Verlust zu verhindern bzw. Resignation nicht aufkommen zu lassen!

3. Philosophische und religiöse Glücksvorstellungen

Vorbemerkung

Die Ethik der Antike (3.1–3.5) ist als Einheit zu betrachten. Die verschiedenen Ansatzpunkte der philosophischen Schulen sind Variationen eines einzigen Themas. Im Mittelpunkt aller philosophischen Reflexionen steht der Begriff der *Eudaimonia*. Meistens ist die Eudaimonia zugleich das Ziel, auf das hin ein philosophisches System entworfen wird. Verschieden sind die Wege zu diesem Ziel. Verschieden ist auch die Interpretation dieses Ziels. Es besteht kein Zweifel darüber, daß die Eudaimonia, das Glück der Menschen, dieses Ziel sein muß; auch Platon stellt das nicht in Abrede.

Was heißt *Eudaimonia?*
- Etymologisch ist der Zusammenhang des Wortes mit dem Göttlichen deutlich. Daimon ist der Zuteiler des Glücks. Das Wort „daimon" ist der unbestimmte Ausdruck für das Göttliche (theion), wenn man den Gott (theos) nicht genau charakterisieren kann oder will, aber denoch eine göttliche Kraft oder Macht hinter dem Geschehen stehen fühlt.
- Nach alter Auffassung, die noch aus der Adelsethik (Homer) stammt, liegt es also nicht in des Menschen Hand, dieses Leben ganz nach eigenen Wünschen zu gestalten.
- Das griechische Adjektiv „eudaimon" (glücklich) bezeichnet vom gängigen Sprachgebrauch her vor allem auch den Zustand des materiellen Wohlergehens. Der Daimon teilt dem Menschen dieses Wohlergehen zu.
- „Für die spätere Philosophie sollte dieses Wort eine geradezu ungeheure Bedeutung erlangen" (Eduard Schwartz).

3.1 Die vorepikuräische Schule der Kyrenaiker hat versucht, die Eudaimonia als eine Reihe von Einzelaugenblicken aufzufassen, die das Glücksgefühl erzeugen oder beinhalten. So engt sich der Begriff „Eudaimonia" auf die positiv verstandene Lust (Hedone) des Augenblicks ein.

3.2 Platons Kritik an dieser Glückskonzeption kann nur von der platonischen Ontologie und Erkenntnislehre her ganz verstanden werden:
- höher- und niederwertige Seinsstufen (mallon onta)
- die Höherwertigkeit einer Seinsstufe wird jeweils von dem höheren Erkenntnisgrad her bestimmt (Höhlengleichnis).

3.3 Wie man von den Briefen des Apostels Paulus an die Römer, Korinther, Epheser, ... weiß, dienten Briefe in der Antike nicht nur als Mittel zu persönlichen Mitteilungen, vielmehr dazu, den „Gemeinden" Informationen und Mahnungen zu überbringen. Epikurs Brief an Menoikeus ist eine Kurzfassung seines philosophischen Systems.

Welche drei Hindernisse, die den Weg zum Glück versperren, räumt Epikur zu Beginn seines Briefes aus dem Weg?
Charakterisieren Sie die Art und Weise seiner Argumentation!
Wie analysiert er die Bedürfnisse des Menschen (in der Übersetzung „Begierden")?
Wie bestimmt er das Ziel des menschlichen Handelns?
Welcher Weg führt zu diesem Ziel?
Vergleichen Sie seinen Begriff der „Hedone" (Lust) mit dem Aristipps!

3.4 Wovon geht Aristoteles bei der Beurteilung einer Handlung aus?
Was bedeutet „teleologische" Betrachtungsweise?
Welches spezifische Ziel (telos) sieht Aristoteles für den Menschen?
Versuchen Sie mit Hilfe eines philosophischen Lexikons, z. B. des Lexikons der Ethik von Otfried Höffe, den Begriff „Tugend" zu klären und seine historische Entwicklung aufzuzeigen!

3.5 Welche neuen Begriffe bringen die Stoiker in Zusammenhang mit dem Glück?
Welches Bild verwenden Epikur und die Stoiker, um den Zustand des Glücks zu beschreiben?
Gibt es Berührungspunkte in der Auffassung der beiden spätgriechischen Philosophenschulen vom Glück?
Welcher Zusammenhang besteht zwischen ihrem Menschenbild und dem politischen Zustand jener Zeit?

3.6 Inwiefern macht der Text Benthams deutlich, daß das Prinzip der Nützlichkeit den Begriff Glück, wie ihn Aristoteles verstand, ausweitet und für ganz neue Zusammenhänge brauchbar macht?
Welchen modernen Begriff bringt er mit dem Glück in Zusammenhang?
Was berechtigt ihn nach seiner Ansicht, sein Prinzip der Nützlichkeit von einer bloßen Laune zu unterscheiden?

3.7 Wie grenzt Mill den Begriff der Nützlichkeit von dem der „Lust" ab?
Welche Definitionen gibt er von dem Begriff der Nützlichkeit?
Welche Methode, einen philosophischen Beweis durchzuführen, lehnt er ab?
Welche Methode nimmt er für sich in Anspruch?
In welchem Punkt trifft sich Mill mit den Gedankengängen des Aristoteles?

3.9 „Carpe diem!" wörtlich übersetzt: „Pflücke den Tag!" Ein von Horaz geprägter Ausdruck, Aufforderung zu unmittelbarem Lebensgenuß. Von Horaz stammt auch der Ausdruck, der wohl am meisten zu einer einseitigen Deutung Epikurs beigetragen hat: „Auch ich bin jetzt ein Schweinchen aus der Herde des Epikur."
Welche Unterscheidung macht Bloch zwischen dem Gedanken des „Carpe diem" und utopischem Denken?
Vergleichen Sie Goethes Augenblicksphilosophie im „Faust"!

3.10 Stellen Sie Pro- und Contra-Argumente Patzigs thesenartig zusammen!
Klären Sie den Unterschied zwischen Erfolgsethik und Gesinnungsethik!

3.11 In welche, weit über die Gedanken des Hedonismus und Utilitarismus hinausgehende Zusammenhänge stellt Wittgenstein das Glück?
Welche Argumente sprechen für oder gegen die Behauptung: „Die Ethik ist transcendent"?
Welche Gottesvorstellung steht hinter diesen Reflexionen? Wo finden sich Berührungspunkte mit den Gedanken der Stoiker?

3.12 1975 erschien in der Schweiz ein „katholischer Katechismus". Darin heißt es: „Die Anweisungen in der Bergpredigt sind nicht wörtlich zu nehmen, weil das sowohl im privaten wie im öffentlichen Leben zu unhaltbaren Zuständen führen würde."
(Zitiert nach: Alt, Franz: Frieden ist möglich. Die Politik der Bergpredigt. München: Piper 1983)
Welcher Ansicht sind Sie? Prüfen Sie, welche Konsequenzen Ihre und die gegenteilige Ansicht für die Aussage in dem Textausschnitt der Bergpredigt hat!

3.13 Formulieren Sie mit eigenen Worten die Vorstellungen von der glücklichen Endzeit bei Jesaja und in der Johannesapokalypse!
Halten Sie fest, was nach Ihrer Ansicht diese Ideen so anziehend macht!
Welche Unterschiede sehen Sie zwischen dem prophetisch-apokalyptischen Denken in religiöser und in weltlicher Form? Beachten Sie für die Beantwortung dieser Frage die Anmerkung zu dem Begriff „Offenbarung"!
Zum Verständnis der Symbole und mythischen Bilder: siehe Martin, Gerhard Marcel: Weltuntergang. Stuttgart: Kreuz 1984 und Steffen, Uwe: Drachenkampf. Der Mythos vom Bösen. Stuttgart: Kreuz 1984

3.14 Wie sehen Sie persönlich den Zusammenhang zwischen Glücksgefühl und Glauben?

Welche Schwierigkeiten, das Glück des Christen bei Comenius nachzuempfinden, könnten sich für einen Menschen unserer Zeit ergeben?

Versuchen Sie, auf Grund der Kritik Pascals an der „Zerstreuung" die Frage zu beantworten, worin für diesen Denker das Glück des Menschen liegt!

3.15 Wenn Sie sich das „Paradies" vorstellen, woran denken Sie? Die wörtliche Übersetzung von „Paradies" lautet: (umfriedeter) Garten. Überlegen Sie, welche Zusammenhänge zwischen Garten und Glück für viele Menschen bestehen!

3.16 Fassen Sie mit eigenen Worten zusammen, worin für den Buddhismus die Glückserfahrung des „Nirwana" besteht! Wie beurteilen Sie diese Glücksvorstellung?

3.17 Stimmen Sie den Vorstellungen vom Glück, wie sie in dem taoistischen Text geäußert werden, zu? Begründen Sie Ihre Stellungnahme!

4. Utopien

4.1 Welche Vorstellung vom Menschen haben die Utopisten?

Wo liegen nach Meinung der Utopisten die wichtigsten Ursachen für die gesellschaftlichen Mißstände?
Was spricht für das Privateigentum?

Stellen Sie in Kurzform anhand von Swobodas Buch „Der Traum vom besten Staat" verschiedene Utopien vor!

Sind die Entwürfe Ovids und Büchners vom paradiesischen Leben realisierbar?

Büchner versteht sich zunächst selbst als Revolutionär, hat aber später die Revolution sehr kritisch beurteilt. Suchen Sie nach Gründen für die skeptische Betrachtung von Revolutionen! Fassen Sie die wesentlichen Gedanken von Owen und Marx zusammen! Versuchen Sie, die beiden zu widerlegen!

4.2 Erläutern Sie die Thesen Freyers und Horkheimers jeweils an einer bestimmten Utopie!

In welcher Hinsicht sind auch die totalitären Systeme Utopien?
Wie werden Partei und Führer dargestellt?

Autorenverzeichnis

ARISTIPP aus Kyrene (ca. 435–366), griechischer Philosoph. In Athen gehörte er zu den Schülern des Sokrates, gründete jedoch eine eigene Schule der Kyrenaiker. Die Erkenntnis beruht auf subjektiven Empfindungen. Das Gute ist Hedone (Lust, Freude) und Ziel jeder menschlichen Handlung. Dank der Einsicht kann der Mensch auch ungünstige Lebenslagen zur Lustgewinnung nutzen. Die Eudaimonia ist Resultat der Selbstbeherrschung in der Lust.

ARISTOTELES (384–322), griechischer Philosoph. Bis zu Platons Tod war er Mitglied der Akademie, anschließend in Kleinasien und am makedonischen Hof Erzieher Alexanders d. Gr. 335 kehrte er nach Athen zurück und lehrte in dem nach Apollon Lykeios benannten Gymnasium Lykeion. Das Gründungsdatum seiner eigenen Schule, des Peripatos, ist umstritten. Nach dem Tod Alexanders d. Gr. der Gottlosigkeit angeklagt, floh er auf sein Landgut bei Chalkis. Sein Denken wendet sich gegen den platonischen Dualismus, der die reale Welt als bloßen Schein betrachtet und darüber das eigentliche Sein, das transzendente Reich der Ideen, setzt. Mit den Grundprinzipien Stoff und Form erklärt er die Phänomene; die Form als das Wesen einer Sache verwirklicht sich im Stoff. Die empirischen Erkenntnisse ordnet er in einem universalen System, das das gesamte damalige Wissen umschließt. In der „Nikomachischen Ethik" bestimmt er das Gute als Glückseligkeit, Eudaimonia, jedoch nicht als Ziel, sondern als eine aufgrund dieser Zielbestimmung sich ergebende Tätigkeit. Hat ein Mensch die ihm eigentümliche Tüchtigkeit erworben, dann ist die ihr entsprechende Tätigkeit seine Glückseligkeit, das gute Leben. Werke u. a.: Organon, Historia animalium, De anima, Metaphysik.

BUDDHA, eigentlich Siddharta, auch Gautama (ca. 560–480 v. Chr.), Stifter der Weltreligion des Buddhismus. Nach der Begegnung mit Leid, Krankheit und Tod zog sich der reiche Fürstensohn Siddharta aus dem weltlichen Leben zurück. Er erlangte nach langen Meditationen die Erkenntnis von der Überwindung des Leidens in der Welt durch Versenkung und Läuterung.

GOTTFRIED BENN (1886–1956), deutscher Dichter. Nach seinem Medizinstudium ließ er sich als Facharzt für Haut- und Geschlechtskrankheiten in Berlin nieder. In beiden Weltkriegen war er Militärarzt. In seiner expressionistischen Stilphase stellte er Krankheit, Verwesung und Verfall dar und zeigte ungeschminkt das Ekelerregende hinter der Maske der Gesellschaft. Dem Nihilismus setzt er den Glauben an die formende Kraft der Kunst entgegen. 1932 war er Mitglied der preußischen Akademie der Künste; 1933 bekannte er sich zum NS-Staat: er wollte die neuen Machthaber für den Expressionismus gewinnen. Enttäuscht und als „Entarteter" beschimpft wandte er sich ab. 1935 Ausschluß aus der Akademie. Benns Eintreten für das Dritte Reich war die Folge eines grotesken Mißverständnisses, das er selbst erst wahrnahm, als es zu spät war;

während er sich im Bereich des Ästhetischen weitgehend defensiv verhielt, trat er in mehreren Aufsätzen nachdrücklich für den biologischen Züchtungsgedanken des NS ein.

Werke u. a.: Morgue, Gehirne, Fleisch, Das moderne Ich, Nach dem Nihilismus, Probleme der Lyrik

JEREMY BENTHAM (1748–1832), englischer Sozialphilosoph und Jurist. Im Alter von 12 Jahren begann er in Oxford Rechtswissenschaft zu studieren. Er übte Kritik an der englischen Rechtswissenschaft und Verfassung und wandte sich mit Schriften und Memoranden an die Regierenden Europas, um eine allgemeine Staats- und Gesellschaftsform im Sinne des Utilitarismus zu erreichen. 1792 wurde er zum Ehrenbürger der französischen Republik ernannt. Nach dem Zusammentreffen mit James S. Mill 1808 erfolgte die Gründung der „Benthamites" („Philosophical Radicals"), einer Bewegung für mehr Demokratie in England. In seinen Auffassungen über die Behandlung von Strafgefangenen und über die Armengesetzgebung war er seiner Zeit weit voraus.

Werke u. a.: An introduction to the principles of morals and legislation, A fragment on government

ERNST BLOCH (1885–1977), deutscher Philosoph. Er emigrierte 1933, kehrte 1948 nach Deutschland zurück und wurde Professor in Leipzig. Wegen zunehmender politischer Divergenzen übersiedelt er 1961 in die BRD. In seinem Denken verbindet er Vorstellungen des jungen Marx mit jüdisch-christlicher Eschatologie. Im Bestehenden ist das „Noch-nicht-Seiende" als reale Möglichkeit angelegt, politische und sozioökonomische Verhältnisse verhindern jedoch die Realisierung.

Werke u. a.: Vom Geist der Utopie, Das Prinzip Hoffnung

GEORG BÜCHNER (1813–1837), deutscher Dramatiker. Nach dem Studium der Medizin, Naturwissenschaften, Geschichte und Philosophie gründete er die geheime „Gesellschaft für Menschenrechte" und schloß sich den hessischen Liberalen an. 1834 verfaßte er den „Hessischen Landboten" mit dem Motto: „Friede den Hütten, Krieg den Palästen". 1836 floh er nach Straßburg, zog sich von der Politik zurück und setzte seine medizinischen Studien fort. Bis zu seinem Tod lebte er als Privatdozent für vergleichende Anatomie in Zürich.

Werke u. a.: Dantons Tod, Leonce und Lena, Woyzeck

JACOB BURCKHARDT (1818–1897), Schweizer Kulturhistoriker. Nach anfänglichem Theologiestudium lehrte er vor allem in Basel Geschichte und Kunstgeschichte. 1855 veröffentlichte er nach zwei Italienreisen den „Cicerone, eine Anleitung zum Genuß der Kunstwerke Italiens", 1860 „Die Kultur der Renaissance in Italien". In erster Linie befaßte er sich mit der kulturellen Entwicklung der von ihm erforschten Epochen als der schöpferischen Leistung des Menschen.

WILHELM BUSCH (1832–1908), deutscher Dichter und Zeichner. Er studierte Maschinenbau und Malerei, war Mitarbeiter der „Fliegenden Blätter" und

„Münchner Bilderbogen"; durch seine Bildgeschichten wurde er weltberühmt. Er karikierte mit seinen humoristisch-satirischen Zeichnungen und Knittelreimversen die Diskrepanzen von Schein und Sein in Staat, Kirche und Bürgertum.
Werke u. a.: Max und Moritz, Der heilige Antonius von Padua, Die Fromme Helene, Fipps der Affe, Zu guter Letzt

TOMMASO CAMPANELLA (1568–1639), italienischer Philosoph und Utopist. Er gehörte dem Orden der Dominikaner an. In Rom der Ketzerei angeklagt und eingekerkert, verfaßte er politische Schriften. Freigelassen, initiierte er einen Aufruhr gegen die spanische Vorherrschaft in Kalabrien. Erneut angeklagt, verbrachte er die Jahre 1599–1626 in Neapel, bis 1629 in Rom in den Kerkern der Inquisition und verfaßte in Gefangenschaft sein berühmtestes Werk „Città del sole" (1602, dt. 1789 Der Sonnenstaat). Vom Kerker aus verteidigte er 1616 G. Galilei. Von Papst Urban VIII. freigelassen, floh er nach Paris.

CHRYSIPP aus Soloi in Kilikien (281/77–208/4), griechischer Philosoph. 260 kam er nach Athen und wurde nach dem Tod des Kleanthes dessen Nachfolger als Schulhaupt der Stoa. Unter Rückgriff auf seine Vorgänger Zenon und Kleanthes verteidigte und formulierte er mit scharfsinniger Dialektik die Lehre der Stoa. Große Wirkung übte seine Lehre von der Willensfreiheit aus: Als Naturding ist der Mensch den Naturgesetzen unterworfen, doch ist er gleichzeitig so verfaßt, daß er sich durch freie Willensentscheidung ihren Einflüssen weitgehend entziehen kann.

CHARLES ROBERT DARWIN (1809–1882), britischer Naturforscher. Wegweisende Erfahrungen für seine Naturforschungen sammelte er bei der Teilnahme an der fünfjährigen Weltumseglung der „Beagle" (1831–1836), die ihn nach Südamerika, auf die Galápagosinseln, nach Tahiti, Neuseeland, Australien, Südafrika führte. Er entwickelte die Hypothese der gemeinsamen Abstammung und der allmählichen Veränderung der Arten. 1859 veröffentlichte er seine Abhandlung „On the origin of species by means of natural selection, or preservation of favoured races in the struggle of life". Sein Modell der sich selbst regulierenden Evolution durch natürliche Auslese beeinflußte das ausgehende 19. Jahrhundert nachhaltig.
Werke u. a.: Voyage of a naturalist round the world (1839, dt. 1844), The descent of man and on selection in relation to sex (1868, dt. 1871)

DIOGENES von Sinope (ca. 400–328), griechischer Philosoph. Er vertrat den Kynismus, mit seinem provozierend einfachen und asketischen Leben wollte er ein Beispiel für eine Lebensführung frei von Konventionen und gesellschaftlichen Zwängen geben. Durch zahlreiche Anekdoten, z. B. Diogenes in der Tonne, war er sehr bekannt.

FEDOR MICHAIJLOVIČ DOSTOJEWSKI (1821–1881), russischer Dichter. Nach dem Studium an der Militär-Ingenieurschule in Petersburg war er im

Ingenieur-Departement tätig, 1844 verließ er diese Tätigkeit, um freier Schriftsteller zu werden; wegen Teilnahme an Treffen einer Gruppe utopischer Sozialisten verbrachte er vier Jahre in der Verbannung in Sibirien. Nach der Rückkehr aus Sibirien tritt die religiöse Frage in den Vordergrund. Stilistisch knüpfte er an Gogol an, empfing Anregungen von Schiller, Balzac, Hugo, Voltaire, Cervantes, Puškin. Zum wiederkehrenden Motiv wurde der von den französischen utopischen Sozialisten übernommene Gedanke vom „Goldenen Zeitalter"; besonderes Gewicht legte er auf die Darstellung der Psyche seiner Romanfiguren.

Werke u. a.: Der Doppelgänger, Aufzeichnungen aus dem Totenhaus, Schuld und Sühne, Der Idiot, Die Dämonen, Traum eines lächerlichen Menschen, Die Brüder Karamazov

HANS MAGNUS ENZENSBERGER (geb. 1928), deutscher Lyriker und Essayist. Nach dem Studium der Germanistik, Literaturwissenschaft und Philosophie war er als Rundfunkredakteur und Verlagslektor tätig. Sein Werk umfaßt zeit- und gesellschaftskritische Gedichte, politisch engagierte Essays, Hörspiele und Übersetzungen.

Werke u. a.: Verteidigung der Wölfe, Landessprache, Blindenschrift, Politik und Verbrechen, Das Verhör von Habana, Politische Brosamen.

EPIKTET (ca. 55–138 n. Chr.), griechischer Philosoph. Er wurde als Sklave in Hierapolis in Phrygien geboren; nach seiner Freilassung durch Nero lehrte er in Rom. Im Zuge der Philosophenvertreibung floh er nach Nikopolis (Epirus) und gründete eine philosophische Schule, in der er Logik, Physik und Ethik lehrte. Seine Lehre war praktisch ausgerichtet und gründete auf der Genügsamkeit und Unabhängigkeit des Geistes gegenüber den Schwierigkeiten des Lebens. Die Quintessenz seiner Überlegungen, die unter dem Titel „Enchiridion" bekannte Schrift, wurde von seinem Schüler Arrian überliefert und übte bis in die Neuzeit eine große Wirkung aus.

EPIKUR (341–270 v. Chr.), griechischer Philosoph. 306 ließ er sich in Athen nieder, erwarb einen Garten, nach dem seine Schule den Namen erhielt: der Garten des Epikur. Seine Lehre beruht auf dem Sensualismus und der Atomlehre Demokrits. Ziel ist die Eudaimonia, das Glück durch ein Leben der Freude und der Lust, befreit von Existenzangst, Todes- und Götterfurcht, Aberglauben, Schmerz und Unruhe.

RAINHARD FENDRICH (geb. 1958), öster. Liedermacher. In parodistischer Weise nehmen seine meist in Mundart gesungenen Texte kritikwürdige Zeiterscheinungen aufs Korn.

VIKTOR EMIL FRANKL (geb. 1905), öster. Psychotherapeut. Prof. für Neurologie und Psychiatrie in Wien, Prof. für Logotherapie in San Diego (Calif.). Er vertritt besonders die anthropologische Richtung der modernen Psychiatrie und begründete die Logotherapie und Existenzanalyse.

Werke u. a.: Der leidende Mensch. Grundlagen der Psychotherapie, Der Wille zum Sinn.

HANS FREYER (1887–1969), deutscher Philosoph und Soziologe. Er war Professor in Kiel, Leipzig, Budapest, Münster und Ankara. Politik, Wirtschaft und Philosophie verband er zu einer universal geschichtlichen konservativen Anschauung.
Werke u. a.: Theorie des gegenwärtigen Zeitalters, Weltgeschichte Europas

NICOLAI HARTMANN (1882–1950), deutscher Philosoph. Er war Professor in Marburg, Köln, Berlin und Göttingen. Seine Philosophie unterscheidet vier Seinsschichten, auf der Seite des realen Seins eine anorganische, eine organische, eine psychophysische Schicht, während das ideale Sein das Gebiet des „objektiven Geistes" umfaßt (Sprache, Wissenschaft, Kunst, ethische Werte).
Werke u. a.: Grundlage einer Metaphysik der Erkenntnis, Der Aufbau der realen Welt, Ethik, Philosophie der Natur

HERODOT (482–429 v. Chr.), griechischer Geschichtsschreiber. Nach seiner Flucht aus seiner Heimat Halikarnassos unternahm er ausgedehnte Studienreisen nach Ägypten, Phönizien, Mesopotamien, Persien, Skythien, Italien und Athen. Hier sammelte er das Material für seine neun „Historien". Sein Werk gipfelt in der Beschreibung der Perserkriege. Geschichte betrachtet er als eine kausale Aufeinanderfolge von Ereignissen unter dem beherrschenden Gesamtaspekt: dem Gegensatz zwischen Asien und Europa. Er gilt als „Vater der Geschichtsschreibung".

MAX HORKHEIMER (1895–1973), deutscher Philosoph und Soziologe. Als Professor für Sozialphilosophie und Direktor des von ihm mitgegründeten Instituts für Sozialforschung an der Universität Frankfurt emigrierte er 1933 in die USA. Seit 1949 wieder in Frankfurt leitet er das wiedererrichtete gleichnamige Institut. Neben Th. W. Adorno ist er einer der Begründer und bedeutendsten Repräsentanten der kritischen Theorie der sog. Frankfurter Schule. Er analysierte die bürgerliche Gesellschaft, die Neigung der Massen zu autoritären Systemen und beschäftigte sich mit dem Problem der Ideologie.
Werke u. a.: Anfänge der bürgerlichen Gesellschaft, Studien über Autorität und Familie, Dialektik der Aufklärung

JESAJA, alttestamentlicher Prophet, Haupttätigkeit 764–701 v. Chr. Das Buch Jesaja wird in einen ersten (Kap. 1–39), vorwiegend jesajan. Teil, und einen zweiten (Kap. 40–66) nachjesajan. unterteilt. Von besonderer Aussagekraft sind die Darstellung der Berufungsvision (Kap. 6), das sog. Weinberglied (5,1–7), die Mahnung zum Glauben (7,9) und die Ankündigung der Geburt des Immanuel (7,14). Zu den zentralen Themen des Jesaja gehört das Bekenntnis zur „Heiligkeit" Jahwes und zur sog. Zionstradition.

JOHANNES, der Evangelist, Bruder Jakobus' d. Äl. und Sohn des Zebedäus. In den synoptischen Evangelien ist er einer der zuerst berufenen Jünger Jesu. Zusammen mit Petrus leitete er die Jerusalemer Gemeinde. Die Verfasserschaft des Johannesevangeliums und der Offenbarung des Johannes ist umstritten.

JAN AMOS KOMENSKÝ (COMENIUS) (1592–1670), tschechischer Philosoph und Pädagoge. Er studierte ev. Theologie in Herborn und Heidelberg, wirkte als Lehrer und Prediger der Brüderunität in Prerau und Fulnek, zwischen 1628–1656 lebte er mit Unterbrechungen im poln. Lissa, wo er 1648 zum Bischof der Unität geweiht wurde. 1642 weilte er als Reformator des Schulwesens in London, 1650 in Siebenbürgen. Als nach dem Westfälischen Frieden seine Hoffnungen auf Rückkehr in die Heimat zunichte wurden, ging er 1656 nach Amsterdam. Das Werk dieses führenden Vertreters des barocken Universalismus umfaßt religiöse, philosophische, philologische und pädagogische Schriften (lateinisch, tschechisch) und wurde in viele Sprachen übersetzt. Bahnbrechend wirkten seine pädagogischen Werke mit der Forderung nach allgemeiner Schulpflicht.

Werke u. a.: Orbis sensualium pictus (Bilderfibel), Didactica magna (Große Unterrichtslehre)

NIKOLAUS LENAU, eigentlich Nikolaus Franz Niembsch, Edler von Strehlenau (1802–1850), öster. Dichter. Er studierte ruhelos Philosophie, Medizin und Jura in Wien, Preßburg und Heidelberg, war befreundet mit dem Schwäbischen Dichterkreis (Schwab, Uhland), 1832 erschienen mit großem Erfolg seine ersten Gedichte. Kurz vor seiner Hochzeit 1844 erlitt er einen seelischen Zusammenbruch; den Rest seines Lebens verbrachte er in psychiatrischen Kliniken in Württemberg und Wien. Er ist ein eigenständiger Lyriker und Versepiker der Spätromantik, geprägt durch das Gefühl der Melancholie, inneren Zerrissenheit und Einsamkeit.

HERBERT MARCUSE (1898–1979), amerikanischer Sozialphilosoph deutscher Herkunft. Nach seiner Emigration 1933 in die USA war er Mitarbeiter an dem von M. Horkheimer geleiteten „Institute of Social Research", Sowjetunionexperte in verschiedenen Positionen, Professor in Waltham und San Diego. Sein Denken ist von Marx, Hegel und Freud beeinflußt; er zählt zu den bedeutendsten Vertretern der kritischen Theorie.

Werke u. a.: Triebstruktur und Gesellschaft, Der eindimensionale Mensch, Kultur und Gesellschaft, Psychoanalyse und Politik.

KARL MARX (1818–1883), deutscher Philosoph und Politiker. Nach dem Studium der Rechtswissenschaft, Philosophie und Geschichte arbeitete er als Redakteur der „Rhein. Zeitung", eines bürgerlichen Oppositionsblattes in Köln; in Paris, wo er seit 1843 lebte, publizierte er die „Deutsch-Französischen Jahrbücher". Durch seinen Freund F. Engels lernte er die industrielle Arbeitswelt Großbritanniens kennen. Aus Paris ausgewiesen, zog er nach Brüssel, wo er 1848 das „Kommunistische Manifest" veröffentlichte. Aus Belgien ausgewiesen, kehrte er für kurze Zeit nach Köln zurück, um die „Neue Rheinische Zeitung" herauszugeben. 1849 folgte das Londoner Exil. 1867 erschien der erste Band seines Werkes „Das Kapital".

Werke u. a.: Kritik der Hegelschen Rechtsphilosophie, Zur Judenfrage, Das Elend der Philosophie.

ABRAHAM HAROLD MASLOW (1908–1970), amerikanischer Psychologe. Er konzipierte gegen den Behaviorismus die phänomenologische Psychologie. Sein bekanntestes Werk ist: Psychologie des Seins. Ein Entwurf.

REINHOLD MESSNER (geb. 1944), Südtiroler Extrembergsteiger. Ohne Sauerstoffgerät bezwang er den Mount Everest und viele Achttausender. Seit Jahren stehen seine Bücher auf der Bestsellerliste.
Werke u. a.: Alle meine Gipfel, Aufbruch ins Abenteuer. Bergerlebnisse aus fünf Kontinenten, Der gläserne Horizont. Durch Tibet zum Mount Everest.

JOHN STUART MILL (1806–1837), britischer Philosoph und Nationalökonom. Ohne Schulbesuch erhielt er eine ungewöhnlich gründliche Ausbildung durch seinen Vater – im Alter von 3 Jahren beginnt er Griechisch zu lernen –, der auch sein Denken im Sinne des von Jeremy Bentham vertretenen radikalen Liberalismus beeinflußte. Wichtige Orientierungen waren ferner der Frühliberalismus von Adam Smith, die Philosophie des Auguste Comte und der Sozialismus der Saint-Simonisten. Seine Ethik, der Utilitarismus, mißt den Wert einer Handlung an ihren Folgen; eine Handlung wird um so positiver bewertet, je mehr sie zur Förderung der allgemeinen Glückseligkeit beiträgt. Mill war in den Jahren 1823–58 für die East India Company und für verschiedene Zeitungen tätig, von 1856–68 war er Mitglied des Unterhauses.
Werke u. a.: On liberty (1859, dt. 1945), Utilitarianism (1863, dt. 1976)

THOMAS MORUS (1478–1535), englischer Staatsmann, Humanist und philosophischer Schriftsteller. Nach seinen Studien in Oxford wurde er Richter, Parlamentsmitglied und 1529 Großkanzler. Als er den Suprematseid verweigerte, ließ ihn Heinrich VIII. gefangensetzen und enthaupten. Er ist die bedeutendste Gestalt des englischen Humanismus und pflegte eine enge Freundschaft mit Erasmus von Rotterdam. Sein Hauptwerk Utopia (De optimo statu rei publicae deque nova insula Utopia) ist der erste moderne Staatsroman; in satirischer Form werden die Mißstände der Renaissance angeprangert und antithetisch die Staatsform der Insel Utopia gegenübergestellt. 1935 heiliggesprochen.

PUBLIUS OVIDIUS NASO (43 v. Chr.–18 n. Chr.), römischer Dichter. Seine politische Laufbahn gab er zugunsten der Dichtkunst auf, 8. n. Chr. verbannte ihn Augustus wegen des moralisch bedenklichen Einflusses seiner Gedichte nach Tomis am Schwarzen Meer. Er war der letzte große römische Elegiker, mit funkelndem Witz und Perfektion stellte er die vornehme stadtrömische Gesellschaft dar.
Werke u. a.: Metamorphose, Amores, Ars amatoria, Remedia amoris

ROBERT OWEN (1771–1858), britischer Unternehmer und Sozialreformer. Als Leiter von Baumwollspinnereien in Manchester und New Lanark (Schottland) richtete er eine Mustersiedlung für die Fabrikarbeiter ein, begrenzte den Arbeitstag auf 10½ Stunden, verbot Arbeit von Kindern unter 10 Jahren und regte die ersten britischen Arbeitsschutzgesetze an. Das Projekt einer umfas-

senden Gesellschaftsreform auf der Basis von Gemeinschaftssiedlungen mit gleichem Anteil aller am Produktionsertrag in seiner 1825 erworbenen Siedlung „New Harmony" (Indiana, USA) scheiterte.
Werke u. a.: Eine neue Auffassung von der Gesellschaft (1813/14, dt. 1900), The book of the new moral world

BLAISE PASCAL (1623–1662), französischer Mathematiker, Physiker, Schriftsteller, Religionsphilosoph. Mit 19 Jahren konstruierte er eine Rechenmaschine, 1647 entdeckte er das Gesetz der Torricellischen Röhren und des Luftdrucks. In seinem Hauptwerk „Pensées sur la religion" will er dem Leser die Nichtigkeit seiner selbst zeigen, die nicht durch Philosophien und andere Religionen, sondern nur durch die Erkenntnis der eigenen Erbärmlichkeit, Askese und die ungewisse Gnade eines unendlich fernen Gottes in Glück verwandelt werden kann. Mit der induktiven Methode der Naturwissenschaft wendet er sich an den Leser, um das Paradoxon der Unzulänglichkeit menschlichen Denkens aufzuzeigen. Im Herzen sah er das Mittel zur Erfahrung Gottes.

PLATON (427–347), griechischer Philosoph. Er war Schüler des Sokrates und gründete nach seiner Rückkehr von Reisen nach Unteritalien und Sizilien in Athen 387 eine eigene Schule, die Akademie. Seine Lehre hat er nicht als systematische Abhandlungen, sondern in Form von Dialogen niedergeschrieben. Der Grundgedanke ist die Idee des wahrhaft Guten. Den von Sokrates eingeschlagenen Weg, das Scheinwissen aufzudecken, führt er weiter, indem er zeigt, daß die ewigen, unveränderlichen Urformen aller Dinge, auch des Guten und der Tugend, eben die Ideen, ein reales Dasein in einer ewigen Welt führen. Die Seele kann sich, wenn sie von den Fesseln der Erscheinungswelt gelöst ist, mit Hilfe des Wissens der Ideenwelt nähern und sie schauen.
Werke u. a.: Apologie, Phaidon, Symposion, Politeia, Timaios, Nomoi

KARL RAIMUND POPPER (geb. 1902), britischer Philosoph und Wissenschaftslogiker öster. Herkunft. Von 1949–1969 war er Professor für Wissenschaftstheorie in London. Er begründete den kritischen Rationalismus und schlägt eine deduktive Methodik der auf Falsifizierbarkeit und Verifizierbarkeit beruhenden Nachprüfung gesetzförmiger Aussagen vor.
Werke u. a.: Die offene Gesellschaft und ihre Feinde, Logik der Forschung, Objektive Erkenntnis. Ein evolutionärer Entwurf, Das Ich und sein Gehirn (zusammen mit J. C. Eccles), Die Zukunft ist offen (zusammen mit K. Lorenz)

BALDUR VON SCHIRACH (1907–1974) trat bereits als Schüler der NSDAP bei. Als Reichsjugendführer (bis 1940) und Jugendführer des Deutschen Reiches unterstanden ihm alle NS-Jugendorganisationen. Im Nürnberger Hauptkriegsverbrecherprozeß 1946 wurde er wegen Beteiligung an Judendeportationen während seiner Tätigkeit als Gauleiter und Reichsstatthalter von Wien (1940–45) zu 20 Jahren Haft verurteilt.

ARTHUR SCHOPENHAUER (1783–1860), deutscher Philosoph. Nach dem Studium der Naturwissenschaften und der Philosophie lebte er als Privatgelehr-

ter in Frankfurt a. M. Ausgangspunkt seiner Philosophie ist der Gedanke, daß die Welt „meine" Vorstellung ist, d. h. von mir abhängig, insofern sie als Erscheinung bedingt ist durch die Anschauungsformen Raum und Zeit und die Kategorie der Kausalität. Der Welt als Vorstellung liegt noch etwas als Ding an sich zugrunde, das sich ausgehend vom Selbstbewußtsein erkennen läßt. Sein Hauptwerk, 1819 erschienen, „Die Welt als Wille und Vorstellung" beeinflußte nachhaltig Künstler (Wagner), Schriftsteller (Tolstoi, Th. Mann, R. Steiner) und Philosophen (Wittgenstein, Nietzsche). Populär sind seine „Aphorismen zur Lebensweisheit" geworden, die das Verhältnis des Menschen zum Glück behandeln.
Werke u. a.: Über den Willen in der Natur, Die beiden Grundprobleme der Ethik

LUCIUS ANNAEUS SENECA (4–65 n. Chr.), römischer Politiker, Philosoph und Dichter. Geboren in Cordoba (Spanien), durchlief er seine Ausbildung in Rom und war erfolgreich als Anwalt tätig. Von 54–59 leitete er die Reichspolitik des jungen Kaiser Nero. Nach dem Scheitern der Pisonischen Verschwörung wurde er als angeblicher Mitwisser zur Selbsttötung gezwungen. In seinen philosophischen Schriften vermittelt er den Stoizismus, verbunden mit Vorstellungen Epikurs. Sein Idealbild ist der stoische Weise, eine autarke, von allen Umständen unabhängige Person, die die Leidenschaften bekämpft und die richtige Einstellung zum Tod hat. In seinen Briefen erörtert er Fragen der praktischen Ethik, in den „Naturales Quaestiones" naturwissenschaftliche Themen, verbunden mit philosophischen Reflexionen. Die Erforschung der Wahrheit gibt dem sittlichen Leben des Menschen eine sichere Grundlage, befreit ihn von Aberglaube und Furcht und läßt die Größe der göttlichen Schöpfung erkennen. Seine philosophische Prosa, darunter die „Epistulae morales", war bis ins 18. Jahrhundert weit verbreitet.

JONATHAN SWIFT (1667–1745), anglo-irischer Schriftsteller. Kindheit in großer Armut in Dublin, Theologiestudium, anglikanischer Geistlicher auf verschiedenen Pfarrstellen in Irland. Er verfaßte Satiren gegen Korruption in Religion und Wissenschaft, zur Auseinandersetzung zwischen Antike und Moderne, Flugschriften zu politischen und kirchlichen Themen. Der erste Teil seines bekanntesten Werks „Gulliver's Travels" wurde zu einem der beliebtesten Kinderbücher.

MARTIN WALSER (geb. 1927), deutscher Schriftsteller. Er studierte Literaturwissenschaft, Philosophie und Geschichte, war von 1949–57 Rundfunk- und Fernsehregisseur beim Süddeutschen Rundfunk; seit 1957 lebt er als freier Schriftsteller. In seinem Werk spiegelt sich vielfach seine engere und weitere Heimat. Neben Erzählprosa verfaßte er Hörspiele, gesellschaftskritische und politisch ambitionierte Theaterstücke.
Werke u. a.: Halbzeit, Die Zimmerschlacht, Ein Kinderspiel, Wie und wovon handelt Literatur?, Wer ist ein Schriftsteller?

LUDWIG WITTGENSTEIN (1889–1951), öster. Philosoph. Nach dem Maschinenbau- und Mathematikstudium in Berlin und Manchester verschenkte er sein ererbtes Vermögen und arbeitete 1926 als Dorfschullehrer, dann als Gärtner in einem Kloster. 1929 nahm er seine Philosophiestudien in Cambridge wieder auf, wo er 1939 Professor wurde. Er galt als führender Philosoph im Brennpunkt der analytischen Philosophie und des Pragmatismus.
Werke u. a.: Tractatus logico-philosophicus, Philosophische Untersuchungen, Vorlesungen und Gespräche über Ästhetik, Psychologie und Religion

ZENON von Kition (ca. 335–263), griechischer Philosoph. Er gründete die ältere Stoa, eine Philosophenschule, die ihren Namen von der Stoa poikile (ausgemalte Säulenhalle), dem Versammlungsort in Athen, einem öffentlichen Platz, erhielt. Höchstes Ziel ist die Eudaimonia, in Übereinstimmung mit sich und der Natur zu leben, das bedeutet ein auf Erkenntnis beruhendes Leben frei von Affekten, falschen Urteilen und Streben nach Gütern.

Bildnachweis

S. 21 Fortunas Glücksrad, aus: Herrad von Landsberg: Hortus deliciarum. Foto: Verlagsarchiv
S. 56 Ludwig Richter: Die Hausfrau, aus: Schiller's Lied von der Glocke in Bildern von Ludwig Richter. Enthält 16 Holzschnitte in Einzelblättern. Dresden 1857
S. 87 Albrecht Dürer: Nemesis. Foto: Verlagsarchiv
S. 121 Meditierender Zen-Mönch. Foto: H. W. Silvester/Rapho
S. 135 Pieter Brueghel d. Ä.: Schlaraffenland. Alte Pinakothek, München
S. 154 Caspar David Friedrich: Das Eismeer. Kunsthalle Hamburg